양수인간

일러두기

- 본 도서는 국립국어원 표기 규정 및 외래어표기법 규정을 적용했습니다. 다만 일부 입말로 굳어진 경우는 지은이의 표기를 따랐습니다.
- 도서명은 《 》, TV 프로그램 및 드라마 작품명은 〈 〉로 표기했습니다.

+ 양수
인간

삶의 격을 높이는 내면 변화 심리학

최설민 지음

음수
인간

—

북모먼트

내 삶을 변화시키는 가장 빠른 길

인생의 격을 높이기 위해 어떻게 살아야 할까?

오늘보다 내일 더 행복해지고 싶어서, 앞으로 내 삶을 잘 꾸려나가고 싶어서 마음속에 늘 이 질문을 품고 있었다. 나는 지난 6년간 150명이 넘는 대한민국 최고의 심리 전문가들과 인터뷰를 나눴다. 그리고 그들과의 대화 속에서 자신이 원하는 삶을 사는 사람과 불행한 삶을 사는 사람의 특징이 있다는 것을 알게 되었다. 이 깨달음의 과정을 통해 자신의 뜻대로 사는 사람과 그렇지 못한 사람의 결정적인 차이와, 복잡한 세상에서 어떻게 의미 있는 인생을 만들어갈 수 있는지 답을 내릴 수 있게 되었다. 그렇게 끊임없이 공부하고 부딪쳐가며 체득하게 된 삶의 격을 높이는 방법들을 이 책에 쓰기로 했다.

　나는 삶에 영향을 주는 영역이 3가지라고 본다. 바로 「나와 나의 관계, 나와 타인의 관계, 나와 세상의 관계」다. 이 세 가지 영역에서 어떻게 행동하고 어떤 결과를 만드는지에 따라 인생의 행복과 불행이 결정된다고 생각한다. '나와 나의 관계'가 좋지 않으면 낮은 자존감, 불안감 등을 느끼며 살게 될 것이다. '나와 타인의 관계'가 좋지 않으면 점차 고립된 삶을 살게 될 것이다. '나와 세상의 관계'가 좋지 않으면 커리어 등 성장 측면에서 좋은 성과를 내기 어려울 것이다. 그렇다면 무엇이 가장 중요할까? 세 가지 영역에서 관계를 맺는 '나'다. 각 영역과 상호작용하여 결과를 이끌어내는 사람이 바로 나 자신이기 때문이다.

　즉 인생을 좌지우지하는 변수가 '나'다. 긍정적이고 즐겁게 살아가는 사람에게는 그만큼 좋은 일들이 더해질 것이다. 반면, 비관적으로 사는 사람은 원하는 삶에서 점점 멀어질 것이다. 그래서 나는 자신이 마음먹은 대로 주도권을 잡고 살아가는 사람을 '양수인간', 살아가는 대로 마음먹게 되며 타의에 의해 이끌리듯 사는 사람을 '음수인간'이라고 구분해보았다. 그리고 잘 살기 위해서는 '플러스(+)

로 생각하는 양수인간'으로 살아야 한다고 말하고 싶다.

곱셈을 떠올려보자. 내가 플러스(+)인 양수인간이면 자아, 인간관계, 세상과 만나(×) 더욱 잘되는 양수(+)의 결과를 만들 것이다. 하지만 내가 마이너스(-)인 음수인간이면, 자아, 인간관계, 세상과 만나 부정적인 음수(-)의 결과를 반복할 것이다. 같은 환경에 놓여도 내가 어떤 사람이냐에 따라 결과가 180도 달라진다는 것을 이 책에서 말하고자 한다. 그러니 살면서 자신이 환경을 탓하고 있었다면 그 관점을 바꿔보자고 권하고 싶다.

나는 이 책의 1부에서 양수인간과 음수인간의 특징을 소개했다. 양수인간으로 사는 것의 중요성, 음수인간으로 사는 것의 불리한 점에 대해 말하며, 양수인간의 삶에 방해되는 요소와 누구나 양수인간에 이르는 길이 있음을 설명했다. 현재 내 삶의 방식이 양수인간인지 음수인간인지 대입하면서 읽기를 권한다.

2부에서는 잘되는 인생, 즉 양수인간으로 사는 법을 소개하며 추상적인 개념에 그치지 않고 구체적으로 실행에 옮길 수 있도록 했다. 잘 살기 위한 첫 번째가 생각의 변화라면 두 번째는 행동의 변화다. 나와 타인, 세상과의 관계에서 어떤 변화를 만들어야 하는지 실마리를 잡을 수 있을 것이다.

성격(기질), 관계, 환경은 제각기 다르다. 따라서 '아침에 일찍 일어나야 한다'와 같은 한 가지 방법으로는 원하는 삶을 살기 어렵다. 그래서 나는 내면의 힘을 찾는 것에 중점을 두었다. 자신이 가진 잠재력을 발휘해 삶의 주도권을 잡고 나다운 삶을 사는 방법을 강조했다. 우리의 내면이 지도라고 하면 내가 발견한 것만큼 내 것이 된다. 그러니 이 책을 통해 당신이 가진 내면의 지도를 샅샅이 탐색하길 바란다. 그래서 당신조차 몰랐던 마음의 힘을 찾을 수 있었으면 좋겠다.

내가 운영하는 유튜브 채널은 현재 구독자가 84만 명이다. 5년 전, 아직 구독자가 1,000명일 당시 나는 영상에서 이렇게 말했다. "우리가 일상생활에서 심리학을 활용할 수 있다면 얼마나 많은 문제를 해결할 수 있을까?" 내가 심리학 유튜브를 시작한 이유이기도 했다. 지금까지 그 초심은 변하지 않았다. 그리고 마침내 인생을 변화시킬 명확한 방법을 찾았다. 국내 수많은 심리학자와 전문가들의 정수가 담긴 이야기를 들을 행운이 있었기 때문이다. 쉽게 오지 않는 이 행운에 막중한 사명감을 느끼면서 내가 얻은 인사이트를 아낌없이 공개한다.

이 책으로 모든 사람이 자기 내면의 보물을 발견할 수 있길 바란다. 누구보다 자신을 잘 이해하고, 외부의 목소리에 휘둘리지 않길 바란다. 그렇게 자신만의 행복에 이르는 길을 찾을 수 있길 빈다. 때로는 내가 어쩔 수 없는 삶의 고통을 마주할지라도 단단한 마음의 힘으로 그것마저 기회로 삼는 양수인간이 되길 바란다. 그리하여 자기 삶의 주도권을 잡고 마음먹은 대로 세상을 살아가면 좋겠다.

2024년 3월
최설민

$$1 \times \infty = \text{양수인간}$$

나를 둘러싼 세상의 모든 것은 무한대다.
그 속에서 자유의지를 가진 나는 1이다.
아무것도 행동하지 않는 0이 아닌,
'1'이라는 작지만 확실한 마음은
나를 원하는 삶으로 데려가준다.

차례

1부 양수인간이란 무엇인가

1장 • 인생을 만드는 단 하나의 조건

2장 • 당신은 어떤 인간인가

5장 · **자존** 내면을 유연하고 단단하게 재조립하라

6장 · **관계** 나를 지키며 사람을 만나는 법

7장 • **성장** 나로서 행복하기 위한 역전극

1부

양수인간이란 무엇인가

1장

인생을 만드는
단 하나의
조건

양수인간(+) vs 음수인간(-)

......

세상에는 양수와 음수가 있다.

양수는 플러스(+)를 의미한다.

음수는 마이너스(-)를 의미한다.

인간도 둘로 나뉜다.

원하는 삶을 사는 '양수인간'과 원하는 삶을 살지 못하는 '음수인간'이 있다.

수학에서 말하는 플러스와 마이너스를 인간에게 적용한 것이다. 이 개념을 들으면 '역시 잘될 사람은 태어날 때부터 정해진 것인가' 라고 생각할 수 있다. 나 역시 오랜 시간 동안 자신의 뜻대로 승승장구하는 이들은 소수의 선택받은 사람들이라고 생각했다. 그러나 수많은 심리학자들과 인터뷰하며 그들의 지혜를 들으면서 내 생각이 틀렸다는 것을 깨달았다.

양수인간과 음수인간은 어떤 차이가 있을까? 결론부터 말하면, 양수인간은 긍정적인 사고로 자존감을 높이고 믿음과 신뢰를 바탕으로 한 인간관계를 만든다. 반대로 음수인간은 낮은 자존감이나 우울함 등 부정적인 감정이 내재되어있고 인간관계에서도 불편한 관계를 반복한다. 양수인간의 인생은 점점 성장과 성공이라는 결과를 낳고, 음수인간의 인생에는 도태와 실패라는 결과가 쌓인다.

양수인간은 마음먹은 대로 살아간다.
그러나 음수인간은 살아가는 대로 마음먹게 된다.

어디를 가도, 무엇을 해도 잘되는 사람이 있다고 가정해보자. 그는 주눅 들지 않고 늘 당당한 태도와 품위를 유지한다. 사람들에게 인기가 많고 대화를 나누면 편안함이 느껴진다. 또한 자신이 원하는 일을 하면서 스스로 가치 있다고 믿는 삶을 살아간다. 나쁜 사람에게 휘둘리지도 않고 주변엔 좋은 사람들이 넘쳐난다. 감정을 잘 조절하며 때때로 힘든 일을 경험하지만 무너지지는 않는다. 넉넉한 부를 쌓아가고 존경받으며 자신이 마음먹은 대로 산다.

반면 인생이 잘 안 풀리는 사람이 있다고 생각해보자. 그는 은연중에 다른 사람들과 만나는 것을 피하고, 만나게 되면 어색하고 불편한 인상을 준다. 심지어 노력해도 그때뿐, 오히려 점점 인간관계가 어려워진다. 하기 싫은 일을 꾸역꾸역하며 자신의 인생이 불행하다고 생각한다. 타인의 말에 자주 휘둘리며 그를 이용하려는 사람들도 있다. 감정이 격해질 때면 상대방에게 상처 주는 말을 하고 후회한다. 힘겨운 일이 생기면 '세상은 역시 위험한 거야'라며 비관적인 태도를 가진다.

이는 대표적인 양수인간과 음수인간의 특징이다. 양수인간은 주변에서 어렵지 않게 찾아볼 수 있는 성공한 사람의 전형이다. 음수인간은 그렇게 되고 싶지 않은 사람의 전형이다. 확연히 다른 두 유형의 차이는 어디에서 비롯되었을까? 바로 '관점'이다. 양수인간은

'자신'에게 초점을 맞추는 능동적인 태도를 지녔다. 자신이 노력하면 좋은 결과를 만들어낼 수 있다고 믿는다. 그러나 음수인간은 '내가 바꿀 수 없는 기질'과 '타인과 세상'에 초점을 맞춰서 살아간다. 그렇기 때문에 운이 따라줘야 좋은 결과를 만들어낼 수 있다고 믿는다.

'나'에 대한 관점의 차이는 행동의 차이를 불러온다. 예를 들어, 양수인간은 가까워지고 싶은 사람이 생겼을 때 먼저 다가간다. 상대방과 친하게 지내고 싶은 자신의 마음이 더 중요하기 때문이다. 음수인간은 상대방이 다가올 때까지 기다린다. 나를 바라보는 타인의 시선을 더 중요시하기 때문이다.

이 차이는 하고 싶은 일을 대하는 태도에서 더 여실히 드러난다. 양수인간은 내가 그 일을 얼마나 좋아하는지를 중요시하므로 적극적으로 알아보고 탐색한다. 음수인간은 아쉬움을 느껴도 하던 일만 열심히 한다. 당장 자신에게 주어진 일을 해결하는 것이 더 중요하기 때문이다.

즉, 양수인간은 원하는 상황을 만들기 위해서 행동하고, 음수인간은 상황에 맞춰서 행동한다. 완전히 다른 결과를 낳지만 둘의 시작은 '관점의 차이'로 아주 단순하다. 양수인간도 원하는 것을 얻기 위해 스스로 행동하지만 종종 시행착오를 반복할 것이다. 그러나 실패의 경험을 통해 성장한다. 그에 비해 음수인간은 상황에 맞춰 행동하기 때문에 정체된 삶을 산다.

당신은 어떤 사람이 되고 싶은가? 매력적인 사람이 되고 싶다면, 좋은 사람들을 곁에 두고 싶다면, 가치 있는 일을 하고 싶다면, 자신의 감정을 컨트롤하여 단단한 마인드를 가지고 싶다면, 부를 축적하고 싶다면, 더 좋은 인생을 살고 싶다면 가장 빠른 길은 양수인간이 되는 것이다.

양수인간으로 사는 것이 어떻게 좋은 인생이 된다는 것일까? 인생은 크게 세 가지 영역을 통해 결과를 낳는다. '나', '타인', '세상'이다. 높은 자존감을 가지는 것은 나와의 관계에서 생기는 결과다. 어딜 가도 매력적인 사람으로 느껴지는 것은 타인과의 관계에서 생기는 결과다. 자신의 일이 가치 있다고 믿거나 불행하다고 믿는 것은 세상과 만났을 때 만들어진다. 나라는 사람은 결코 혼자 만들어지는 것이 아니다.

나, 타인, 세상이라는 영역과 내가 어떤 영향을 주고받느냐에 따라 양수인간으로 살아갈 수도, 음수인간으로 살아갈 수도 있는 것이다. 양수(+)에 수를 곱하면 플러스가 되고 음수(-)에 수를 곱하면 마이너스가 되듯이, 양수인간이 '나', '타인', '세상'과 만나면 지속적인 선순환을 만들고 음수인간이 '나', '타인', '세상'과 만나 나쁜 결과를 쌓으면 악순환이 된다.

나 × 나
나 × 타인
나 × 세상

대부분의 사람이 자신은 변하지 않는 고유한 존재라고 생각하고, 외부 환경이나 삶의 고통은 대처할 수 있는 변수라고 생각한다. 그러나 실제로는 정반대다. 인생에서 고통이란 적어도 한 번은 찾아오는 상수이고, 그 결과를 극복하고 말고는 나를 통해서 만들어지기에 변수가 되는 것은 오직 자신이다.

물론 타고난 것이 좋을 때는 훨씬 나은 조건에서 시작할 수 있다. 그러나 이는 인생을 결정짓는 필수적인 요소가 아니다. 우리는 '나'를 통제할 수는 있어도 내가 바꾸기 어려운 기질, 타인과 세상을 통제할 수 없기 때문이다. 아무리 매력적인 사람이라도 누군가는 그를 싫어할 수 있다. 아무리 능력이 뛰어난 사람이라도 예상할 수 없는 일은 생기기 마련이다.

우리는 삶에 영향을 주는 모든 외부의 변수를 통제할 수 없다는 사실을 인정해야 한다. 그렇기에 중요한 것은 유일하게 통제할 수 있는 '나의 관점'이다. 결국 좋은 인생, 나쁜 인생은 우리가 어떤 마음으로 어떤 결과를 쌓을지에 달린 것이다.

정해진 것을 바꾸는 유일한 길
......

살면서 힘든 순간이 올 때 나는 왜 이렇게 태어났는지 한번쯤 반문한 적이 있지 않은가? 우리는 모두 세상에 내던져졌다. 태어날 때 부모를 정할 수 있는 선택지가 없다. 외모나 재능, 집안도 선택할 수 없다. 우리는 주어진 환경 속에서 출발하여 살아간다. 타고난 환경을 쉽게 바꾸기 어려운 어린 시절에 경험하는 힘든 일들은, 어쩌면 발생할 수밖에 없던 일일 것이다. 그러니 피할 수 없는 고통은 받아들여야 하는 운명일지도 모른다.

삶에는 타고난 힘듦만 있는 것이 아니다. 소중한 사람과의 이별, 나에게 상처를 주는 사람, 시도했지만 뜻대로 되지 않은 일 등 다양한 고통을 만난다. 고통은 자연스러운 일이다. 가난한 사람도, 부자도, 아이도, 어른도 공평하게 저마다의 이유로 인생의 고통을 감내한다. 나에게만 고통이 찾아오는 것이 아니라는 말은 때론 위안이 된다.

내가 여덟 살이 되었을 무렵 엄마가 아팠다. 초등학생 때는 부모님의 보살핌을 받기 어려워 지저분하게 다닐 때가 많았다. 그래서인지 학교에서 따돌림을 당한 적도 있다. 이때의 고통은 내가 감당할 수밖에 없는 것이었으리라. 나뿐만 아니라 모든 사람이 저마다의 무게를 감당하며 살아갈 것이다.

그렇기 때문일까? 우리가 착각하기 쉬운 것이 있다. 나 자신은 고통을 감당할 뿐, 이길 수는 없는 수동적 존재라고 생각한다는 것이다. 좁은 곳에서 자라 구부정한 나무처럼 환경에 맞춰 살아가야 한다고 믿게 되는 것이다. 그러나 주어진 고통에 잠식당하지 않는다면 우리는 고통을 이겨낼 힘을 가지고 있다. 어차피 찾아올 인생의 고통이 고정값이라면, 그 속에서 행동하는 나는 '변수'이니까.

다시 말해 인생을 움직이는 키는 내가 쥐고 있다. 아무리 부정적인 상황이라도 내가 어떤 관점으로 해석하느냐에 따라 결과는 달라진다. 그것이야말로 고통을 이겨낼 유일한 변수다.

나의 경우, 학창 시절에 엄마가 아프다는 것은 내가 어찌할 수 없는 사실이었다. 하지만 나는 마냥 비관에 빠지기를 선택하지 않았다. 힘든 현실을 어떻게든 벗어나고 싶어 마음의 힘을 키우는 것을 선택했다. 나의 마음이 더 이상 다치지 않도록 관심을 기울이다 보니 심리학을 전공하게 됐다. 이후 사회생활을 하면서부터는 심리학을 이야기하는 유튜브 채널을 개설해 세상에 조금이라도 도움이 되는 일을 하고자 했고, 여러분이 읽는 이 책을 쓰게 되었다. 만약 나의 마음을 들여다보자고 선택하지 않았으면 이런 결과도 없었을 것이다.

미국의 유명 심리 코치 토니 로빈스Tony Robbins가 밝힌 다른 유명한 일화를 살펴보자. 어렸을 때부터 아버지에게 학대당한 쌍둥이 형제가 있었다. 아버지는 술에 취할 때마다 형제에게 폭력을 가했고 쌍둥이는 취약한 환경에 노출될 수밖에 없었다. 그러던 어느 날 아버지는 불행하게도 혹은 다행스럽게도 세상을 떠났다. 쌍둥이는 보육원에서 자라게 되었고, 오랜 시간이 흘러 성인이 됐다. 같은 경험을 한 쌍둥이는 어떻게 성장했을까? 한 명의 아이는 사업가로 성공 가도를 달리게 됐다. 화목한 가정을 꾸리고 많은 사람에게 존경받았다. 반면 다른 아이는 범죄를 저지르고 교도소에 수감되기를 반복하다 결국 아무도 그를 찾는 사람이 없는 삶을 살게 되었다.

같은 경험을 공유했는데 왜 한 명은 성공한 인생을, 또 다른 한 명은 실패한 인생을 살게 되었을까? 두 사람에게 이유를 물었더니, 놀랍게도 그들은 똑같은 대답을 내놓았다.

"아버지에게 그런 일을 겪고 어떻게 그런 인생을 살아갈 수 있겠습니까?"

결국 인생에 영향을 미치는 것은 타인이나 세상이 아니라, 타인과 세상을 마주한 나의 태도라는 것을 알 수 있다. '양수인간으로서 바라보고 행동할 것이냐', '음수인간으로서 바라보고 행동할 것이냐' 이것이 삶의 결과를 만드는 변수다.

"나를 죽이지 못하는 모든 고난은 나 자신을 더욱 강하게 만들 뿐이다"라는 니체의 말처럼, 고통스러운 운명마저도 양수인간은 자신을 성장하게 하는 요소로 이용한다. 양수인간은 고통을 이겨낼 '나'에 초점을 맞춰서 고통을 바라본다. 그러니 힘든 상황을 벗어나기 위해 스스로 행동을 할 수밖에 없다. 반면 음수인간은 '타인과 상황'에 초점을 맞춰서 고통을 주는 대상을 바라본다. 언젠가 이 고통이 끝날 거라고 믿으며 문제가 해결될 때까지 기다린다. 그러나 대개 스스로 노력하지 않으면 고통은 계속된다.

이 책에서 '나'를 음수와 양수로 구분하지만, 타인과 세상은 음수와 양수로 구분하지 않는 이유다. 세상의 일은 우리의 관점에 따라 고통이 될 수도, 고통을 발판 삼은 성장이 될 수도 있기 때문이다. 고통을 주는 세상에 집중해 고통에 지배당할 것인지, 나라는 변수에 집중해 고통을 이용할 것인지는 개인의 선택이다. 나는 당신이

'나'라는 변수에 집중하여 마음먹은 대로 삶을 꾸려나가길 바란다. 또한, 바꿀 수 없는 것에 집착해 인생의 소중한 시간을 허비하지 않길 바란다. 무슨 일이 닥쳐도 헤쳐 나가는 양수인간으로 살아가길 바란다.

아무것도 하지 않으면 아무 일도 일어나지 않는다

······

다이어트에 매진하는 사람이 있다고 가정해보자. 그는 어느 날 야식으로 치킨을 먹었다. 빠졌던 몸무게가 며칠 만에 원래대로 돌아왔다. 야식을 시켜 먹을 시간에 운동을 했다면 좋은 컨디션과 조금 더 매력적인 모습을 유지했을 텐데 아쉬움이 남는다. 하지만 어쩌겠는가. 먹는 걸 선택했는데 말이다.

여기서 말하고 싶은 것은 치킨을 먹었느냐 아니냐가 아니다. 치킨을 먹은 행동은 '나의 선택'이었다는 것이다. 행동은 자신의 선택에서 비롯되며 그 행동은 다시 나에게 영향을 준다. 야식을 먹어서 체중이 늘어나는 것은 나의 선택이고, 그로 인해 컨디션이 떨어진다면 그것도 나의 선택이다. 먹지 않고 운동해서 근육량을 늘리는 데 힘썼다면 그것도 나의 선택이다.

인생은 순간의 선택이 모여 만들어진다. 그리고 우리는 그때그때 선택을 할 수 있는 능동적인 존재다. 따라서 나의 행동을 자각하는 것이 굉장히 중요하다. 크고 작은 선택에 의해 미래의 내가 결정된다는 사실을 깨닫는 것만으로도 양수인간의 삶을 살 수 있다. 양수인간은 거창한 무언가를 하는 사람이 아니다. 자신에게 이로운 행동을 반복하는 사람이다. 이로운 행동을 '자신'이 '능동적'으로 선택했다는 것을 아는 사람이다. 즉 양수인간은 능동적 존재로서 순간순간 깨어있으며 책임감을 가지고 산다. 이에 반해 음수인간은 자신이 그렇게 행동하기를 선택했다고 인지하지 못하거나 세상의 거대한 힘으로 자신의 미래가 결정된다고 믿는다. 그래서 떠밀리듯 인생을 살게 된다.

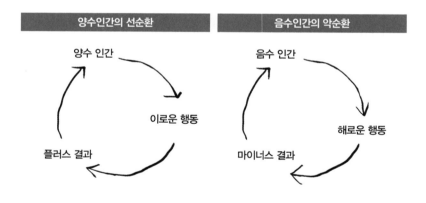

근육질 몸매를 갖기로 결심하고 나에게 도움이 되는 선택을 했다

고 생각해보자. 균형 잡힌 식사와 규칙적인 생활패턴을 유지하고 꾸준히 운동도 했다. 그런 행동이 쌓일수록 살이 빠지고 건강한 생활방식에 익숙해지며 근육이 생길 것이다. 또한 점점 높은 강도의 운동을 소화할 체력과 활력이 생기게 될 것이다. 시간이 지나면 어느덧 내가 원하던 이상적인 몸이 만들어질 것이다. 원하는 몸매가 되지 못하더라도 예전과 비교했을 때 몸의 상태가 훨씬 좋아지고 있다는 것을 쉽게 예상할 수 있다.

우리가 마주하는 상황은 어떤 행동을 하느냐에 따라서 매번 달라진다. 양수인간은 자신에게 이로운 선택을 거듭하면서 원하는 인생에 다가가는 선순환을 만들어 낼 수 있다. 반면 음수인간은 자신에게 도움이 되지 않는 선택을 하게 됨으로써 점점 자신이 통제하기 어려운 나쁜 상황들을 마주하게 될 수 있다. 우리를 둘러싼 환경은 자존감이든 인간관계든 일의 성과든 모두 나에 의해서 시시각각 변하는 무한한 가능성을 가지고 있다는 뜻이다. 그렇기에 우리를 둘러싼 환경은 무한대(∞)라고 할 수 있다.

아무런 행동도 하지 않으면 어떻게 될까? '0 곱하기 ∞는 0이다.' 내가 아무것도 하지 않으면 아무 일도 일어나지 않는다는 의미다. 곱씹을수록 묵직한 말이다. 나에 의해 모든 것이 결정된다는 뜻이기 때문이다. 그럼 0 대신 양수와 음수를 대입하면 어떤 결과를 낳을까?

$$음수인간 \times \infty = -\infty$$
$$양수인간 \times \infty = +\infty$$

　나의 선택으로 끝없이 불행해질 수도, 끝없이 행복해질 수도 있다는 이야기다. 빌 게이츠는 "태어날 때 가난한 것은 당신 잘못이 아니지만, 죽을 때 가난한 것은 당신 잘못이다"라고 말했다. 재산뿐만 아니라 성품, 인간관계, 사회적 지위 등 모든 면에서 적용되는 말이다. 태어날 때 불우한 환경은 나의 잘못이 아니지만 죽을 때 나의 인격, 내 곁의 사람들, 사회적 평판은 나로 인해 벌어진 결과다. 마치 복리이자와 같다. 나의 행동으로 인생이 눈덩이처럼 불어나는 빚이 될 수도, 눈덩이처럼 불어나는 수익이 될 수도 있다. 통장의 이자는 숫자로 눈에 보이지만 인생의 이자는 눈에 보이지 않는다. 지금 이 순간도 당신의 선택에 의해 이자는 불어나고 있다.

　어떤 중년 남성이 있었다. 그의 인생은 참 불행했다. 외동아들은 안타깝게 자살했고, 그 뒤 부인과 이혼했으며, 건강이 점점 나빠져 두 다리를 사용하지 못하게 되었다. 이렇게 불행할 수 있을까 싶을 정도로 불행의 늪으로 빠졌다. 말년에는 작은 골방에 갇혀 죽음을 기다리다가 쓸쓸한 최후를 맞이했다. 매우 운이 나쁜 사람이라고 생각할 수 있다. 하지만 그가 비참한 마지막을 맞이한 것은 어찌 보면 당연한 결과였다. 그는 젊은 시절, 부인과 자주 다투는 모습을 아들에게 거리낌 없이 보였다. 아들을 함부로 대했고, 자신의 건강이 좋지 않다는 것을 알았지만 제대로 치료하지 않았다. 스스로 감정을 통제하지 않아 주변을 힘들게 했고 매일 술을 마셨다. 자산을 모으기보다 쓰는 것에 집중했다. 그는 평소에 남 탓, 세상 탓을 했다. 나, 타인, 세상 모든 측면에서 음수인간이었고 음수의 삶을 살았다. 인생에서 나쁜 선택을 쌓아갔고 매 순간 죽어있었다. 돌이킬 수 없는 지점에 몰릴 때까지 그랬다. 내 작은할아버지의 이야기다.

인생은 모두에게 아름답지 않다. 그렇다고 모두에게 잔혹하지도 않다. 내가 선택한 대로 결과가 만들어질 뿐이다. 이래서 오로지 '나'로 능동적인 삶을 살라고 하는 것이다. 또한 '나'로서 능동적인 선택을 할 수 있다고 믿는 것이 필요하다. 한 번 음수의 늪에 빠지면 명확한 이유도 모른 채 악순환이 계속될 수 있다. 특히 태어날 때부터 좋지 않은 부모와 환경을 경험했다면, 내가 음수인간이라는 사실을 모르는 상태로 악순환의 늪에 빠져들 수 있다. 어느 순간 뒤돌아보면 돌이킬 수 없는 삶을 후회하게 된다.

그렇지만 악순환은 지금 나의 행동으로 끊을 수 있다. 당신이라는 무한한 변수는 언제든 충분한 가능성을 만들 수 있기 때문이다. 그러기 위해선 먼저, 스스로가 능동적 존재라는 것을 자각해야 한다. 그다음, 지금과는 다른 관점을 가지고 양수의 행동을 해야 한다. 결국 인생은 스스로 선택하는 것이다.

2장

당신은
어떤
인간인가

나의 삶은 양수일까, 음수일까?
······

지피지기면 백전백승이라는 말이 있듯, 먼저 내가 어떤 유형의 사람인지 파악해야 한다. 다음의 간단한 테스트를 통해 나의 유형을 살펴볼 수 있다. 각 문항의 점수를 1점부터 5점까지('매우 아니다', '아니다', '보통', '그렇다', '아주 그렇다') 점수를 매겨 총점을 합산해보자.

　나는 어떤 사람인가? 당신이 양수인간이라면 충분히 좋은 관점으로 인생을 살아가고 있다고 봐도 된다. 약한 양수인간이나 약한 음수

문항	내용	점수
1	나는 내가 좋아하는 것을 3가지 이상 말할 수 있다.	
2	나는 감정을 다스리는 나만의 방법이 있다.	
3	나는 어렵다고 생각한 것을 극복한 경험이 있다.	
4	나는 나의 숨겨진 강점을 잘 알고 있다.	
5	나는 나의 미세한 감정을 잘 알아차린다.	
6	나는 상대에게 부정적인 감정을 느껴도 감정을 다스리며 대화할 수 있다.	
7	나는 상대의 감정과 의도를 파악하는 것이 어렵지 않다.	
8	나는 상대에게 나의 감정을 표현하는 것이 어렵지 않다.	
9	나는 거절하는 것이 어렵지 않다.	
10	나는 상대가 내 의견에 따르지 않아도 크게 서운하지 않다.	
11	나는 삶을 살아가는 나만의 의미를 알고 있다.	
12	나는 때로는 실패가 내 탓이 아니란 것을 알고 있다.	
13	나는 인간이 가진 기질적인 한계를 알고 이를 세상에 적용할 수 있다.	
14	나는 매주 운동을 3회 이상 한다.	
15	나는 최적의 컨디션을 유지할 수 있는 나만의 환경을 세팅하고 있다.	

0~9점 음수인간	10~29점 약한 음수인간
30~49점 약한 양수인간	50~75점 양수인간

인간이라면 어떤 부분에서는 양수인간의 관점으로, 또 다른 부분에서는 음수인간의 관점으로 바라본다고 볼 수 있다. 그러니 음수인간 관점인 영역을 집중적으로 수정하는 것이 필요하다. 만약 당신이 음수인간으로 세상을 바라본다면, 전반적으로 관점의 수정이 필요하다. 너무 걱정하지 말자. 이 책을 여기까지 봤다는 것 자체가 변화를

위해 노력하고 있다는 증거니까. 책을 끝까지 읽게 되면 많은 것이 변해있을 것이다.

테스트의 각 문항은 세 가지 측면으로 나뉜다. 1~5번은 나에 대한 문항이다. 5~10번은 나와 타인의 관계에 대한 문항이다. 그리고 11~15번은 나와 세상에 대한 문항이다. 각 문항의 점수를 통해 나, 타인, 세상이라는 측면에서 나의 관점이 어떤지 확인할 수 있다.

양수인간이든 음수인간이든 단순히 관점만 바꾼다고 모든 것이 변하는 것은 아니다. 관점을 토대로 당신이 마음먹은 삶을 실현하는 능력이 뒷받침되어야 한다.

관점은 질 좋은 토양이다. 당신이라는 잠재력이 꽃 피우기 위해서는 토양에 씨앗을 뿌려야 한다. 씨앗이 성장하기 힘든 환경이라면 먼저 좋은 땅을 만드는 노력이 우선되어야 할 것이다. 좋은 토양이 갖춰졌다면 열매를 맺을 수 있도록 씨앗을 뿌리는 것이 필요하다.

관점의 질을 높이는 것은 내가 통제할 수 있는 것과 없는 것을 구분하는 통찰을 키우는 데서 출발한다. 예를 들어, 나와의 관계에서 자신의 기질이나 성격은 크게 변화시킬 수 없는 요인이다. 그렇지만 우리는 자신의 성격을 어떻게 바라볼 것이냐에 따라 인생에 유리하게 적용할 수 있다. 예민한 사람을 다른 관점에서 보면 섬세한 사람이 될 수 있고, 무딘 사람도 다른 관점에서 보면 무던한 사람일 수 있기 때문이다. 이게 양수인간이 자신을 바라보는 관점이다.

마찬가지로 감정도 우리가 느끼고 싶지 않다고 해서 느낄 수 없는 것이 아니다. 자연스럽게 마음에 떠오르는 것이다. 마치 심장이 뛰는 것처럼 우리가 쉽게 통제할 수 있는 것이 아니다. 다만 심장이 빠르게 뛸 때 대처할 방법이 있는 것처럼 감정도 그렇다. 그래서 양수인간은 자기가 부정적인 감정을 느끼는 것을 자책하기보다, 감정을 수용하고 대처하는 것에 집중한다.

그렇다면 음수인간이 바라보는 관점은 어떨까? 음수인간이 바라보는 세상은 위험하고, 예상할 수 없고, 나를 핍박하고 빼앗고 옥죄는 것이다. 성공은 소수만 이룰 수 있는 운의 영역이라고 생각한다. 그러나 세상이 위험하고, 예상할 수 없고, 나를 핍박하는 것이 아니라 내가 세상을 그렇게 여기기 때문에 세상이 그렇게 보이는 것이다. 결국 음의 관점은 잘못된 판단을 하게 만든다. 세상이 위험하다는 인식이 있으면 감정은 소용돌이에 빠질 수밖에 없다. 인간은 위험을 감지할 때 불안함을 느끼기 때문에. 우리는 앞으로 음수인간의 관점으로 바라보던 위험하기만 한 세상을 양수인간의 관점으로 바라보는 방법을 알아갈 것이다. 이 책을 통해 자신이 바라보던 세계가 점점 변화하는 것을 느껴보자.

양수인간과 음수인간을 가르는 결정적 차이

......

아래와 같이 우리 주변에 흔히 볼 수 있는 유형의 사람들이 있다.

- 직장에서 큰 스트레스를 받지만 어쩔 수 없다며 퇴사하지 못하는 사람
- 연인, 부부 문제로 매번 하소연하는 사람
- 인간관계에서 항상 자신을 탓하며 속으로 삭히는 사람

나는 대인관계가 넓은 편이 아닌데도 위의 상황에 해당하는 이들을 쉽게 떠올릴 수 있다. 당신은 어떠한가? 재미있는 것은 세 가지 경우 모두 문제는 다르지만 공통점이 한 가지 있다는 것이다. 부당하고 불합리한 현실을 겪어도 해결하기보다 내일로 미룬다는 점이다. 어쩌면 그들은 스스로 변해야 하는 것을 어렴풋이 알고 있을지도 모른다. 그렇지만 그저 알고 있을 뿐이지 변화하지 못한다. 왜 그럴까? 변화했을 때 감당해야 할 감정의 소비가 지금의 현실보다 크다고 생각하기 때문일 것이다. 회사를 그만두고 다시 구직하는 것보다 차라리 지금 스트레스를 견디는 편이, 연인과 헤어지는 것보다 차라리 며칠 싸우는 편이, 잘못된 줄 알고 있지만 그대로 살아가는 편이 변화보다 편하기 때문이다. 사는 대로 마음먹게 되는 음수인간

의 선택이다.

한때 크게 반향을 일으킨 도서 《마시멜로 이야기》에서는 한 가지 심리 실험을 소개한다. 먼저 어린아이들에게 마시멜로를 한 개 준다. 마시멜로를 바로 먹지 않고 잠깐 기다리면 하나 더 주겠다고 말한다. 이후 아이들이 마시멜로를 먹는지, 참는지 관찰한다. 지금 생각하면 어린아이들에겐 힘들 수도 있는 실험이지만 당시 굉장한 반향을 불러일으켰다. 자제력과 참을성이 아이가 어른이 되었을 때의 성공 여부에 지대한 영향을 미친다는 사실을 밝혀냈기 때문이다.

그러나 최근 마시멜로 실험에 오류가 있다는 목소리가 커지고 있다. 자제력과 참을성이 부족한 아이들, 그러니까 기다리지 않고 바로 마시멜로를 먹은 아이들은 진짜 참을성이 부족했던 것이 아니라 사실 실험 조교의 말을 믿을 수 없었기 때문이라는 것이다. 또한 자제력을 발휘한 아이들이 스탠퍼드대학교 교직원 자녀들, 즉 중산층 이상의 자녀들에 국한되었다는 점에서 '환경'이라는 변수가 작용했을 수 있다는 것이다. 이러한 측면에서 실험을 다시 바라본다면, 마시멜로를 먹지 않고 기다린 아이들도 자제력이 있지만 정말 줄지 안 줄지 모르는 상황에서 먹기를 선택한 아이들 또한 똑똑하다고 볼 수 있지 않은가?

이런 이유와 마찬가지로 오늘날 우리도 눈앞의 마시멜로에 대해서 고민해볼 필요가 있다. 눈앞에 존재하는 마시멜로를 먹지 않고 기다린다면 좋은 인생이 보장되는가? 힘든 직장생활이나 인간관계, 인생에서의 문제를 참고 견뎌내면 무조건 좋은 내일을 맞이할 수 있는가? 누군가가 우리에게 더 맛있는 마시멜로를 먹을 수 있다고 말하는데 그 말이 사실일까? 인내한다면 우리는 정말 원하는 것을 얻을 수 있을까? 나는 '아니오'라고 말하겠다. 차라리 눈앞의 마시멜로를 바로 먹는 것이 더 현명할 수 있다.

- 직장생활 때문에 고통스러울 정도로 극심한 스트레스를 받는다면 그만두고 다른 일을 찾는 편이 더 낫다. 마시멜로를 먹지 말라는 직장 상사의 말을 의심할 필요가 있다.
- 연인, 부부 문제 때문에 매번 속앓이한다면 확실히 담판 짓거나 이별하는 것도 방법이다. 마시멜로를 먹지 말라는 연인이나 배우자의 말을 의심할 필요가 있다.
- 인간관계에서 항상 자신을 탓하며 속으로 삭힌다면 차라리 상대에게 속 시원하게 말하는 편이 낫다. 마시멜로를 먹지 말라는 내 내면의 목소리를 의심해보자.

그렇다. 나의 중요한 가치를 침범하며 참을성과 기다림을 요구하는 목소리는 독이 될 수 있다. 그게 나 자신일지라도 말이다. 참을성과 기다림이라는 단어는 그럴듯하게 들리지만, 때때로 나를 좀먹는 무자비한 강요일 수 있다는 점을 기억해야 한다.

문제가 있다는 걸 알면서 변하지 못하는 사람들은 내일도 똑같이 힘들 줄 알지만 지금 해결해야 할 일을 내일로 미룬다. 마치 너구리가 몸을 숨길 때 자기 얼굴만 숨기는 것처럼 당장 마음의 평화를 위해서 내일은 다를 거라고 합리화한다. 그 마음의 중심엔 상실에 대한 슬픔과 미래에 대한 두려움이라는 감정이 숨어있다. 마시멜로를 먹고 새로운 음식을 찾아 떠나느니 눈앞에 마시멜로가 존재한다는 사실만으로 위안을 삼는 것이다.

하지만 내가 고려되지 않은 채 타인과 세상의 관점으로만 선택된 자제력과 참을성은 오히려 내일을 더 힘들게 할 뿐이다. 마시멜로를 먹지 않고 기다린다고 해서 내일 두 개의 마시멜로를 먹을 수 있다고 반드시 보장된 것은 아니다. 오히려 시간이 지날수록 지금 먹을 수 있는 마시멜로의 상태마저 나빠질 수 있다.

오해하지 않았으면 좋겠다. 자신의 노력으로 미래에 더 큰 가치를 창출할 수 있는 일을 지금 당장 힘들다고 그만두라는 말이 아니다. 미래에도 답이 나오지 않을 줄 알면서, 시간이 지날수록 상황이 안 좋아질 수 있다는 것을 깨달으면서도 끝내 손을 놓지 못하는 소모적인 일을 그만두라는 것이다.

그만두어야 할지 말지, 그 기준을 정하기가 어렵다면 진지하게 생각해보자. 만약 당신이 그 일을 선택하기 전으로 돌아간다면 여전히 그것을 선택하겠는가? 또한, 당신이 노력한다면 현재 상황이 개선될 여지가 있는가? 아니라는 생각이 든다면 당신에게 새로운 변화가 필요하다는 신호일 수 있다.

내가 움직이지 않으면 상황은 변하지 않는다. 자제력과 참을성은 나와 상대방 모두에게 이로울 때 가치가 있다. 때때로 우리는 마시멜로를 보면서 이렇게 생각한다. '지금 이걸 먹으면 내일 후회할지도 몰라', '혹시 내일 마시멜로를 두 개 먹을 수 있을지도 몰라', '내가 이걸 먹지 않고 기다리는 것은 사실 널 위해서야.'

기억하자. 혹시 모를 두 개의 마시멜로를 기대하면서 시간을 흘려 보내면 배고파질 사람은 자신이라는 것을. 마시멜로를 먹어 치우고 더 좋은 치즈를 찾아 떠나는 편이 나을 수 있다는 사실을. 확실한 음의 세계가 아닌 불확실한 양의 세계로 발을 옮기는 것이 더 좋을 수 있다는 사실을. 내가 움직여야 한다는 것을 말이다.

음수인간의 두 가지 착각

......

개미귀신이라는 곤충이 있다. 명주잠자리의 애벌레인 개미귀신은 개미를 먹고 살아간다. 개미귀신은 특이한 방식으로 개미를 사냥하는데, 모래를 깔때기 모양으로 만들어 개미를 유인한다. 모래 함정에 떨어진 개미는 벗어나려고 발버둥친다. 하지만 그럴수록 미끄러져 더 깊은 곳으로 빠진다. 가장 깊은 곳까지 떨어진 개미는 결국 개미귀신의 먹이가 되고 만다.

인간도 마찬가지로 조심해야 할 두 개의 함정이 있다. 첫 번째는 '확실함'의 함정이다. 우리는 기존의 것에 더 큰 가치를 부여할 때가 있다. 불확실성이 있는 낯선 사람이나 새로운 인생을 위해 발걸음을 옮기는 것보다 내가 이미 아는 것, 현재가 주는 확실함을 믿곤 한다. 지금 내가 만나는 사람이나 속한 집단이 나와 잘 맞지 않아도 상관없다. 누군가가 나에게 상처를 줘도 괜찮다. 새로운 것보다는 확실하기 때문이다. 나에게 상처를 준다고 해도 이미 알고 있고 보이는 것이기 때문에 그 속에서 오는 안정감을 느낄 수 있다.

그 때문에 하게 되는 가장 쉬운 선택은 내가 가진 것들이 가치 있는 것이라고 믿는 일이다. 직장생활도 마찬가지다. 직장에서의 인간관계나 형편없는 복지 혹은 적은 연봉이 마음에 들지 않아도 한 달을 버티면 일정한 수준의 '확실한 이득'을 취할 수 있기 때문에 그냥 버틸 때가 있다. 달콤하지만 숨 막히고, 편안하지만 치명적인 함정이 우리를 음의 세계로 이끄는 '확실함'이라는 함정이다. 우리는 때로 우리가 가지고 있는 것 때문에 음수인간이 되는 것을 선택하게 된다. 따라서 지금 가지고 있는 것을 버릴 용기가 필요하다.

두 번째는 '안전함'이라는 함정이다. 불확실한 것을 선택하라는 말은 무섭게 들리기도 한다. 경험한 적 없는 낯선 것을 선택하라는 말이니까. 불확실함은 고통을 수반한다. 런던대학교에서 진행된 재미있는 실험이 있다. 참가자에게 약간의 전기충격이 가해지는 실험에서, 참가자는 전기충격이 100%의 확률로 가해질 때보다 충격이 올지 안 올지 알 수 없는 50%의 확률로 가해질 때 더 큰 스트레스를 받는 것이 발견됐다. 합리적으로 생각한다면 충격이 50%의 확률로 가해질 때 그만큼 스트레스를 덜 받아야 한다고 생각하기 마련이다. 그렇지만 인간은 비록 고통일지라도 확실함보다 불확실한 것에 더 큰 스트레스를 받는 것이다. 물론 선호를 따지자면 50%의 확률로 가해지는 것을 선택하겠지만 순간적인 스트레스는 불확실함에서 더 크게 느낀다.

캐나다 레지나대학교의 니콜라스 칼튼Nicholas Carleton 교수는 인간이 불확실한 것에 불안을 느끼는 것은 진화심리학적인 관점에서 적응적이라고 말했다. 수렵과 채집을 하던 시절, 새로운 것을 만난다는 것은 목숨을 담보로 하는 일이었기 때문이다. 그때의 기억은 우리의 DNA 어딘가에 남아있다. 우리도 선조들과 마찬가지로 불확실함을 마주할 때 마찬가지의 불안함을 느낀다.

그러니 불안함을 느끼는 것은 굉장히 자연스러운 일이다. 불안은 우리의 상상력을 자극한다. 불안이 찾아오는 순간, 우리는 그 어떤 소설가보다 더 뛰어난 능력을 발휘해 최악의 시나리오를 상상한다. 그래서 불안은 끔찍한 결과를 상상하게 만들어 최악의 사태를 대비할 수 있게끔 해준다. 하지만 불안은 오히려 우리를 위험에 빠트리기도 한다. 최악을 가정한 상상은 현재 우리가 가진 확실함에 더욱 집착하게 만들기 때문이다. 바로, '안전함'이란 함정에 빠지는 것이다. 불안에 지배당하면 힘들어도 마음속으로 이렇게 생각할 수 있다.

'그래도 지금이 더 안정적이잖아?'

군대 전역 후 낯선 사회를 마주하기가 두려워 한번쯤 하사관이라는 진로를(일명 말뚝박기) 생각하는 말년 병장처럼 말이다. 마치 고양이의 그림자를 보고 거대한 괴물이라고 착각하는 것처럼 불안함이 커지면 더 나은 선택을 할 엄두를 내지 못한다. 그래서 내 삶을 발전시킬 새로운 기회가 있음에도 스스로 음수인간이 되는 선택을 하게 된다. 이렇게 '확실함'을 좇고 '안전함'을 가까이하는 함정에 빠진 사람들은 주문처럼 이렇게 말한다.

"그건 안정적이지 않아."
"그러다 잘못되면 어떡해?"
"네가 책임질 거야?"

이렇게 말하는 사람들이 착각하는 것은 지금이 더 안정적인 게 아니라 더 익숙한 것뿐이라는 사실이다. 더불어 언젠가 인생에서 덮어둔 문제를 마주해야 한다는 사실을 간과하고 있다. 그냥 마주하는 것이 아닌 복리 이자까지 더해진 문제를 만날 수 있다. 그때가 되면 지금의 당신보다 더 적은 자원을 가지고 더욱 거대해진 문제를 해결해야 할지도 모른다.

인간관계에서 어려움을 겪으며 당신의 능력을 평가절하하는 회사에 다니고 있는가? 시간이 지나면 좋은 곳으로 이직할 기회를 놓치게 될 수도 있다. 몸에서 적신호를 보내도 계속 스트레스를 받는 상황에 있지 않은가? 시간이 지나 더 큰 병치레를 할 수도 있다. 당신 곁의 누군가가 당신을 함부로 대하는가? 내버려두면 당신을 무시하는 사람은 더 늘어날 수도 있다. 지금 자신이 원하는 인생의 선택을 하지 못하겠는가? 가슴 한구석에 후회를 품은 채 인생의 종착지에 다다를 수도 있다.

사람마다 상황은 다르기에 당장 무언가를 바꾸라는 말을 하는 것은 아니다. 하지만 지금부터 문제에 대처할 수 있는 작은 선택지를 서서히 늘려가길 바란다. 그건 지금부터 할 수 있는 선택이니까.

과거에 얽매인 사람들에게
......

지금 가진 확실함과 미래에 대한 불안함은 우리를 인지부조화 상태로 만든다. 쉽게 말해 '해왔기 때문에 하지 못함'의 상태로 만든다. 다음의 사례를 살펴보자.

나를 감정 쓰레기통처럼 취급하는 친구

"그 친구랑 있으면 항상 가슴이 두근거려요." 어느 30대 여성의 고민이다. 그녀는 늘 다른 사람의 이야기를 들어주는 입장이었다. 자신의 힘으로 사람들에게 조언하고 도움을 주는 것에 만족을 느꼈다. 그래서 말하기보다 주로 듣는 방식으로 인간관계를 맺었다. 자신의 감정은 내비치지 않고 타인의 감정만 존중한 것이다. 그러던 그녀가 자신의 태도에 처음으로 회의를 느끼기 시작했다. 한 친구가 힘들 때만 늘 그녀를 찾았기 때문이다. 처음엔 한 시간, 두 시간 전화로 이야기를 들었다. 그러자 점점 연락 주기가 잦아졌고, 벨소리만 들으면 심장이 두근거리기 시작했다. 그럼에도 친구의 전화를 거절하지 못했다. 심지어 전화를 늦게 받았다는 이유로 친구의 폭언까지 견디면서 말이다.

이런 상황에 놓였다면 당신은 어떤 선택을 하겠는가? 계속 전화를 받는 것은 어리석다고 생각할 것이다. 그러나 그녀는 놀랍게도 '친구의 전화를 제때 받지 못한 자신의 잘못'이라고 생각했다. 그렇게 생각한 이유는 그녀가 지금까지 타인을 위해 들어주기만 하는 '착한 인간관계' 패턴으로 살았기 때문이다. 행동은 생각을 지배하기 마련이다. 그리고 이렇게 생각과 행동이 불일치할 때는 인지부조화가 생긴다.

'인지부조화'라는 말의 의미에서 알 수 있듯, 인간은 자기 생각과 행동 간의 조화롭지 못한 상태를 거부한다. 이때 느껴지는 불편함은 자연스럽게 생각과 행동 사이의 불일치를 해소하려는 욕구로 이어진다. 많은 경우, 행동을 바꾸는 것은 생각을 바꾸는 것보다 어렵다. 그래서 인간은 한 가지 속임수를 쓰게 된다. 행동을 바꾸는 대신 행동에 맞춰 생각을 바꾸는 것이다. 생각을 행동과 일치시켜 부조화의 상태에서 벗어나려는 시도다. 신입사원 때 회사를 욕하다가도 연차가 쌓여 익숙해지고 애사심이 생기는 경우도 이에 해당한다. 위의 사례도 마찬가지다. 지금까지 해왔던 행동(가치)은 바꾸기 어려우므로 자기 잘못이라고 '생각'을 바꾸어 불일치에서 벗어난 것이다.

그러나 중요한 것은 지금까지 해왔기 때문이라는 '과거'가 아니라 '현재'와 '미래'다. 변화하기 위해선 그동안 해왔던 행동을 과감히 뒤엎어야 한다. 무엇보다 인지부조화는 나도 모르게 내 생각에 영향을 미친다. 의식적으로 점검하지 않으면 알 수 없다. 주기적으로 하는 건강검진처럼 우리의 마음도 점검할 필요가 있다. 지금 당신이 하는 행동이 진짜 당신의 현재와 미래에 도움이 되는가? 아니면 지금까지 해왔기 때문에 옳다고 믿는 것인가?

다행히 그녀는 '자신에게 초점을 맞춰서 세상을 바라보라'는 조언을 들었고, 스스로를 지키기 위해 친구에게 "더 이상 너의 이야기를 들어줄 수 없어"라고 이야기했다. 친구와 관계는 멀어졌지만 그녀는 이상하게 홀가분했다고 했다. 오랜 시간 누적된, 자신을 희생해서 타인에게 잘 보여야 한다는 착한 사람의 족쇄에서 벗어났기 때문일 것이다.

드라마 〈미생〉에서 이런 말이 나온다. '진정한 고수는 격을 깨트려야 한다.' 기존의 것을 파괴해야 새로운 수를 찾을 수 있다는 말이다. 그것을 '파격'이라고 한다. 기존의 한계를 버리지 못하고 과거의 행동에 사로잡힌다면 결과는 불 보듯 뻔하다. 게다가 기존의 것을 고집하는 게 지금까지 해왔기 때문이라는 '인지부조화' 같은 이유라면 더더욱 행동을 깨부숴야 한다.

요점은 왜 당신이 새로운 행동을 망설였는지 이해하는 것이다. 이해도가 높을수록 당신의 행동에 대해 스스로 새로운 관점을 부여할 것이고 비로소 다르게 행동할 수 있는 몸과 마음의 상태를 마련할 것이다. 원래 그렇다고 합리화하지 말자. '왜' 그런지 생각해보자. 그리고 다르게 행동하자. 그것이 음수의 삶을 벗어나는 길이다.

나이아가라강 상류는 물살이 의외로 잔잔한 편이다. 작은 나룻배를 타고 천천히 나이아가라강 상류를 유람하다 보면 어느 순간 유속이 조금씩 빨라지기 시작한다. 그 미묘한 물살의 흐름을 느끼지 못하면 어떻게 될까? 눈에 띄게 물살이 빨라진 후에야 상황이 달라졌음을 알아챈다면 빨라진 유속 때문에 배의 방향을 안전한 쪽으로 돌리지 못할 것이다. 그리고 그때야 눈앞에 나이아가라 폭포가 나타났다는 사실을 깨달을 것이다. 거대한 폭포가 보이는 순간, 후회해도 이미 늦었다. 이것이 '나이아가라강 증후군'이다. 인생도 마찬가지다. 시간이 너무 흐른 후에는 돌이킬 수 없을지도 모른다.

확실함과 익숙함, 불안함의 감정은 마치 동전의 양면처럼 함께 붙어 다닌다. 미래에 대한 막연한 불안함은 지금 가지고 있는 것의 확실함에 집착하게 만들고 확실함은 다른 변수의 존재를 꺼리게 한다. 그래서 확실함과 익숙함은 나의 불행한 현실을 합리화시키려 한다. 그렇다면 우리가 해야 할 일은 하나다. 불확실한 것을 시도하는 것이다.

성격은 안 변해도 성품은 변한다
......

세 개의 문 중에 두 곳의 문을 열면 염소가 있다. 그리고 한 곳에는 슈퍼카가 있다. 당신에게 하나의 문을 선택해 문 뒤에 있는 슈퍼카를 가질 기회가 주어졌다. 자, 선택해보자. 선택한 문을 열려고 하는 순간, 사회자가 "잠깐!"이라고 외친다. 사회자는 남은 두 개의 문 중에 염소가 있는 문 하나를 연다(사회자는 슈퍼카가 어디에 있는지 알고 있다). 그리고 당신에게 말한다. "선택을 바꿀 수 있는 기회를 한 번 드리겠습니다. 바꾸시겠습니까?" 이런 상황이라면 당신은 선택을 바꾸겠는가? 아니면 유지하겠는가?

'몬티 홀의 딜레마Monty Hall problem'라는 문제다. 인간이 가진 심리적

몬티 홀의 딜레마

출처: 미국 TV 프로그램 〈거래를 합시다Let's Make a Deal〉

편향을 알 수 있는 대표적인 예시다. 인간도 동물이기 때문에 어쩔 수 없는 생각의 한계를 가지고 있다. 그래서 때로는 비합리적인 선택을 한다. '몬티 홀의 딜레마'에서 '바꾸지 않겠다'라고 선택한 것처럼 말이다. 위 문제에서 대부분의 사람은 '후회하기 싫어서' 바꾸지 않는 선택을 한다.

몬티 홀의 딜레마에서는 선택을 바꾸는 것이 훨씬 유리하다. 처음 문을 선택했을 때 슈퍼카가 있을 확률은 1/3이었다. 그리고 내가 문을 열려는 순간, 사회자는 슈퍼카가 확실히 없는(확률 0%) 문을 열었다. 그리고 당신에게 바꿀 기회를 줬다. 이때 선택을 바꾸는 게 유리하다는 내용을 수식으로 쓰면 '1/3 + 0 + x = 1'이라는 표현이 된다. 따라서 다른 문으로 선택을 바꾸는 것이 유리하다. 이렇게 해답을 보고 난 후엔 논리적으로 그럴듯해 보인다. 그럼에도 내심 직관으로는 왜 50%의 확률이 아닌지 납득하기 어려워한다. 이것이 인간의 사고다.

나는 양수인간이 되기 어려운 이유를 두 가지라고 생각한다. 첫째, 인간이 가지고 있는 편향 때문이다. 편향은 인간이 가진 합리적이지 못한 선택을 말한다. 예를 들어서 인간은 후광 효과라는 편향을 가지고 있다. 하나의 좋은 면모만 보고 전체를 확대 해석하는 것이다. 그래서 의사 가운을 걸치는 것만으로 권위 있는 사람이라고 생각하는 오류를 범하기도 한다.

물론 인간이 가진 편향을 인지하더라도 선택의 갈림길에서 늘 합리적인 선택만 지속하는 것은 어려운 일일 것이다. 인간은 기계가 아니기 때문이다. 그렇지만 편향에 대해 잘 알고 있다면 상황에 대처할 가능성을 높이고 문제를 예방하기 쉬울 것이다. 또한 지금 나의 감정으로는 불편하지만 멀리 봤을 때 이득이 되는 선택을 할 수도 있을 것이다.

인간이 다른 동물과 다른 점은 사고를 할 수 있다는 것이다. 무엇이 옳은지, 그른지 판단할 수 있다. 인간은 단순히 본능으로만 움직이지 않는다. 배움을 통해서 본능과 반대되는 선택을 할 수 있다. 그러나 무엇이 인간의 한계인지 모른다면 오히려 한계를 모르기 때문에 문제를 그르칠 수 있다. 따라서 더 나은 선택을 위해 인간의 한계를 배우는 것은 양수인간의 자질이라고 말할 수 있다.

행동경제학자이자 노벨 경제학상 수상자인 대니얼 카너먼Daniel Kahneman은 저서 《생각에 관한 생각》에서 인간은 몇 가지 편향을 가지고 있다고 말한다. 모든 인간이 가지고 있는 한계가 편향이라면, 오히려 성장에 이용할 수 있을 것이다. 양수인간이 자신에게 주어진 고통을 성장에 이용하는 것처럼 말이다. 따라서 인간이 가지고 있는 편향이라는 한계는 모르면 당하지만 알면 강력한 무기가 된다. 편향에 대한 구체적인 사례는 7장에서 다루겠다.

두 번째로 우리가 알아야 하는 것은 자신의 성격이다. 사람마다 성격은 모두 다르며 타고난 기질로써 쉽게 변하지 않는다. 변하더라도 범위가 넓지 않다. 당신이 예민한 사람이라면 예민한 사람으로 살아가야 한다. 그 기질 자체는 떠안고 살아야 한다는 것이다. 만약 당신이 작은 소리도 민감하게 듣는 사람이라고 해보자. 그런 사람은 아무리 소리를 안 들으려고 해도 듣지 않기가 어려울 것이다. 마찬가지로 성격도 타고난 기질로서 주어진 범위 밖으로 벗어나기 어렵다. 그러나 이 말을 듣고 실망하지 않길 바란다. 왜냐하면 타고난 성격보다 성격을 바라보는 관점이 중요하기 때문이다.

예민한 성격을 섬세하다고 여기고, 무딘 성격을 무던한 성격이라고 말하면 부정적으로 느껴지는 것도 장점으로 바라볼 수 있는 것처럼, 관점을 다르게 하자. 무던한(무딘) 성격의 사람은 조금 더 타인의 마음이나 감정을 파악하는 방법을 배우거나 사회성을 익히는 것이 필요하다. 타고난 능력이 아니기 때문에 타고난 사람보다 배움의 속도가 느릴 수 있다. 그럼에도 배워서 지금보다 능력을 향상할 수는 있다. 배울 수 있는데도 스스로를 사회성 없는 사람이라 단정 짓고 그 능력을 발전시키지 않는다면, 혹은 스스로를 감정적으로 요동치는 사람이라 단정 짓는다면, 그래서 사회적으로 단절되어도 좋다고 생각한다면, 이런 태도는 부정적인 성격에 지배당하는 것이다. 노력하지 않고 자신을 비관하게 될 때 우리는 악순환에 빠지게 된다.

고로 나의 성격을 어떻게 활용할 것인가, 그리고 약점을 어떻게 보완하고 활용할 것인가의 관점으로 자신을 바라봐야 한다. 그게 양수인간으로서 나와 관계를 맺는 방식이다. 인간이 가진 것 중엔 바꿀 수 없는 것이 있고 바꿀 수 있는 것이 있다. 성격은 바꿀 수 없는 것에 속한다. 바꿀 수 없는 게 무엇인지 알아야 시간 낭비를 하지 않을 수 있다. 반면 음수인간은 자신이 바꿀 수 있는 부분과 없는 부분을 구분하지 못한다. 그렇게 애초에 나와의 관계 맺음을 노력하지 않거나 잘못된 방향으로 노력하기 쉽다. 하지만 양수인간은 다르다. 바꿀 수 없는 부분과 바꿀 수 있는 부분을 명확히 인지한다. 그래서 바꿀 수 없는 것은 인정하고 자신이 바꿀 수 있는 부분에 초점을 맞춘다. 그러니 비관하지 말자. 잘 살기 위해서 첫 번째는 자신이 타고난 것에 대해서 무의미한 비관을 하지 않는 것이니까.

나는 자신의 성격을 장점 위주로 살펴보길 권한다. 장점을 부각할 방법을 모색한 뒤에 약점을 보완할 방법을 찾아보자. 보통 게임을 하면 시작하기 전 내가 키워나갈 메인 캐릭터를 선택한다. 대부분의 게임엔 마법사와 전사가 있는데, 우리는 마법사를 키우면서 그의 힘이 약하다고 탓하지 않는다. 또 전사를 키우면서 마력이 약하다고 탓하지 않는다. 저마다 특장점이 있으므로 해당 능력을 키우는 것에 집중한다. 그런데 마법사 캐릭터로 힘을 키우고, 전사 캐릭터로 마력을 키우는 데에 집중한다면 그 캐릭터는 어떻게 되겠는가? 한 마디로 망캐, 망하는 캐릭터가 된다. 또한 전사는 전사만의 약점을 보완하는 방법이 있고 마법사는 마법사만의 약점을 보완하는 방법이 있다. 전사는 마법 저항력을 키우고 마법사는 순간이동 같은 방법으로 자신의 약점을 보완하지 않는가?

게임 속 캐릭터도 육성 방법이 다른데, 하물며 게임을 창조한 인간은 얼마나 다채롭고 복잡한 육성 방법이 있겠는가? 문제는 게임에는 디테일한 공략집이 있고 인생에는 뚜렷한 공략집이 없기 때문에 방향을 잡기 어려운 것뿐이다. 공략집이 없다고 '나'라는 캐릭터가 나쁜 게 아니다. 혹시 당신의 캐릭터가 스스로도 별로라고 생각하는가? 그건 당신이 전사의 육성 방법으로 마법사를 키우려 했기 때문이다. 혹은 마법사의 육성 방법으로 전사를 키우려 했기 때문일 것이다. 당신에게는 당신만의 강점이 있다. 강점을 찾고 그것대로 당신을 육성한다는 생각을 가져보자. 언젠가 분명히 당신이라는 캐릭터를 강하게 키워서 게임 속 마왕을 쓰러뜨릴 수 있을 것이다.

남들이 웃어도, 내가 슬프면 슬픈 것이다
......

"우리 짜장면 먹을 건데, 자네는 뭐 시키겠나?" 모두 다 짜장면을 주문하는데 나 혼자 짬뽕을 시키기는 조금 어렵다. 먹고 싶은 짬뽕 대신 짜장면을 시킨다면 수동적인 걸까? 즉, 환경에 순응하면 음수인간일까? 그렇지 않다. 양수인간이 되라는 것이 나의 의견만 앞세우는 독불장군이 되라는 말이 아니다. 자기주장을 꺾지 말라는 말은 더더욱 아니다. 자기가 중요하게 생각하는 가치를 확고하게 지켜내고 선명하게 이뤄나가라는 얘기다. 인생에서 중요한 '나의 자존감', '나의 인간관계', '나의 성장' 등을 다른 사람에 의해서 좌지우지되게 하지 말라는 것이다.

점심 메뉴를 선택하는 것이 인생에서 얼마나 중요할까? 인생에 영향을 주지 않는 선택은 유연해도 괜찮다. 짬뽕을 먹고 싶지만 때에 따라 짜장면을 먹을 수도 있고, 짜장면을 먹고 싶지만 짬뽕을 먹을 수도 있다. 유연할 수 있을 때 유연해지는 것은 수동적으로 사는 것과 상관없다. 때로는 회사에서 상사의 말을 듣기 싫어도 처세술을 발휘해 융통성 있게 행동할 수 있다. 인간관계에서도 내키지는 않지만 상대의 부탁을 들어줄 수 있다. 이를 두고 상대방에 대한 배려라고 하지 않는가? 당신의 가치를 침해하지 않는 행위다. 중요하지 않은 인생의 영역까지 신경 쓸 필요는 없다. 그러니 일상에서 중요도가 떨어지는 선택을 할 때 마냥 고집을 부리지는 말자. 작은 일에 지나치게 신경을 쓰는 것은 능동적으로 살아가는 양수인간과 거리가 있다. 거듭 강조하지만 중요한 것은 사소한 것이 아니라, 당신에게 중요한 가치를 발휘하며 살아가려는 태도다.

한국에서 태어나면 20여 년은 주어진 환경에서 산다. 초등학교,

중학교, 고등학교만 해도 그렇다. 더 나아가 대학교에 입학하거나 군대, 회사 생활까지 생각하면 더 오랜 시간을 정해진 길대로 걷는다고 해도 과언이 아니다. 대부분의 사람이 주어진 대로 살았기 때문에 앞으로의 여생도 정해진 틀에서 살아가기 쉽다.

이렇게 오랜 기간 정해진 틀에서 주어진 과제를 하며 살아왔을수록 주체적으로 사는 것은 어렵게 느껴질 수밖에 없다. 게다가 한국이 동양 문화권에 속한 나라라는 배경도 무시할 수 없다. 동양 사람들은 대개 맥락 중심으로 세상을 본다. 나 자신보다 나를 둘러싼 환경에 초점을 더 맞춘다는 뜻이다. 그래서 눈치 보는 문화도 있다. 그림을 살펴보자. 첫 번째는 가운데 사람도 웃고 주변 사람들도 웃고 있다. 두 번째는 주변 사람들은 화가 난 표정인데 가운데 사람은 웃고 있다. 두 그림에서 가운데에 있는 사람은 각각 어떤 감정을 느끼고 있을까?

미소를 인식하는 문화권의 차이

동양권 국가의 사람들은 대부분 첫 번째 그림의 사람이 행복하다고 말한다. 반면 두 번째 그림의 사람은 불행할 거라고 말한다. 동양의 관점은 주변 맥락이 중요하기 때문에 불행하다고 느끼는 것이다. 반대로 서양권 국가 사람들은 주변 사람 모두 화난 표정이어도 본인이 웃고 있다면 행복할 것이라고 말한다. 서양의 관점으로는 주변의 맥락보다 주체가 더 중요하기 때문이다. 이런 동서양의 문화 차이가 관점에 영향을 미친다.

사회는 점점 다변화되고 있다. 사회 분위기와 문화가 변화하는 요인에는 가족 형태의 변화가 큰 자리를 차지한다. 대가족에서 핵가족으로, 핵가족에서 점차 1인 가구로 바뀌는 모습이 그렇다. 이제는 다함께 농사를 짓는 농경사회도 아니고 기업에 꼭 소속되어야만 살아남는 산업 시대도 아니다. 나 혼자여도 역량을 발휘하면 풍요롭고 만족스러운 삶을 살아갈 선택지가 늘어난 개인의 시대다. 그러나 많은 사람은 여전히 20~30여 년간 학습된 경험과 동양 문화권 특유의 관점을 가지고 있다.

곰곰이 생각해보자. 모든 사람이 화를 내도 당신이 기쁘면 기쁜 거다. 주변 사람들이 모두 기뻐해도 당신이 슬프면 슬픈 거다. 우리는 주체적인 삶을 살아가야 한다. 타인이 모두 웃고 있으니 나도 행복하다고 생각하는 것은 자신을 속이는 것 아닌가. 굳이 나를 속이며 세상에 맞출 필요 없다. 나는 동양의 관점 일부가 구시대적 유물이라고 생각한다. 그러니 자신의 감정을 위축시키면서까지 자신을 방치하지 않았으면 좋겠다. 저마다의 가치를 스스로 지키고 능동적인 존재로서 자신만의 큰 그림을 그리며 살아가길 바란다. 순간순간 깨어있는 삶을 산다면 당신은 원하는 대로 삶을 만들어 나갈 수 있다. 당신이 꺾이지 않기로 마음먹었다면 환경은 중요하지 않다.

2022년 카타르 월드컵 대회에서 한국이 포르투갈을 상대로 2대 1 역전승을 거두었다. 포르투갈에 선제골을 내준 상황에서 모두가 끝났다고 생각한 순간에 역전골을 터트린 것이다. 극적인 상황에서도 포기하지 않았기 때문에 쟁취한 승리였다. 이 경기가 끝나고 '중요한 것은 꺾이지 않는 마음'이라는 말이 널리 퍼졌다. 그렇다. 중요한 것은 마지막까지 꺾이지 않는 마음이다. 그러나 살면서 우리의 의지를 어쩔 수 없이 꺾어야 하는 순간들이 온다. 그때 이 말을 기억했으면 좋겠다. '꺾이더라도 부러지지 않는 마음.' 겉은 부드럽지만 내면이 단단한 외유내강의 마음이다. 세상에 꺾일지언정 부러지지 않도록 당신의 중심을 유연하게 잡길 바란다.

3장

태어난 대로
살면
안 되는 이유

인생은 선택하는 대로 흐른다
......

열역학 제2법칙 엔트로피Entropy의 개념은 우리의 삶과 굉장히 비슷하다고 본다. 모든 물질은 시간의 흐름에 맞게 한 방향으로 흐른다. 그리고 변화한다. 변화는 예상할 수 없다. 왜냐하면 확률적으로 진행되기 때문이다. 예를 들어 분자 두 개가 만나서 부딪힐 때 어디로 튈지 예측할 수 없다. 단지 오른쪽으로 튈지, 왼쪽으로 튈지 확률적으로만 추측할 수 있을 뿐이다.

사람도 태어나면서부터 죽음을 향한 하나의 방향으로 살아간다. 그 과정에서 어떤 사람이나 환경과 만나느냐에 따라 각기 다른 결과를 만든다. 두 분자가 만나 부딪힐 때 예측이 불가능한 것처럼, 삶에서도 어떤 선택을 한 다음 어떤 변화가 나타날지 예측하기 어렵다. 그래서 우리의 인생은 끊임없는 변화와 선택의 연속이라고 하는 것이다. 우스갯소리로 "평행 우주에서는 지금과 달리 성공한 내가 있을 거다"라는 말을 하지 않는가? 우리는 무엇을 선택하는지에 따라 확률적으로 결과가 달라지는 인생이란 게임을 하는 걸지도 모르겠다.

인생이 게임이라면 게임 속에서 다양한 선택을 반복할수록 전혀 다른 캐릭터가 만들어지듯 나 또한 그럴 수 있다. 각기 다른 사람과 환경을 만나 새로운 결과를 만들어낼 테니까. 커피와 우유를 섞으면 카페라테가 되는 것과 같다. 이미 만들어진 카페라테를 다시 커피와 우유로 나눌 수 있을까? 어렵다. 마찬가지로 타인을 만나고 세상과 섞이는 우리는 그 속에서 다양한 화학반응을 일으키며 기존의 나와는 전혀 다른 모습으로 재탄생된다. 지금 나의 모습이 내 마음에 들지 않더라도, 우리는 만남이란 경험을 통해서 바꿀 수 있고 성장할 수 있다.

중요한 것은 여기서부터다. 인생이 확률 게임이라고 할 때, 확률을 선택하는 사람이 바로 '나'이기 때문이다. 커피를 내릴 때 그냥 아메리카노인 상태로 마실지, 우유를 섞어 카페라테를 만들지 선택할 수 있다. 자유의지를 가지고 선택하는 존재가 인간이기 때문에 내가 원하는 삶을 현실로 만들기 위해서 무엇을 해야 성공 확률이 올라갈지는 나만이 알고 있다. 그래서 양수인간은 그 확률이 오직 자기 행동에 의해서 결정되는 것이라 믿는다.

부자가 되고 싶은 사람이 있다고 생각해보자. 부자가 되기 위해 어떻게 해야 할까? 책을 읽거나 강의를 들으며 재테크를 공부하는 것부터 시작해 능력을 점차 키워 투자하고 사업을 벌이는 등 지금과 전혀 다른 행동을 해야 한다. 목표를 위해서 움직이는 것, 그것만이 원하는 삶을 살 수 있는 가능성을 높인다. 행동을 함으로써 0% 확률이었던 것이 1% 확률로 바뀌는 것이다. 1%는 아주 작은 것 같지만 거대한 결과를 낳는 변화다. 불가능했던 것에 가능성이라는 희망이 생겼기 때문이다. 이것을 '가능성 효과'라고 한다. 삶을 바꾸는 가능성은 주체성을 가진 행동을 통해서 만들어진다.

반면, 부자가 되고 싶다고 생각해도 모든 확률을 외부로 돌리면 어떻게 되겠는가? 자신이 애써도 안 될 것이며, 세상의 흐름에 의해 결정되는 것이라고 생각해서 아무런 행동도 하지 않을 것이다. 자신의 노력과 상관없는 일이라고 생각하기에 시도조차 하지 않는 것이다.

이것이 음수인간이다. 행동하지 않으면 원하는 것을 얻을 수 없다. 새로운 행동을 하지 않는데 어떻게 새로운 결과를 만들 수 있겠는가?

사회적으로 성공한 수많은 사람, 그리고 수많은 매체에서 행동의 중요성을 강조한다. 이 책에서도 그렇다. 그만큼 아무리 강조해도 지나치지 않는다. 수십, 수백 년 동안 행동의 중요성에 대해 전해져왔겠지만 지금도 이 간단한 진리가 통하는 이유는 실제로 행동하기가 어렵기 때문이다. 행동하고 실천해서 성공한 사람은 소수이고, 행동하지 않는 사람이 다수인 것을 보면 알 수 있다.

게다가 앞서 말했듯 새로운 행동을 하는 것엔 심리적 불편함이 따른다. 이것이 인간이 가진 태생적 한계다. 따라서 엔트로피 법칙에 따르면 높은 확률로 인간은 음수인간이 될 가능성이 크다. 하지만 우리에겐 자유의지가 있다. 그 때문에 내가 능동적인 존재라는 것을 인식하고 인간의 본능과 다른 선택을 할 수 있다면 양수인간으로서 마음먹은 대로 살 수 있다. 하기 싫고 불안하더라도 지금 당장 행동하는 태도가 필요하다. 그렇다면 우리가 원하는 것들을 빠르게 이룰 수 있도록 행동하는 효과적인 방법은 무엇일까?

① 지금 당장 시작한다

생각을 이기는 것은 행동이다. 목표를 정했다면, 지체하지 말고 지금 당장 움직이자. 원대한 계획을 실행시켜야 한다는 부담감 때문에, 혹은 완벽하지 않으면 안 된다는 강박 때문에 시작하기 어려울 것이다. 그렇지만 시작이 반이라고, 완벽한 계획도 처음의 작은 행동에서 시작된다. 경찰대학교 박상미 교수는 무력감이 밀려오거나 우울할 때 '소소한 행동'을 하는 것이 중요하다고 말했다. 생각이 많아져 행동하기 어려울 때도 마찬가지이다. 지금 당장 '5, 4, 3, 2, 1, 스타트!'라고 외치고 박차고 일어나는 것부터 시작하자. 내가 운영하는 유튜브 채널의 구독자는 2024년 3월 기준 84만 명이다. 그러나 시작은 쉽지 않았다. 채널을 개설하고 몇 달간 미루다가 마지못해 첫 영상을 제작했다. 내가 망설였던 이유는 영상 편집 프로그램을 다뤄본 적이 없어 부담되고 두려웠기 때문이다. 돌이켜보면 완전히 잘못된 생각이었다. 왜 두려워했는지 무색하게 생각보다 쉬워서 하루 만에 프로그램을 익힐 수 있었다. 어쩌면 당신이 떠올린 부담감은 환상일 가능성이 크다. 그러니 지금 당장 시작하자.

② 가장 하기 싫은 것부터 한다

가장 중요한 일이 가장 하기 싫은 법이다. 인간에겐 불편한 것에서 멀어지려는, 안전성을 추구하는 욕구가 있기 때문이다. 그러나 익숙한 것만 선택하면 정체될 뿐, 발전할 수 없다. 나는 20대 때 대학교 편입에 도전했다. 편입 시험은 영어로 치러졌는데, 그중 문법이 아주 형편없었다. 보통 이런 상황이라면 문법을 먼저 충분히 익히고 독해나 논리 등 다른 분야를 마저 공부해야겠다고 할 것이다. 그런데 나는 문법을 제일 나중에 공부했다. 못하는 것을 회피하고 싶었던 것이다. 시간에 쫓기고 이런저런 핑계로 문법을 제대로 공부하지 않아서 그해 편입 시험은 불합격했다(이후 재도전했을 때는 문법을 가장 먼저 공부했고 편입에 성공했다). 행동만 했다고 원하는 것을 이룰 수 있는 건 아니다. 우리는 합리화를 부추기는 행동에 촉각을 세워야 한다. '이 정도면 오늘 열심히 했지', '내일부터 하면 되지' 등 스스로를 합리화하는 생각을 멀리하자. 어차피 할 일, 어렵고 불편한 것부터 시작하자.

③ 회피동기를 활용한다

컬럼비아대학교 교수이자 심리학자 토리 히긴스Tori Higgins에 의하면 인간의 동기는 두 가지 방향으로 흐른다. 바로 성취할 수 있는 접근동기, 위험을 피할 수 있는 회피동기이다. 시험에 합격했을 때의 즐거움을 생각하는 것은 성취지향적인 접근동기이다. 반면 시험에 떨어졌을 때의 불안함을 생각하는 것은 안정지향적인 회피동기이다. 목표를 이루려는 목적인 접근동기도 필수이지만 우리가 행동하기 위해서는 회피동기를 활용해야 한다. 회피동기는 인간이 지금 당장 움직이게 하는 힘을 가지고 있기 때문이다. 유튜브 영상 섬네일을 살펴보면 클릭률이 높은 문구는 '하지 마세요' 등 대부분 회피동기의 성격을 띠고 있다. 회피동기는 불안함을 만들고 불안함은 인간이 싫어하는 감정 중에 하나다. 그렇기 때문에 불안을 해결하기 위해 바로 영상을 클릭하는 행동을 하게 만든다. 그럼에도 행동하기 어렵다면, 행동하지 않았을 때 잃게 될 것을 생각하자. 혹은 실제로 잃게 되는 환경을 만들자. 예를 들어, 그룹 스터디가 있다면 하루 목표치를 달성하지 못했을 때 벌금을 내도록 규칙을 만드는 것이다. 성장하는 것이 목표라면 챌린지하는 모임에 참여하거나 벌금을 내는 앱을 활용해도 좋겠다.

기억해야 할 것은 관점이다. 관점을 통해서 생각의 변화가 이뤄지고 생각의 변화를 통해서 새로운 행동을 하게 된다. 그 행동은 우리가 원하는 것을 이룰 확률을 높여준다. 언젠가 이루어질 거란 막연한 생각은 하지 말자. 감 떨어질 때까지 기다리면 결국 썩은 감이 떨어질 것이다.

한계를 아는 것은 힘이다

......

내가 주체가 되어 산다는 것은 자신의 한계를 인정하는 것과 같다. 양수인간은 자신이 할 수 없는 것을 인정하기 때문에 할 수 있는 것에 집중할 수 있다. 할 수 없다는 사실을 인정하는 것은 인생의 질적인 향상을 일으킨다. 우리의 인생은 한정적이다. 따라서 자신이 통제할 수 없는 것에 집중하면 인생의 시간을 낭비하게 된다. 반면 자신이 통제할 수 있는 것에 집중하면 더 많은 시간을 활용할 수 있다.

그러니까 우리가 어떤 관점으로 사느냐에 따라서 아쉽고 짧은 인생을 살 수도, 충분하고 넉넉한 인생을 살 수도 있는 것이다. 물리적으로 주어진 시간은 같지만 마음의 시간은 다르게 흐르기 때문이다. 어떤 관점을 갖느냐에 따라 시간은 다르게 주어진다.

예를 들어 누군가 당신에게 싫은 소리를 해서 분노나 슬픔과 같은 부정적인 감정이 생겼다고 가정해보자. 부정적인 감정을 느끼는 것은 당신의 잘못일까? 그렇지 않다. 부정적인 감정을 느끼는 것은 개인이 통제할 수 없는 영역이다. 오히려 때로는 부정적인 감정을 느끼는 것이 건강하다는 증거일 수도 있다.

양수인간은 개인의 한계를 안다. 자신의 마음에 부정적인 감정이 올라오는 일은 자신이 통제할 수 없다는 사실을 인정한다. 그래서 부정적인 감정을 느껴도 자신을 탓하기보다 어떻게 대처할지 집중한다. 하지만 음수인간은 개인의 한계를 모른다. 그 때문에 부정적인 감정을 느낀다는 것 자체를 부정적으로 바라본다. '나는 좋은 사람인 것 같은데 어떻게 이런 생각을 할 수 있지?'라며 자기혐오를 하게된다. 감정을 통제하지 못한 자신을 탓하는 것이다. 혹은 '어차피 나는 그래서 부정적인 사람이니까'라며 단순한 감정을 확대해석해서 자신의 특징으로 여길 수도 있다. 나 자체가 원래 나쁜 사람이라는 생각에 빠지는 것은 아주 위험하다. 자신의 감정을 다스리려는 노력도 하지 않은 채 점점 부정적인 감정을 합리화하며 살아가게 될 수 있다.

더불어 부정적인 감정은 자신을 살펴보는 데에 활용할 수 있다. 때때로 특정한 감정이 느껴진다는 것은 마음속 거대한 콤플렉스가 건드려졌다는 의미일 수 있다. 그러니 자신의 부정적인 감정을 통해 자신의 문제를 어떻게 해결할지 고민해볼 수 있을 것이다. 그리고 이는 자기 내면을 성숙시키는 변화의 시작점이 될 수 있다.

자신에 대한 한계를 아는 것처럼 관계의 한계를 아는 것도 중요하다. 살다 보면 누군가가 나를 이유 없이 싫어하는 경우도 있다. 이런 순간에 나를 싫어하는 사람과 잘 지내려고 노력하는 것은 도움이 되지 않는다. 오히려 잘 지내려고 노력할수록 관계가 악화될 가능성이 크다. 차라리 어떤 사람이 이유 없이 나를 싫어하는 것은 나의 문제가 아니라 그 사람의 문제라고 생각해보자. 타인은 내가 통제할 수 없다. 그렇기에 나를 싫어하는 사람의 마음을 바꿀 수 있다는 생각은 통제할 수 없는 것에 시간을 쏟는 것과 같다.

양수인간은 인간관계에서 자신의 한계를 알기 때문에 누군가가 자신을 싫어해도 그 자체를 인정하며 타인의 시선에 크게 개의치 않는다. 반면 음수인간은 노력만 하면 얼마든지 그 사람의 마음을 바꿀 수 있다고 여긴다. 그러니 상대방이 자신을 어떻게 생각하는지에 집중하게 된다. 그래서 나를 싫어하는 사람에게 잘 보이기 위해 착한 사람의 가면을 쓰거나 혹은 그 사람에게 잘 보이기 위해 내키지 않아도 상대방이 원하는 행동을 하게 될 수 있다. 한두 번의 배려는 괜찮다지만 지속적으로 자신의 가치에 반하는 행동으로 상대에게 맞추는 것은 문제가 된다. 이런 행동이 쌓이면 인생에서 자신이 가진 고유의 영역이 점점 줄어들고 결국 작아진 나는 스스로를 보잘것없는 존재로 생각하게 될 것이다. 혹은 타인을 탓하며 '원래 인생은 혼자야'라며 사회와 고립되는 것을 선택할 수도 있다.

세상과의 관계에서도 나의 한계를 아는 것이 중요하다. 살다 보면 열심히 노력해도 결과가 좋지 않을 때가 있다. 개인이 아무리 능력이 좋고 노력했다고 해도, 모든 변수를 통제하는 것은 불가능하기 때문이다. 진인사대천명盡人事待天命이라는 고사성어가 있다. 개인이 할 수 있는 노력을 다하고 하늘의 뜻을 기다리라는 말이다. 결과를 개인이 통제할 수 없다는 사실을 의미하는 말이다. 그저 원하는 결과를 만들어낼 확률을 높일 뿐이다.

양수인간은 세상 속에서 자신의 한계를 인지하므로 결과로 자신을 판단하지 않는다. 그렇기 때문에 때때로 실패해도 일희일비를 하지 않는다. 양수인간은 어려운 상황 속에서도 자신이 할 수 있는 것을 할 뿐이다. 그러니 힘겨운 상황 속에서도 부족한 점을 보완하거나 돌파구를 찾아내어 새로운 가능성을 만드는 강철 멘탈처럼 보인다.

그러나 음수인간은 자기가 결과를 통제할 수 있을 거라고 생각하기 때문에 결과가 좋지 않으면 좌절한다. 가끔 운이 좋지 않아서 실패했음에도 자신을 탓한다. 결과로 자신을 판단하는 것이다.

우리는 실패와 친해져야 한다. 어린아이가 걸음마를 배울 때에도 수많은 실패 속에서 걸음마를 배우지 않는가? 아이는 부단히 넘어지면서도 실패라고 생각하지 않을 것이다. 마찬가지로 성공은 부단히 많은 시행착오 속에서 이루어진다. 그러니 실패를 하나의 과정이라고 생각하는 편이 좋다. 따라서 성장과 성공을 위해서는 실패하는 것에 익숙해져야만 한다. 그렇지만 음수인간은 결과로 자신을 판단하기 때문에 시도 자체를 두려워한다. 그래서 회피하거나 실패에 주저앉는 유리 멘탈이 될 수밖에 없다. 실패 경험이 반복되면 '어차피 세상은 노력해도 안 돼'라고 세상 탓을 하며 포기하는 모습을 보이기도 한다. 그러나 시도하는 것을 포기하면 좋은 기회가 와도 잡을 수 없다. 성장하지 못하는 정체된 삶을 사는 것이다.

나, 타인, 세상과의 관계에서 자신의 한계를 아는 것은 자기 잠재력을 아는 것만큼 중요하다. 인간은 아이러니하게도 할 수 없는 것을 알아야 가치 있는 일에 집중할 수 있다. 그리고 가치 있는 일에 집중해야 자신의 삶을 원하는 대로 만들어갈 수 있다. 나는 당신이 할 수 없는 것에 시간을 낭비하지 않길 바란다. 당신이 할 수 있는 것에 시간과 에너지를 투자하자. 그렇게 당신의 삶을 디자인하길 바란다.

태도, 마음의 모양이 전부다

······

생각의 방향을 결정하는 것은 세상을 '바라보는 관점'이다. 당신은 자기 능력을 어떻게 바라보고 있는지 아래 질문을 살펴보자.

1. 당신은 노력으로 변할 수 있다고 생각하는가?

2. 당신의 자질은 고정된 특성이기 때문에 바뀔 수 없다고 생각하는가?

　당신은 두 가지 관점 중 어디에 속하는 사람이라고 생각하는가?
아마 당신은 이미 둘 중 한 가지 관점으로 인생을 살아왔을 것이다.
위의 질문은 당신이 살아온 인생을 관통하는 질문이라 할 수 있다.
이렇게 삶을 바라보는 두 가지 관점을 각각 성장 마인드셋, 고정 마
인드셋이라고도 부른다. 앞서 양수인간은 나에게 초점을 맞춰서 세
상과 마주하고, 음수인간은 바뀌기 어려운 기질과 타인, 세상에 초
점을 맞춰서 자신을 한정한다고 말했다. 자신이 주체이거나 환경이
주체라는 점에서 성장 마인드셋은 양수인간과, 고정 마인드셋은 음
수인간과 결이 같다.

　당신이 위의 질문에서 성장할 수 있거나 노력으로 바뀔 수 있다는
생각을 했다고 해보자. 예를 들어 노력을 통해 학업 성적을 향상할
수 있다거나, 타고난 외모는 평범해도 매무새를 단정하게 가꿔 매력
있는 이성과 만날 수 있다고 생각했다면(1번) 당신은 성장 마인드셋
을 가지고 있는 사람이다. 반면 자신의 자질이 고정된 특성이기 때
문에 변화할 수 없다고 생각했다면, 예를 들어 공부 머리가 없어서
아무리 배워도 소용이 없거나 외모가 못나서 이성을 만날 수 없다고
생각했다면(2번) 고정 마인드셋을 가진 사람이다. 아주 단순하지만

인간이 변화할 수 있는 초석이 되는 관점이다. 관점의 힘은 추상적인 생각에만 머무르는 것이 아니라 행동하게 만드는 실질적인 힘을 제공하기 때문이다.

혹시 주변 사람의 성과를 두고 운이 좋다고 생각한 적이 있지는 않았는가? 아니면 성공적인 결과를 낸 사람을 유전적인 자질이나 금수저 같은 환경 때문이라 판단하지 않았는가? 그러니 나 같은 사람은 저렇게 될 수 없다고 은연중에 포기하고 단념했다면 고정 마인드셋, 즉 음수인간적으로 생각한 것이다. 이런 관점은 의식적으로 세상을 판단하는 것이 아니라 무의식적으로 '세상은 원래 그렇다'라고 자연스럽게 인식하게 만든다. 따라서 의식하지 못한 채 늘 해로운 방식으로 살게 만든다.

스탠퍼드대학교의 심리학자 캐럴 드웩Carol Dweck은 학생 수백 명을 대상으로 마인드셋 실험을 진행했다. 실험에 참여한 학생들에게 난도가 높은 비언어 테스트 문제를 풀게 했고, 칭찬을 건넸다. 칭찬을 하는 것까지 실험이다. 차이점은 학생들을 두 그룹으로 분류해 각각 다르게 칭찬했다는 것이다.

첫 번째 그룹에는 이렇게 말했다.
"여덟 문제나 맞췄구나. 정말 똑똑하구나."

그리고 다른 그룹의 학생들에게는 이렇게 말했다.

"여덟 문제나 맞췄구나. 정말 노력했구나."

두 칭찬의 차이를 알겠는가? 첫 번째 그룹의 학생들이 들은 '정말 똑똑하구나'는 '너의 재능이 이 정도로 높음'을 뜻하는 말이었다. 두 번째 그룹의 학생들에게 했던 '정말 노력했구나'는 '노력의 크기가 이 정도로 높음'을 칭찬하는 말이었다.

연구진은 차후 두 그룹의 학생들에게 더 어려운 문제를 풀어볼 것을 제안했다. 새로운 도전에 직면한 학생들은 어떤 선택을 했을까? 학생들에게 했던 칭찬은 모두 듣기 좋은 칭찬이었다. 그러나 두 가지 중 어떤 칭찬을 들었느냐에 따라 결과가 확연히 다르게 나타났다. 똑똑하다고 칭찬받은 학생들은 새로운 문제에 도전할 것이냐는 제안을 대부분 거절했다. 반면 노력을 칭찬받은 학생들은 90%가 새로운 문제에 도전했다.

칭찬하는 방식만 달랐을 뿐인데 왜 두 그룹 사이에 확연한 차이가 나타났을까? 첫 번째 그룹 학생들이 새 문제를 거절한 이유는 간단했다. 학생들은 이미 똑똑하다는 칭찬을 들어서 재능이 높다는 것을 증명한 상황이다. 그런데 새로운 문제에 도전했다가 실패한다면? 재능이 높지 않다는 것을 의미하기에 거절했던 것이다. 성공해도 본전인 상황에서 굳이 도전할 사람이 어디 있을까? 그래서 학생들은 도전 자체를 거부해버린 것이다. 다시 말해, 고정 마인드셋을 자극받은 학생들은 실패에 대한 두려움 때문에 발전할 기회를 차단했다. 하지만 노력을 칭찬받은 학생들은 이와 반대로 생각했다. 노력을 칭찬받은 학생들에게 새로운 문제는 성공도 실패도 아니었다. 단지 문제 풀이라는 놀이일 뿐이었다.

우리는 즐기는 자를 이길 수 없다는 말을 듣곤 한다. 즐기는 자가 성공하는 이유는 아이러니하게도 성공과 실패 자체에 큰 의미를 두지 않기 때문이다. 더 정확하게는 성공과 실패를 나의 능력과 분리해서 생각하기 때문이다. 그러니 즐길 수 있고, 즐기니 도전할 수 있고, 도전하니 성장하게 되어 결국 성공하는 것이다.

마인드셋 실험을 통해 우리가 알 수 있는 것은 첫 번째, 우리가 어떤 관점을 가지고 살아가느냐에 따라 인생의 좋은 기회를 잡을 수도, 놓칠 수도 있다는 사실이다. 두 번째는 실패 자체를 자기 자신과 동일시 할 수 있다는 점이다. 똑똑하다고 칭찬받은 학생들은 문제풀이의 성공을 자신의 가치와 동일하게 여겼다. 새로운 문제에 도전해 실패를 경험했다면, 이미 똑똑하다고 칭찬받았음에도 자신을 실패자라고 생각했을 가능성이 크다. 즉, 결과에 따라 수시로 자존감이 요동치게 된다. 나보다 똑똑한 사람이 있다면 그만큼 자신은 한 없이 못난 사람으로 느껴지고 나보다 똑똑하지 않은 사람이 있다면 그만큼 자신은 대단한 사람으로 느껴지게 될 것이다. 그러니 자연스 럽게 타인과 자신을 비교하게 될 것이다. 또한 이런 타인과의 비교 때문에 자신을 자기방어라는 왜곡된 형태로 바라보게 될 것이다. 실 패와 성공을 온전히 바라보지 못하고 크게 확대하게 될 수 있다는 얘기다. 음수인간이 성공과 실패를 통제할 수 있는 것으로 여겨 일 희일비하는 것과 같다.

몇 년 전, TV 프로그램 〈영재 발굴단〉에서 그림을 무척 잘 그렸던 한 학생의 모습이 방영된 적이 있다. 그 학생은 어린 시절엔 미술 전 문 잡지에 그림이 실릴 정도로 실력이 뛰어나고 자신만의 화풍도 있 었다. 하지만 고등학생이 되자 어릴 때보다 실력이 떨어졌다. 왜 그 렇게 변했을까? 가장 큰 이유는 비교 심리 때문이었다. 정해진 틀 안 에서 제한 시간에 남들과 경쟁해야 하는 한국 입시에 적응하지 못한 것이다. 게다가 어린 시절 사람들에게 천재라는 말을 얼마나 많이 들었을까? 천재라고 칭송받았으니 정해진 시간에 정해진 틀 안에서 남들보다 뛰어난 능력을 발휘하지 못한다면 자신이 무능력한 거라 는 생각을 가졌을 것이다. 지금까지 인생을 관통한 천재라는 꼬리표도 사라질 수 있다는 엄청난 부담감이 있었을 것이다. 그런 심리적 압박은 실력 감퇴의 원인이 됐고 자신의 잠재된 능력을 발휘하는 것을 막았다.

학생은 마지막 희망을 안고 한국예술종합학교 곽남신 교수를 찾아갔다. 교수님은 석고상 앞에서 의기소침해하던 학생에게 '석고상을 어떻게 그리면 잘 그릴 수 있다'라는 식의 이야기를 하지 않았다. 오히려 학생이 보는 앞에서 석고상을 깨부수었다. 그 뒤에 '네가 그리고 싶은 대로 그려봐'라고 말했다. 학생은 어떤 기분을 느꼈을까? 이후 인터뷰에서 석고상이 부서졌을 때 후련하고 통쾌했다고 말했다. 석고가 깨지면서 마음속 족쇄도 함께 깨진 것이다. 천재적 재능, 비교, 정해진 틀이라는 부담감에서 벗어난 학생은 비로소 자신만의 그림을 그리기 시작했다. 그 그림에는 성공도 실패도 없었다.

인생은 성공과 실패 둘 중 하나로 끝나는 것이 아닌, 성공과 실패의 연속으로 만들어진다. 나는 10여 년 동안 다양한 곳에서 수많은 강의를 해왔다. 처음 강의할 땐 성대에 모터라도 단 것처럼 목소리가 덜덜 떨렸다. 그 시절 강의를 들은 수강생들은 내 얼굴을 기억하지 못할 것이다. 대본에 얼굴을 파묻고 설명했기 때문이다. 유튜브를 시작할 때도 마찬가지였다. 채널을 개설한 지 5개월 무렵엔 구독자가 500명도 채 되지 않았다. 지지부진한 상황 속에서 강의를 했고,

유튜브 콘텐츠를 올릴 때마다 실패를 맛봤다. 그렇지만 그때마다 성장할 수 있다고 믿었다. 성공과 실패가 나의 가치를 대변한다고 생각하지 않았다. 그래서 지금까지 지속할 수 있었다.

당신은 어떤 선택을 했는가? 고정 마인드셋을 선택했는가 아니면 성장 마인드셋을 선택했는가? 양수인간의 관점으로 보겠는가, 음수인간의 관점으로 보겠는가? 처음 마인드셋을 묻는 말에서 고정 마인드셋을 선택한 사람이라면 자신에게 실망했을지도 모르겠다. 왜냐하면 앞서 말했듯이 무언가의 결과를 자신과 동일시하는 것이 고정 마인드셋의 특징이기 때문이다. 하지만 걱정하지 말자. 지금부터 양수인간으로, 성장하는 마인드로 세상을 바라보게 될 것이니까.

2부

어떻게
양수인간이 되는가

4장

인식 당신을
둘러싼 세계의
진실

마음의 그릇을 키운다는 것
......

어떻게 양수의 삶을 살 수 있을까? 아주 단순하다. 당신이 중요하다고 느끼는 일을 그저 하면 된다. 그러나 많은 사람이 자신에게 중요한 것이 무엇인지 잘 모르고 있다. 무엇을 중요하게 생각하고 무엇이 중요하지 않은지 구체적으로 인지해야 시간을 허비하지 않고 내가 원하는 삶을 계획할 수 있다. 즉 내가 행복해지고, 내가 바라는 대로 인생을 꾸려나가기 위한 힘은 외부가 아니라 당신의 내면에서 답을 찾아야 한다. 어쩌면 현재 당신의 일상은 중요하지 않은 일로 가득 차 있을 수 있다. 그러니 원하는 대로 사는 것이 아닌 사는 대로 마음먹게 되지 않겠는가?

누구나 자신의 마음속에 아직 개발되지 않은 공간을 가지고 있다. 이 공간을 발견하지 못한다면 자신의 잠재력을 세상에 펼치지 못한 채 살아갈 수 있다. 자신의 잠재력을 펼치지 않는 삶은 나비가 되지 못한 애벌레와 같을 것이다.

인생에서 중요한 일이라고 해서 어렵게 생각할 필요는 없다. 추상적인 것보다 구체적인 일로 생각해보자. 누군가는 부자가 되는 것이 중요한 일일 수 있고, 누군가는 다시 없을 열정적인 사랑을 하는 것이 중요한 일일 수 있다. 또 다른 누군가는 좋은 몸매를 만들고 유지하는 것이 중요한 일일 수 있다. 노래를 잘하는 것, 그림을 잘 그리는 것, 원어민과 대화가 가능하도록 외국어를 배우는 것, 글을 쓰는 것 등 수많은 일이 가치를 전달할 수 있다. 당신이 느끼는 삶의 가치를 만들어줄 중요한 일이 무엇인가?

내가 만든 '세계관 확장법'을 적용하면 좀 더 구체적으로 파악할 수 있다. 내 인생에 가치를 만들 일을 찾는 중요한 일이므로 반드시 실천하기를 권한다.

1단계

빈 종이나 메모장에 살면서 내가 꼭 하고 싶었던 일like이나 이루고 싶은 소망hope을 적어보자. 보잘것없고 사소해 보이는 일, 불가능한 일, 허무맹랑한 일이라도 상관없다. 머릿속에 떠오르는 것을 모조리 적어보자. 버킷리스트를 쓴다는 느낌으로 당신에게 의미 있고 소중한 것들을 쓰면 된다. 다만, 해야만 하는 일must은 적지 말자. 주입식의 당위적인 일은 오히려 스스로를 망칠 수도 있다. 자신의 마음속에서 진심으로 우러나오는 바람을 적자.

나는 15가지를 적었다. 여기서 한 가지 짚어야 할 점은 1단계를 수행하지 않고 다음 장으로 책장을 넘기지 않는 것이다. 잠시라도 짬을 내서 인생을 위해 투자했으면 좋겠다.

매력적인 사람 되기

사표 던지기   취업하기

다이어트하기   열정적으로 사랑하기   승진하기

음주 절제하기   로또 당첨

싫어하는 동료와 친해지기   해외여행 가기   매일 신문 읽기

자격증 따기   하늘 날기

매일 일기 쓰기   모두에게 매력적인 사람 되기

다시 강조하지만, 만약 이 작업을 하지 않고 페이지를 넘겼다면

다른 장부터 읽거나 여유가 될 때 이 페이지를 읽길 바란다. 귀찮고 번거로워도 이번만큼은 꼭 실천하길 바란다.

사람마다 인생에서 중요한 일은 다양하다. 지식을 얻거나, 높은 지위에 오르거나, 매력적인 사람이 되거나 나처럼 이 책을 끝까지 쓰는 것이 인생에 가치를 만들어준다고 생각할 수 있다. 내게 가치 있는 일을 나열하는 것만으로도 내가 어떤 일을 중요하게 생각하는지 깨달을 수 있다. 우리는 이제 충분히 분별할 수 있는 눈을 갖춘 것이다.

2단계

다음은 종이의 여백에 세로줄을 길게 긋는다. 세로줄을 사이에 두고 왼쪽에는 '내가 할 수 없다고 생각하는 것', 오른쪽에는 '내가 할 수 있다고 생각하는 것'을 옮겨 적어보자.

할 수 없다고 생각하는 것	할 수 있다고 생각하는 것

3단계

여기까지 잘 왔다면 다시 종이의 여백에 가로줄을 긋는다. 방금은 세로줄을 사이에 두고 '할 수 있다고 생각하는 일'과 '할 수 없다고 생각하는 일'로 나눠보았다. 이번엔 가로줄을 사이에 두고 위쪽에 당신이 '통제할 수 있는 일'과 아래쪽에 '통제할 수 없는 일'로 다시 나눠보자. 여기서 통제할 수 있는 일과 없는 일이란, 시간과 에너지를 썼을 때 결과에 확률적으로 영향을 주는 것과 아닌 것을 말한다.

로또를 예로 들어보자. 당신이 시간과 에너지를 투입해 로또 번호를 정하더라도 당첨될 확률에 유의미한 변화를 주지 못한다. 복권 당첨은 통제할 수 없는 것이다. 열심히 노력해서 일곱 개의 로또 번호를 골라도 814만 5060분의 1이란 1등 당첨 확률에 영향을 주지 않기 때문이다. 하지만 시험에 합격하는 일은 시간과 에너지를 투입하면 합격할 확률이 오른다. 이런 경우가 통제할 수 있는 일이다(당연히 로또를 많이 구입할수록 당첨 확률이 오르겠지만 여기서 말하고자 하는 바는 하나의 로또를 구매하는 과정에서 노력과 시간이다).

다시 말해 종이에 적은 중요한 일 중에서 에너지와 시간과 돈을 투자해도, 최선의 노력을 쏟아도 결과에 영향조차 줄 수 없는 일이 있는가? 그것은 당신이 통제할 수 없는 일에 속한다. 반대로 당신이 시간과 비용을 투자했을 때 조금이라도 결과에 영향을 줄 수 있는 일이 있는가? 그것은 통제할 수 있는 일이다. 좋은 결과인지 나쁜 결과인지는 상관없다. 당신의 노력이 결과에 확률적인 영향을 미치는지가 포인트이다. 그럼, 당신이 적은 삶에서 중요한 일을 가로줄을 축 사이에 두고 위쪽은 통제 가능, 아래쪽은 통제 불가능으로 다시 나눠보자.

결과를 통제할 수 있는 일

결과를 통제할 수 없는 일

4단계

이제 마지막 단계다. 마지막 단계는 쉽다. 세로줄과 가로줄을 합쳐보자. 합치고 나면 십자 모양의 그래프가 만들어졌을 것이다. ① 당신이 할 수 없다고 생각하지만 통제할 수 있는 일 ② 당신이 할 수 있

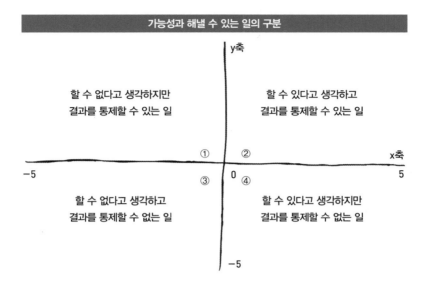

y축

할 수 없다고 생각하지만
결과를 통제할 수 있는 일

할 수 있다고 생각하고
결과를 통제할 수 있는 일

① ②

x축

−5

③ 0 ④

5

할 수 없다고 생각하고
결과를 통제할 수 없는 일

할 수 있다고 생각하지만
결과를 통제할 수 없는 일

−5

다고 생각하고 실제로 통제할 수 있는 일 ③ 당신이 할 수 없다고 생각하고 실제로 통제할 수 없는 일 ④ 당신이 할 수 있다고 생각하지만 결과를 통제할 수 없는 일이다.

이 표에 당신의 인생을 송두리째 변화시킬 만한 힌트가 숨어있다. 바로 ① 영역인, 당신이 할 수 없다고 생각하지만 실제로 통제할 수 있는 일과, ④ 영역인, 당신이 할 수 있다고 생각하지만 실제로는 통제할 수 없는 일에 비밀이 있다.

내 안의 가능성을 이끌어내는 법

......

①번 영역

내가 쓴 일이 그래프의 x축과 y축에서 어디에 위치해 있는지에 따라 결과를 통제하는 정도가 달라질 수 있다. 먼저, ①번을 살펴보자. 종이에 적은 일들은 모두 당신 인생에서 가치 있는 일이라고 여기는 것들이다. 그렇지만 ①번 영역에 적은 것들은 할 수 없는 일이라고 믿고 있다. 당신의 믿음은 이렇게 말한다. "그 일들은 중요하지만 현실적으로 할 수 없을 거야." 그렇게 생각한 결과 어떻게 되었을까? 당신은 중요하다고 생각하는 일에 시간과 노력을 투자하지 않았을 것이다. 아마 시도조차 하지 않았을 수 있다. 다시 말해, 내 인생에서 중요한 가치를 통제할 수 없다고 믿는 것은 내가 그 가치를 실현하기 위해서 능동적으로 행동할 수 없게 만든다. 부자가 되는 것이 인생의 중요한 가치인데 행동하지 않는다면 그 사람이 부자가 될 확률은 거의 없다. 좋은 사람을 만나서 사랑을 나누는 게 중요한 가치임에도 연인이 찾아오기만 기다린다면 원하는 사랑을 하기 어려울 것이다. 물론 사랑에 대한 가치가 낮으면서 연애에 서툰 사람이라면 상관없다. 하지만 사랑에 대한 우선순위는 높은데 스스로 통제 불가능하다고 생각한다면 문제가 된다. 행동하지 않게 될 것이고 이상과 현실

할 수 없다고 생각하지만
결과를 통제할 수 있는 일

y축   할 수 있다고 생각하고
결과를 통제할 수 있는 일

매력적인 사람 되기

해외여행 가기

열정적으로 사랑하기

매일 일기 쓰기   매일 신문 읽기

다이어트하기

저축하기

음주 절제하기

취업하기   승진하기

①

② 자격증 따기

x축

−5

③

0 ④

5

로또 당첨

싫어하는 동료와 친해지기

하늘 날기

모두에게 매력적인 사람 되기

할 수 없다고 생각하고
결과를 통제할 수 없는 일

−5

할 수 있다고 생각하지만
결과를 통제할 수 없는 일

에서 오는 괴리감이 생길 것이기 때문이다. 꿈은 높은데 현실은 시궁창이라는 자조 섞인 말이 있지 않은가? 당신이 인생에서 찾은 보석과도 같은 일을 경험하지 않고 묶어두는 것, 마치 금싸라기 땅을 쓰지 않고 묶어두고 있는 그린벨트 지역과 같다. 이 영역이 당신의 삶에서 발전시켜야 하고 경험해야 하는 의미 있는 공간이다.

의미 있는 일을 찾았으면 이제 행동에 옮길 차례다. 시간과 비용, 에너지를 투자해야 한다. 그렇지만 당신은 아직도 할 수 없는 일이라 생각하기 때문에 실천하기 꺼려질 수 있다. 한 가지 제안을 하고 싶다. 당신이 할 수 없다고 생각하지만 실제로는 통제할 수 있는 일에 하루 중 10~20%의 시간, 한 달 소득의 10~20%를 투입해보자. 일종의 투자인 셈이다. 한 달에 한 번 적금을 드는 것처럼 해보는 것이다. 반강제적으로 투자하게 되면 그 속에서 새로운 경험을 하게 될 것이다. 그 경험을 '성장'이라고 한다. 추상적인 성장이 아니라 당신이 진심으로 원하는 일이기에 이룰 수 있는 '진짜 성장'이다. 할 수 없다고 믿었던 갇힌 세계관이 깨지며 격이 다른, 관점의 전환이 이루어지는 성장을 경험하게 될 것이다. 그러면서 더 큰 세계관으로 뻗어나가 마음의 공간이 확장되는 경험을 할 것이다.

나는 기존의 세계가 무너지고 세계관이 확장되는 경험을 스무 살에 겪었다. 모든 대학에 낙방했던 때, 내가 절치부심하며 처음으로 시도한 것은 국영수 같은 교과목 공부가 아니었다. 자전거를 타고 수원에서 강릉으로 자전거 여행을 떠난 것이었다. 당시엔 그게 기회인지조차 몰랐지만 돌이켜 보면 인생의 관점을 180도 바꾼 중대한 사건이었다. 무엇보다 성인이 되어 처음 경험하는 일상에서의 탈출이었다. 수원에서 강릉까지 횡단하면서, '차로 이동했던 거리를 내가 직접 페달을 밟아 어떻게든 완주하는 게 가능하구나'라는 깨달음을 얻었다. 자전거 여행이 뭐 그리 대단한 것이냐고 반문할 수 있다. 하루든 며칠이든 바퀴를 굴려서 가면 되니까. 그러나 그 작은 깨달음은 '내 힘으로 원하는 것에 도달할 수 있다'라는 메시지를 주었다.

수원에서 강릉을 횡단하는 것을 넘어 자전거로 제주도 일주, 전국 일주를 하게 되면서 더욱 단단한 확신을 얻었다. 이제는 불변의 신념으로 내 마음속 한 공간에 자리 잡았다.

그전까지 나는 우물 안 개구리였다. 내 힘으로 울타리를 벗어날 수 있는 사람이라는 걸 알지 못했다. 비로소 페달을 밟고 내가 살던 도시인 수원시의 팻말을 넘고 나서야 나도 경계를 넘을 수 있는 사람이라는 걸 배웠다. 지금의 나를 만들어준 특별한 경험이다. 이러한 새로운 경험은 새로운 관점을 만든다.

당신은 어쩌면 중요하지 않은 일에 집중하며 시간을 보냈을지도 모른다. 때로는 지루함이나 공허함을 느꼈을지도 모르겠다. 그런 감정은 다시 무기력한 행동으로 이어졌을 테고 부정적인 행동은 당신을 점점 비관적으로 만들었을 수 있다. 이제 그 고리를 끊을 때다. 스스로 중요한 일이라고 생각하는 것을 통해 성장의 짜릿함을 경험하자. 성장 경험을 통해서 더 넓은 시야를 가지게 되고 나도 할 수 있다는 자기효능감을 체험하게 될 것이다. 그것은 다시 스스로에게 긍정적인 피드백을 줄 것이며 이는 당신을 더욱 빛나게 할 것이다.

④번 영역

그래프의 하단 우측에 있는 ④번 영역을 보자. 첫 번째 영역은 우리가 개발해야 하는 마음의 공간이지만 네 번째 영역은 버려야 하는 공간이다. 다시 말해, 허비하고 있는 공간인 셈이다. 노력해도 결과가 바뀌기 어려운 영역이다.

예를 들어, 인간관계는 컨트롤하기 어려운 영역이다. 소통 능력을 키워서 원만한 대인관계를 이룰 수는 있어도, 나를 싫어하는 사람의 마음을 돌리는 일은 나의 노력과 무관하다. 누군가와 이별한 사실을 받아들이지 못해 늦은 밤에 연락하거나, 누군가에게 인정받기 위해 밤낮으로 노력하지만 인정받지 못하는 경우들이 그렇다. 노력하지 않아서가 아니라 노력 자체가 부질없기 때문이다. 안타깝지만 때로는 노력하면 할수록 더 악화되는 관계도 있다. 타인의 마음은 내 것이 아니기 때문에 나의 마음이 온전히 전달되지 않을 확률이 높고, 상대방은 나와 다른 환경에서 살아왔기 때문에 내 행동이 의도와 다르게 전달될 가능성이 있다. 모두에게 사랑받는 사람이 되고 싶다는 욕망은 어쩌면 환상에 지나지 않는다. 그렇기에 인간관계에서는 집착보단 마음을 비우라고 하는 것이다.

때로는 나의 노력이 통하는 듯 보일 때도 있다. 나에게 절교를 선언한 친구에게 다시 연락이 온다든지, 나를 인정하지 않았던 부모나 직장 상사가 나를 인정하는 경우일 것이다. 다만 이런 변화는 내가 상대방의 마음을 바꾼 것이 아니라는 점을 알아야 한다. 그저 그 사람이 마음을 바꾼 것이다. 내가 바뀌어도 상대는 여전히 나를 부정적으로 볼 수 있다. 그러므로 나는 상대방을 통제할 수 없다. 상대가 나를 싫어하는 것도, 좋아하는 것도 내가 아닌 상대의 마음이다. 그렇기에 우리가 할 수 있는 것은 나를 성장시키는 것이고 상대의 선택을 존중하는 것뿐이다. 변수에 상관없이 운에 의해 결과가 나오는 일에 집착하는 것은 현명한 일이 아니다. 내가 주체가 되는 양수인간의 삶이 아니기 때문이다.

이 영역에 몰입할수록 필연적으로 허송세월을 보낼 수밖에 없다. 자신이 할 수 있다고 믿으면 통제하지 못하는 것이라도 시간과 비용 에너지를 투자할 것이다. 내가 어쩔 수 없는 것에 온 힘을 쏟는 것만큼 의미 없는 것이 어디 있겠는가? 로또 번호를 추천받는 것에 비용을 쓴다든지, 모든 사람에게 사랑받으려 한다든지, 이미 감정이 식은 사람의 마음을 돌리려는 행동은 모두 나의 노력과 상관없다.

②, ③번 영역

두 번째, 세 번째 칸은 이미 자신이 잘하고 있는 영역이다. 스스로 할 수 있다고 믿고 실제로 통제 가능한 ②번 영역, 할 수 없다고 믿고 실제로 통제할 수 없는 ③번 영역이다. 만약 ②번 영역에서 아직 시작하지 않은 일이 있다면 ①번 영역과 마찬가지로 투자한다는 생각으로 시작하길 권한다. 반면 ③번 영역은 ④번 영역과 마찬가지로 괜히 시간과 에너지를 낭비하지 않길 바란다.

다시 그래프를 살펴보자. 당신이 중요하게 여기는 일들이 그래프의 어디에 있는가? 그 일은 실현 가능한가? 아니면 할 수 없다고 착각하며 살진 않았는가? 이제 정말로 변화가 필요한 순간이다. 직접 쓴 그래프를 점검하면서 스스로 중요하게 생각하고 통제할 수 있는 일을 하면 된다. 가능하면 지인과 함께 대화를 나누는 것도 좋다. 실제로 당신이 불가능하다고 생각하는 것 자체가 착각일 수도 있기 때문이다.

예전에 진행한 집단 실습에서 한 수강생은 자기가 매력적인 사람이 되는 걸 통제할 수 없다고 생각했다. 하지만 자신이 어제보다 오늘 더 나아지는 것은 노력을 통해 바꿀 수 있으므로 실제로는 가능한 일이었다. 그는 다른 구성원들의 긍정적인 피드백을 통해 자신이 불가능하다고 생각하는 것에 대해 다시 생각해볼 수 있었다. 타인의 말에 의존하라는 의미가 아니다. 혼자만의 판단으로 두지 말고 본인을 아는 지인과 함께 객관적으로 이야기를 나누며 나를 더 들여다보자.

몰입과 삶의 방향을 일치시켜라

......

시간 가는 줄도 모르고 무언가에 집중해본 경험이 있는가? 나는 사람들과 농구할 때 시간 가는 줄 모르는 상태가 된다. 게임에 집중하면 몇 시간이 금세 사라지는 듯한 기분이 든다. 마치 나에게 주어진 작은 선물 같은 시간이다. 당신도 이런 경험을 해본 적이 있을 것이다. 공부, 바둑, 그림 그리기, 음악 감상, 스포츠 등 수많은 분야에서 능동적인 선택을 통해 집중할 수 있다.

심리학자 미하이 칙센트미하이Mihaly Csikszentmihalyi는 이런 심리적 상태를 몰입이라고 했다. 몰입이란 '자의식을 잃고 집중하는 상태'다. 우리는 몰입하면 무아지경의 상태에 빠져 감정은 사라지고 그 일에만 집중하게 된다. 보통 즐거운 감정을 경험하는 것이 행복이라고 생각하기 쉽다. 그렇지만 몰입의 관점으로 본다면 우리가 행복해지기 위한 길은 정서적인 충족이 아닌 몰입에 의한 만족에 있다. 오히려 감정이 차단될 때 행복에 가까워질 수 있다는 것이다. 부정적인 감정에 쉽게 빠지는 성향의 사람이라면, 몰입을 통해서 부정적인 감정 상태에서 벗어날 수 있다. 자의식이 사라지기 때문에 오히려 행복에 다가갈 수 있다니 역설적이기도 하다.

또한 몰입은 심리적 투자라는 개념으로도 볼 수 있다. 무언가에 몰입하는 것은 결과물을 만들어 낸다. 나는 농구를 통해 실력 향상이라는 결과물을 얻었다. 누군가 그림 그리기를 통해서 몰입한다면 작품이라는 결과물을 얻게 되고, 글쓰기에 몰입한다면 한 편의 글이나 책이라는 결과물을 얻을 수 있을 것이다. 그러니 몰입은 심리적 투자라고 해도 과언이 아니다. 그렇다면 어떻게 몰입할 수 있을까? 몰입에는 몇 가지 조건이 있다.

① 전문적 기술이 있어야 하는 일이다.

② 적절한 난이도로 진행한다(너무 쉽거나 어려우면 안 된다).

③ 집중력이 필요하다.

④ 명확한 목표가 있다.

⑤ 즉각적인 피드백을 얻을 수 있다.

⑥ 쉽게 빠져든다.

⑦ 주체적으로 진행한다.

⑧ 자의식이 사라진다.

⑨ 시간 가는 줄 모른다.

몰입할 때 중요한 요소는 나에게 맞는 난이도의 일을 선택하는 것이다. 자신의 실력에 맞지 않는 일을 한다면 오히려 권태에 빠지거나 불안, 무관심 등 다양한 부작용이 나타날 수 있다. 욕심을 부려 무작정 도전하기보다는 단계적으로 도전하는 것이 키포인트다. 또한 즉각적인 피드백을 받을 수 있는 일이어야 몰입에 빠지기 쉽다. 그렇게 우리는 몰입을 통해서 성장을 경험할 수 있다.

그럼 몰입한 상태가 다 좋은 것이라고 말할 수 있을까? 몰입을 잘 활용한다면 행복에 가까워질 수 있지만 몰입을 잘못 활용하면 두 배로 시간을 낭비하게 된다. 많은 사람이 즐겨하는 게임을 예로 들어보자. 게임은 룰을 알아야 플레이를 할 수 있다. 따라서 적절한 난이도가 필요하다. 또한 적을 이겨야 한다는 명확한 목표가 있으며, 경험치를 통해서 즉각적인 피드백을 얻을 수 있다. 더불어 쉽게 빠져들게 되고, 내가 직접 게임을 플레이한다. 게임에 몰입하면 자의식이 사라지고 게임을 하다 보면 시간이 금방 흐른다.

게임은 몰입에 필요한 요소를 모두 가지고 있다. 하지만 게임은 때때로 회의감도 가져다준다. 실컷 몰입하면서도 끝나고 나면 허무한 감정이 느껴질 때가 있다. '중요한 것'이라는 가치가 빠졌기 때문이다. 가치 없는 몰입은 성장이 아니라 허비다. 게임에 몰입했음에도 오히려 헛헛한 기분이 느껴지는 이유는 그 속에서 중요한 의미를 발견하지 못했기 때문이다(그러나 프로게이머는 인생의 가치와 몰입의 방향성이 일치하므로 강한 성취감을 느낄 것이다). 다시 말해, 내가 중요하게 생각하는 인생의 가치와 몰입의 방향성이 일치하지 않을 때 몰입은 시간 낭비다.

결국 몰입과 가치의 방향을 일치시키는 것이 중요하다. 몰입은 당신이 중요하게 생각하는 것과 결합이 될 때 강력한 시너지를 만든다. 마치 이것은 인생의 미션을 성실히 수행했을 때 느낄 수 있는 차원이 다른 만족감과 같다. 그러니 당신이 중요하게 생각하는 것에 몰입하자. 어렵게 생각할 필요 없다. 이미 앞에서 당신은 마음의 그린벨트로 묶여 있는 당신에게 중요한 일들을 발견했다. 그 일들을 시도하고 집중하는 것이 당신의 중요한 가치에 몰입하는 것이다. 그럼에도 몰입할 수 있는 무언가를 찾지 못하겠다면, 다음 파트의 강점에 대해 주의 깊게 읽어보도록 하자.

만약 당신이 중요하게 생각하는 일을 발견했음에도 쉽게 몰입하지 못하겠는가? 그렇다면 당신이 중요한 가치라고 생각하는 일에 게임의 방식을 적용해보자. 어떤 일을 게임화시키는 것, 이것을 게이

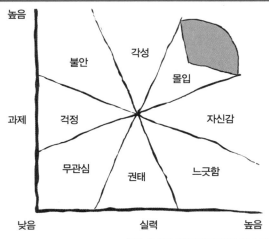

過제와 실력의 관계에 따른 경험의 퀄리티

높음

불안   각성

몰입

과제   걱정

자신감

무관심

권태   느긋함

낮음   실력   높음

출처: 마시미니와 카를리(1988) 참고, 칙센트미하이(1990)

미피케이션이라고 한다. 즉각적인 피드백을 받을 수 있는 요소를 만들고 단계적으로 성장할 수 있는 환경을 구축하자. 또한 타인에 의해서가 아니라 주체적으로 진행할 방법을 구상해보자.

예를 들어서 당신이 보상으로 원하는 것을 작은 종이에 하나씩 적어보자. 그리고 종이를 접은 뒤에 당신이 하루하루 목표를 달성할 때마다. 무작위로 하나씩 꺼내서 펼쳐봐라. 그리고 적혀있는 보상을 스스로에게 선물해보자. 그럼 당신이 중요하게 생각한 일을 할 때마다 즉각적인 피드백 즉 보상을 얻을 수 있지 않는가? 다른 사람과 함께 한다면 효과는 두 배가 된다. 작은 종이에 상대방이 목표를 이뤘을 때 당신이 줄 수 있는 보상을 하나씩 쭉 적어라. 그리고 상대가 계획을 달성하면 무작위로 종이 하나를 뽑게 하자. 그 뒤 그 종이에 적힌 보상을 줘라. 상대는 그 일에 몰입할 수 있을 것이다. 반대로 상대에게 그런 부탁을 해도 좋다. 그렇게 하면 당신은 하루하루 몰입할 수 있을 것이다.

ACTION

내가 몰입할 수 있는 것은?

당신이 몰입할 수 있는 일은 무엇인가? 그 자체로 자신에게 도움이 되는가, 아니면 오히려 손해가 되는가? 스스로 가치가 있다고 느끼는 중요한 일에 몰입하는 경험을 해보자. 또한, 중요한 일에 즉각적인 피드백과 난이도를 부여하여 몰입할 수 있는 환경을 만들어보자.

누구나 특별한 강점이 있다

······

양수인간은 자기 자신을 잘 알고 있다. 그처럼 삶을 주체적으로 살려면 반드시 나를 먼저 알아야 한다. 특히 내가 중요하게 여기는 가치가 무엇인지 알아야 이를 나침반 삼아서 원하는 일을 찾을 수 있다. 내가 무엇을 중요하게 생각하는지 모른다면 어떻게 원하는 일을 찾을 수 있겠는가? 나에게 중요한 가치를 찾지 못하면 결국 타인이

나 세상의 말에 팔랑귀처럼 휘둘리게 될 것이다.

가치는 사람마다 다르다. 2018년 11월 30일 수원역 근처 상가에서 대형 화재가 발생했다. 불이 난 건물은 지하 5층에서 지상 11층 규모의 복합 상가였다. 소방 장비 87대, 소방관 218명이 화재 진압에 동원된 이 사건에서 침착하게 사람들을 탈출시킨 이들이 있었다. 상가 지하에 위치한 PC방 직원들이었다. PC방에서는 약 250명의 손님이 있었다. 불이 난 후 이미 연기가 자욱하고 시야가 어두워진 상황에 대규모 인명 피해로 이어질 수 있는 위험한 순간이었다. 그러나 다행히 인명 피해는 없었다. 화재 초기 PC방 매니저의 "불이 났어요! 빨리 피하세요"라는 말 한마디가 발 빠른 대처에 큰 도움이 되었기 때문이다. 직원들은 사람들을 모두 내보낸 뒤, 마지막에 탈출했다고 한다.

자칫하면 목숨을 잃을 수도 있는 위험한 순간이었다. 이런 상황에서 끝까지 자리를 지키고 사람들을 대피시키는 일은 아무나 할 수 있는 일이 아니다. 직원들은 어떻게 빠른 대처를 할 수 있었을까? 누군가는 직원이 눈치가 빠르고 머리가 좋았기 때문이라고 말하기도 한다. 하지만 머리가 좋고 눈치가 빠른 사람이어도 문제에 제대로 대처하지 못해 손해를 끼치는 경우도 있지 않은가? 분명 지능 이외의 다른 요소가 작용했을 것이다. 나는 개인이 가진 강점에 그 차이가 있다고 생각한다.

심리학자 크리스토퍼 피터슨Christopher Peterson과 긍정 심리학의 창시자 마틴 셀리그만Martin Seligman은 전 세계에서 공통으로 의미를 지니는 문헌을 조사하면서 인류가 공유하는 가치를 찾아냈다. 그 공통된 가치는 다음과 같다.

지혜와 지식, 사랑과 인간애, 용기, 절제력, 정의감, 영성과 초월성

이러한 가치는 추상적인 개념이어서 다시 측정이 가능한 강점으로 나누었다. 이 강점은 총 24가지다. 보통 사람마다 5가지 강점과 5가지 약점이 있다고 한다. 불이 났을 때 빠르게 대처한 PC방 직원은 용감성, 신중성, 자기조절 등의 강점을 가지고 있었을 것이다. 그리고 위험의 순간, 자신의 강점을 발휘하여 인명 피해를 막았을 것이다. 그럼 각각의 강점이 어떤 의미가 있는지 살펴보도록 하자.

지혜와 지식

- 창의성: 원하는 일이 있을 때 목적을 달성하기 위해서 새롭고 합리적인 방법을 찾는 능력
- 호기심: 분명하지 않은 것을 해결하고자 하는 욕구가 있고 때로

는 능동적으로 새로운 것에 관심을 가짐

- 판단력: 급하게 판단하지 않고 확실한 증거를 바탕으로 결정을 내릴 수 있음. 또한 결정을 바꾸는 유연함도 가지고 있음
- 학구열: 외적 보상이 주어지지 않는 순수한 호기심만으로 특정 분야에 대한 지식을 원하고 실제로 학습함
- 통찰력: 삶에서 발생할 수 있는 복잡한 문제를 모두가 수긍할 수 있는 자신만의 방식으로 문제를 해결할 수 있는 능력

용기

- 용감성: 어렵고 힘든 상황에서 물러서지 않음. 불안함을 느끼면서도 도망가지 않고 상황에 맞설 수 있는 능력
- 끈기: 시작한 일을 끝까지 완수해내는 능력
- 정직: 거짓과 위선을 부리지 않고 진실하게 말하고 행동할 줄 아는 능력
- 열정: 자신이 하는 일에 몸과 마음을 다 바칠 수 있도록 활기와 열정을 유지하는 능력

사랑과 인간애

- 사랑: 다른 사람과의 관계를 소중히 여기며, 내가 다른 사람을

사랑하는 것도 사랑을 받는 것에도 진심으로 임할 수 있는 능력

- 친절: 다른 사람의 존재를 인정하며 자신에게 기울이는 마음 못
지않게 타인을 배려할 수 있는 능력
- 사회성: 다른 사람의 동기와 감정을 쉽게 알아차리고 상황에 맞
게 반응할 수 있는 능력

정의감

- 팀워크: 집단 내에서 자기가 할 몫을 다 하고 집단의 목표를 위
해서 노력할 수 있는 능력
- 공정성: 개인의 감정에 따라서 타인을 평가하거나 판단하지 않
을 수 있는 능력
- 리더십: 구성원들과 원만한 관계를 유지하며 단체를 조직하고
관리할 수 있는 능력

절제력

- 용서: 상대를 불쌍하게 여겨 자신이 가진 복수심을 버리고 상대
를 용서할 수 있는 능력
- 겸손: 자신이 두드러지는 것보다 자기가 맡은 일을 묵묵히 완수
하는 데 집중할 수 있는 능력

- 신중성: 섣부른 판단으로 후회할 일을 만들지 않으며 눈앞의 이익을 좇지 않고 먼 미래를 생각할 수 있는 능력
- 자기조절: 충분한 타이밍이 올 때까지 자신의 욕망, 욕구, 충동을 자제할 수 있는 능력

영성과 초월성

- 감상력: 자연과 예술, 과학 등을 비롯한 세상의 모든 것에서 아름다움을 발견할 줄 아는 능력
- 감사: 자신에게 일어난 일을 기쁘게 생각할 줄 알고 당연하게 받아들이지 않으며 누군가의 친절과 주어진 삶에 감사할 줄 아는 능력
- 낙관성: 미래에 대한 희망을 계획할 줄 알고 자신이 있는 현재를 즐길 수 있는 능력
- 유머: 잘 웃고 타인을 웃길 수 있는 능력
- 영성: 자기보다 더 큰 가치에 대한 믿음과 사명감으로 세상을 바라볼 수 있는 능력

당신은 위의 24가지 강점 중에서 유독 중요하게 느껴지는 것이 있는가? 그렇다면 이젠 당신 차례다. 가장 중요하게 느껴지는 것 5개,

비교적 중요하게 느껴지지 않는 것 5개를 선택해보자. 지금 당장 발
휘하지 않아도 상관없다. 내가 삶에서 중요하다고 느끼며, 발휘하고
싶은 강점을 찾아서 다음의 왼쪽 칸에 적어보자. 반면 약점은 내가
비교적 중요하지 않게 생각하는 것을 적어보자.

강점	약점

모두 찾았는가? 그것이 당신 삶에서 의미를 지니는 당신만의 강점
과 약점일 수 있다. 당신은 자신이 찾은 강점을 발휘할 수 있는 삶을
살고 있는가? 혹시 약점이라고 생각되는 것에 에너지를 쓰고 있지는
않은가? 강점을 발휘하는 것에 집중하고 약점은 보완하는 것에 포커
스를 두자. 무엇보다 중요한 것은 스스로 가치 있다고 생각하는 강
점을 지표로 삼아 내가 잘할 수 있는 일들을 발견하는 것이다.

물론 위의 설명만으로 당신의 강점을 찾아내기 어려울 수 있다. 그렇다면 과거의 기억을 떠올려보자. 연세대학교 이헌주 교수는 자신이 잘하는 일이나 좋아하는 일을 모를 때, 과거에 힌트가 있다고 말했다. 당신이 경험한 일 중에서 가장 충만하고 빛났던 순간은 언제인가? 당신의 감정 깊숙한 곳에서 뜨거운 것이 올라오고 정말 살아있다고 느껴지던 순간은 언제인가? 그 기억 속에서 당신은 어떤 강점을 발휘하고 있는가?

강점을 발휘한 순간이 거창할 필요는 없다. 나에게 가장 살아있다고 느껴진 선명한 순간은 그렇게 특별하지 않다. 그 기억은 예전에 대학교 농구장에서 경기한 날이다. 나는 연속으로 득점했고 7골을 넣었다. 많은 사람이 나를 지켜보며 환호했고 응원에 힘입어 나는 누구보다 힘차게 움직이고 있었다. 내 옆에는 함께 뛰는 친구들이 있었다.

평범한 일상처럼 느껴지는 순간이지만 나에겐 특별한 기억으로 남아있다. 나는 용감성과 활력을 발휘할 때 삶에서 의미를 찾을 수 있는 사람인 것이다. 이걸 깨닫는 건 중요한 의미가 된다. 이런 강점을 발휘할 때 비로소 살아가는 이유를 찾을 수 있고 내 삶이 의미 있다고 느낄 수 있다. 이는 나를 아는 중요한 기준이 된다.

당신의 기억 속에서 강점을 발휘한 순간을 발견한다면, 이제는 능동적으로 강점을 발휘하며 살아갈 차례다. 앞서 당신은 당신에게 가치 있는 일을 찾았고, 몰입하는 방법을 알았으며, 강점을 발견했다. 사실 이것은 가치 있는 삶을 세팅하는 하나의 맥락으로 이어진다. 이제 지금까지 찾은 방법을 통해 당신의 강점을 어떻게 발휘할 것인지 생각해보자. 물론 강점을 통해서 당신에게 가치 있는 일을 발견하는 것도 좋다. 중요한 것은 강점을 발휘하면서 중요한 일에 몰입하는 삶이 인생의 격을 높일 것이란 사실이다.

당신은 무엇으로 살아있음을 느끼는가? 당신의 강점은 무엇인가? 잠시 책을 덮어두고 생각해보자.

ACTION

자신의 강점과 약점 파악하기

당신의 강점 5개, 약점 5개를 찾아보고 당신의 삶에서 어떤 방식으로 강점을 발휘하고 있는지 살펴보자. 더불어 약점을 어떻게 보완할 것인지 고민해보자. 그러나 우선순위는 약점보다 강점이라는 사실을 기억하자.

무기력에서 벗어나는 방법

......

어린 시절의 꿈은 원대하다. 대통령이 되고 싶고, 세상을 구하는 영웅이 되고 싶고, 공주나 왕자가 되고 싶기도 하다. 그러나 세월이 흐르며 현실의 벽과 부딪힐수록 원대했던 꿈은 허황된 이야기로 치부된다. 연속적인 실패와 좌절 속에서 가득 찼던 자신감이 거품처럼 사라지고, 거창한 꿈은커녕 평범하게 사는 것도 쉽지 않은 일이라는 생각이 든다. 예전엔 하고 싶은 것도 많았는데 이제는 아무것도 하고 싶지 않은 음수인간의 마음이 된다. "그냥 하던 일이나 잘해야지"라며 쳇바퀴 같은 하루를 살아간다.

대부분의 사람이 이런 마음으로 세상의 풍파에 치이며 살아간다. 원래 우리의 꿈은 원대했는데 이제는 평범하게 사는 것도 버겁게 느껴진다. 왜 그럴까?

마틴 셀리그만Martin Seligman과 오버마이어Overmaier는 한 가지 실험을 했다. 임의로 전기충격을 주는 상자를 만들어 두 집단의 개를 넣었다. A 집단의 개는 레버를 눌러 전기충격을 멈출 수 있도록 설계했다. B 집단의 개는 전기충격을 멈출 수 없었다. 다만 A 집단의 개가 레버를 눌러 전기충격이 멈췄을 때, B 집단의 개도 전기충격에서 벗어날 수 있었다. A 집단의 개는 자신이 충격을 통제할 수 있다고 생각했을 것이다. 그리고 B 집단의 개는 아마도 자신이 상황을 통제할 수 없다고 생각했을 것이다.

그 뒤에, 앞의 실험에 참여한 개들로 또 다른 시험이 이어졌다. 이

A. 나무판을 밀면 전기충격을 멈춤

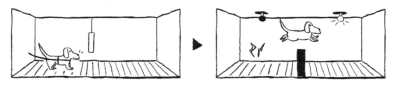

B. 어떤 행동을 해도 전기충격을 멈출 수 없음

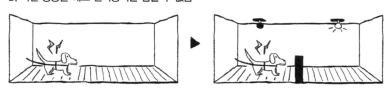

번엔 한 구역만 주기적으로 전기가 흐르게 실험 상자를 설계했다. 다른 구역은 전기가 흐르지 않는 구역으로 설계했다. 그리고 전기가 흐르는 구역과 안전한 구역 사이에 가볍게 뛰어넘을 수 있는 작은 칸막이를 설치했다.

A 집단의 개와 B 집단의 개 모두 전기가 흐르는 구역에서 실험을 받았다. 약간의 전기가 흐르자 A 집단의 개는 어려움 없이 칸막이를 넘어 안전한 곳으로 이동했다. 그러나 B 집단의 개는 그 자리에서 꼬리를 말며 이동하지 않았다.

조금만 움직이면 벗어날 수 있는데 B 집단의 개는 그러지 못했다.

자신이 상황을 통제할 수 없다고 이미 학습했기 때문이다. 아무리 노력해도 벗어날 수 없다는 무기력을 앞 실험을 통해 배웠기 때문일 것이다. 셀리그만과 오버마이어는 이것을 '학습된 무기력'이라고 했다.

무기력을 학습하는 일은 우리 삶에서도 충분히 일어날 수 있다. 아니, 오히려 더 쉽게 일어난다. 어린 시절 불행한 양육 환경은 누군가에겐 무기력을 학습하고도 남을 정도로 긴 시간이었을 것이다. 그때의 경험은 아무리 발버둥 쳐도 어려운 상황을 벗어날 수 없다는 고정관념을 만들어냈을 것이며, 그렇게 자연스럽게 음수인간처럼 살았을 것이다.

인도에서는 코끼리가 태어나자마자 거목에 쇠사슬로 다리를 고정하고 속박한다. 어린 코끼리는 쇠사슬에서 벗어나기 위해 발버둥치다가 여러 번 실패를 경험하게 된다. 그렇게 약 3개월이 지나면 코끼리는 포기하고 아예 움직이지 않는다. 몸집이 커져 충분히 벗어날 힘이 생겼는데도 성체의 코끼리가 족쇄에서 벗어나지 못하는 이유는 간단하다. 어린 시절의 실패 경험이 그 어떤 것보다 단단한 쇠사슬이 되었기 때문이다. 코끼리의 마음에 무기력이란 족쇄가 채워진 것이다.

당신에게는 사슬이 없는가? 나를 자세히 들여다보면, 무언가 보이지 않는 사슬이 채워져 있을 수 있다. 누군가에게는 낮은 자존감이라는 사슬이, 누군가에게는 낯선 인간관계라는 사슬이, 누군가에게는 고달픈 현실이라는 사슬이 발목에 채워져 있을 수 있다. '원래 나는 자존감이 낮아', '원래 인간관계는 어려워', '원래 현실은 고달픈 거야'라며 고정관념에 사로잡힌 채 살았을지도 모른다. 그러나 원래 그런 것은 없다. 당신이 양수인간처럼 행동하지 못하는 것은 자질의 문제가 아니라 마음에 채워진 족쇄 때문일 것이다.

그러나 인간은 무기력을 학습했다고 해서 수동적으로 살아가는 존재가 아니다. 우리는 의도적인 노력을 통해서 앞으로 나아갈 수 있다. 나아가는 행동을 통해서 기존의 틀을 뒤엎고 전혀 새로운 관점으로 세상을 바라볼 수 있는 것이다.

중요한 것은 믿음이다. 자신이 통제할 수 있다고 믿는가? 아니면 통제할 수 없다고 믿는가? 만약 무기력이 학습되어 세상을 수동적으로 살아가는 사람이라면, 그래서 스스로 통제할 수 없다고 믿는다면 그 속에서라도 자신이 통제할 수 있는 환경을 만들어 보자. 당신의 인생에 대해 통제할 수 있는 자율성을 찾는 것이다. 물론 갑자기 지금과 다른 행동을 하는 것은 어려움이 따를 수 있다. 지금까지 통제할 수 없다는 믿음으로 살아왔는데, 반대로 새로운 행동을 하는 것이 어디 쉽겠는가? 따라서 자신이 직접 능동적으로 행동에 옮길 수 있고 작은 즐거움을 찾는 일부터 시작하는 것이 바람직하다.

인지심리학자 김경일 교수는 소소하게 할 수 있는 좋아하는 일의 리스트를 만드는 것을 추천했다. 당신이 무기력한 상황을 벗어날 수 있는 선택지의 수가 많으면 많을수록 좋다. 더불어 구체적이면 구체적일수록 좋다. 어려운 상황 속에서도 스스로 즐거움을 선택할 수 있는, 삶을 통제하는 선택지를 보유하는 것이다.

나는 지치고 무기력해질 때 코인 노래방에서 서너 곡 정도 노래를 부른다. 혹은 친구와 함께 동네 치킨집에서 치킨과 생맥주 두세 잔을 먹는다. 내키면 따끈한 탕도 추가한다. 아니면 가까운 영화관에 가서 혼자 영화를 보며 팝콘과 콜라를 먹는다. 팝콘은 스위트맛과 어니언맛 반반으로 선택한다. 때로는 농구공 하나만 들고 공원에서 자유투와 드리블을 연습하기도 한다.

이런 소소하지만 구체적인, 오늘 하루를 기분 좋게 만드는 일이 있는가? 당신의 삶에서 자유롭게 선택할 만한, 통제할 수 있는 무엇인가? 어떤 이는 좋아하는 것이 아무것도 없다고 한다. 좋아하는 일을 너무 거창하게 생각하기 때문이다. 아주 별 볼 일 없지만 작은 기쁨을 주는 것들, 그것들이 당신의 하루를 바꾸고 무기력에서 벗어나 삶을 통제할 수 있게 해주는 시작점이다.

무기력을 탈피하는 나만의 무기

당신이 하루를 통제할 수 있다고 느끼게 해줄 좋아하는 것은 무엇인가? 사소하거나 별 볼일 없어도 괜찮다. 쭉 적어보자. 그것들이 당신을 무기력에 빠지지 않도록 해주는 작은 무기가 될 것이다.

나와 다른 사람을 대하는 지혜
......

같은 상황에서 다르게 생각하는 두 동료

회사에서 새로운 프로젝트를 진행했다. 처음 진행하는 프로젝트라 크고 작은 어려움이 있었고 상황은 좋아질 기미가 보이지 않았다. 김 팀장은 자신의 의견을 피력하고 성과를 내기 위해서 고군분투했다. 반면 이 팀장은 다른 사람의 의견을 조율하고 팀의 갈등을 최소화하기 위해서 노력했다. 서로 다른 생각을 해서일까? 김 팀장은 이 팀장을 우유부단하고 무능력하다고 생각했다. 반면 이 팀장은 김 팀장을 독단적이고 자기밖에 모르는 사람이라고 생각했다. 결국 두 사람의 갈등은 행동으로 이어졌고 프로젝트는 점점 수렁으로 빠졌다.

갈등은 왜 생길까? 이유는 단순하다. 각자의 관점으로 세상을 바라보기 때문이다. 김 팀장은 지금까지 혼자서 문제를 해결한 경험이 많았다. 또한 타인과의 경쟁을 통해서 우위에 서는 것이 중요하다고 생각했다. 반면 이 팀장은 다른 사람들과 합심해 좋은 성과를 냈던 적이 많았다. 그리고 사람들과 갈등을 최소화하고 좋은 인간관계를 맺는 것이 중요하다고 생각했다. 각자의 경험은 자신만의 관점을 만든다. 자신만의 관점은 고유의 판단과 문제해결 방식을 만든다.

다른 예시를 들어보자. '엄마'라는 단어를 들으면 어떤 생각이 드는가? 누군가는 애틋한 감정이 느껴질 것이다. 누군가는 그리움과 잘해드리지 못했다는 후회를 느낄 수 있다. 또 다른 누군가는 방치된 느낌이 느껴지거나 분노와 같은 부정적인 감정이 느껴질 수도 있다. 똑같이 엄마라는 같은 단어를 보더라도 어떤 경험을 했느냐에 따라서 다르게 해석할 수 있다.

이렇게 우리는 경험을 통해 고유한 관점을 만들어낸다. 그리고 자신만의 관점으로 세상을 바라보고 판단한다. 주관적인 견해는 내가 세상을 바라보는 자신만의 '방식'을 만들어 낸다. 심리학에서는 이런 마음의 모양을 '스키마Schema'라고 표현한다. 스키마는 사람마다 각자 다른 모양으로 세상을 바라보는 '마음속의 지도'이다.

그럼 관점의 차이를 조금 더 개인적인 측면에서 알아보도록 하자. 아래 보기 중 당신에게 중요한 개념은 무엇인가?

사랑, 용기, 희망, 우정, 배려

선택이 끝났으면 해당 단어에 대한 생각을 써보자. 만약 당신이 위 단어 중 사랑을 선택했다면 '사랑은 위험하고 뜨거운 것'이라고 생각할 수도 있고 용기를 선택했다면 '남들이 No라고 말할 때 Yes라고 말할 수 있는 것'이라고 생각할 수도 있겠다. 중요하다고 생각한 단어에 나만의 정의를 적는 것이다. 국어사전을 찾는 건 반칙이다.

정의를 썼다면 이제 가족이나 친한 지인에게 연락해보자. "사랑, 용기, 희망, 우정, 배려 중에 중요한 것이 뭐라고 생각해?"라고 물어보자. 그리고 다음 질문을 해보자.

"그 단어를 어떻게 정의할 수 있겠어?"

아마 당신의 지인은 당신이 선택한 단어가 아닌 다른 단어를 중요하다고 말했을 가능성이 높다. 만약 같은 단어를 선택했다 하더라도 전혀 다른 생각을 하고 있을 가능성이 크다. 이러한 사실을 통해서 사람마다 각자 다른 견해로 세상을 바라본다는 것을 알 수 있다.

내 25년 지기에게 연락을 해봤다. 위의 개념을 얘기하고 어떤 개념이 가장 가치 있는지 물었다. 그 친구는 '희망'이 가장 가치가 있다고 했다. 반면 나는 '용기'를 가장 가치 있는 개념이라고 생각하고 있었다. 나는 '용기'를 '새로운 길을 향해 나아가는 힘'이라고 정의했고 친구는 '자신에 대한 자신감'이라고 얘기했다. 또한 그 친구는 '희망'의 정의를 '사랑과 용기 등을 얻을 수 있게 만들어주는 주는 동기'라고 했다. 그리고 나는 '희망'을 '어려움을 견뎌내는 참을성'이라고 정의했다.

나는 친구를 가장 가까운 사람이라고 생각했지만 인생의 중요한 가치를 선택하는 기준은 전혀 달랐다. 또한 단어에 대한 생각 역시 각자 다르게 정의했다. 아무리 가까운 사람이어도 본질적으로 아주 다른 시선으로 세상을 바라보고 있는 것이다. 이 사실은 우리와 생각이 다른 사람을 이해할 수 있는 토대를 마련하게 한다. 그 사람이 비록 연인이나 오래된 친구, 부모와 자식일지라도 말이다.

양수인간은 자신이 세상을 살아가는 능동적인 주체라는 것을 알고 있다. 이 말은 타인도 그의 인생의 능동적인 주체라는 것이다. 그렇기에 양수인간은 타인의 견해를 인정하고 수용할 줄 아는 관용을 가지고 있다. 따라서 누구나 자기만의 방식으로 세상을 바라보고 있다는 것을 안다면, 나와 말이 안 통하는 사람도 충분히 이해할 수 있는 지혜를 갖추게 될 것이다. 또한 나와 전혀 다른 그 사람의 세계를 경험할 수 있는 즐거움을 느낄 수 있을 것이다.

당신과 지인이 바라보는 관점의 차이는?

가까운 지인에게 연락해 '사랑, 용기, 희망, 우정, 배려'의 정의가 무엇인지 물어보자. 그리고 그 정의가 당신이 생각하는 것과 어떤 차이를 가졌는지 알아보자.

스스로를 망치는 마음의 소리

......

이런 경험을 해본 적이 있는가? 내 안에 또 다른 내가 있는 것처럼 머릿속에서 어떤 목소리가 나에게 무언가를 시키거나, 나를 도와주거나 방해했던 경험 말이다. 그렇다면 목소리의 실체가 어디에서 온 것인지 생각해본 적도 있는가. 이는 사실 어린 시절부터 부모에게서 들어온 말들로 형성된 목소리이다. 양육자가 무언가를 시키거나 칭찬해주거나 혹은 방해하던 목소리가 쌓여 내 마음속에서 또 다른 목소리를 복제한 것과 같다. 심리학에서는 이를 '내적 투사(내사)'라고 한다.

마음의 소리가 나를 응원하고 도와준다면 문제가 없다. 그러나 나를 방해하고 헐뜯고 괴롭히는 목소리일 때는 다르다. 인생을 잘 살고 싶어서 무언가를 새로 시작하려고 하면 끊임없이 나를 방해하기 때문이다. '너는 못 할 거야', '네까짓 게 해서 뭐하게' 등 시도하기도

120

전에 포기하게 만든다. 차라리 타인이 나를 비난하는 거라면 반박이라도 할 수 있을 텐데 마음의 소리는 반박하기 어렵다. 이미 내 목소리처럼 자연스럽게 들리기 때문이다.

어느 열아홉 살 남자가 있었다. 그는 심각한 대인공포증을 가지고 있었다. 그의 마음속엔 자신을 헐뜯는 목소리로 가득했다. 그러던 어느 날 그는 대인공포증을 치료하기 위해서 한 프로젝트에 참여하게 된다. 프로젝트는 단순했다. 거리를 지나가는 100명의 여성에게 말을 걸며 데이트 신청을 하는 것이었다. 남자는 힘겹게 100명의 여성에게 데이트 신청을 했다. 결과는 어땠을까? 남자는 모두 거절당했다. 단 한 명만 빼고. 그러나 데이트 신청에 응했던 그 한 명도 약속 장소에 나오지 않았다고 한다. 프로젝트는 대실패였다.

당신이 생각했을 때 이 남자는 나중에 어떻게 됐을까? 자괴감에 빠져 대인공포증이 더욱 심해졌을까? 놀랍게도 그는 프로젝트를 통해 대인공포증을 극복할 수 있었다. 거절당하는 게 아무것도 아니라는 사실을 깨달았기 때문이다. 그는 차후에 유명한 심리학자가 되었다.

누구나 살면서 굳어진 자신만의 고정관념이 있다. 우리는 그 고정관념으로 판단을 내린다. 앞서 설명했듯이 이렇게 굳어진 자신만의 관점을 '스키마'라고 한다. 세상을 바라보는 마음의 지도인 스키마는 삶에 다시 영향을 준다.

만약 멀리서 누군가 당신을 보고 웃고 있다. 당신은 그 사람을 보고 어떤 기분이 들까? 사람마다 느낀 바는 다를 것이다. 왜 쳐다보는 것인지 불쾌할 수도, 반가움을 가지는 긍정적인 마음일 수도 있다. 사람마다 느끼는 바가 다른 건 자신도 모르는 사이에 특정 생각이 스쳐 지나갔기 때문이다. 불쾌한 기분이 드는 이유는 '저 사람이 저렇게 웃는 이유는 나를 이상하게 생각해서일 거야'라는 생각이 들어서일 것이고, 긍정적인 느낌이 드는 이유는 '저 사람이 나에게 호감을 느꼈기 때문에 웃는 걸 거야'라는 목소리가 자신도 모르는 사이에 스쳐 지나갔기 때문이다. 무의식적으로 생각에 영향을 받은 것이라 말할 수 있다. 심리학에서는 스스로 의식하지 못하는 생각을 '자동적 사고'라고 말한다.

인생을 살며 지금까지의 경험이 부정적인 쪽에 치우쳐져 있었다면, 삶의 맥락상 부정적인 생각이 떠올랐을 가능성이 크다. 반대로 당신이 살아온 삶이 긍정적인 쪽에 가깝다면 맥락상 긍정적인 생각이 떠올랐을 것이다. 같은 상황이라도 삶의 맥락에 따라서 마음의 소리 방향이 결정되고 그로 인해서 같은 상황을 다르게 인식하게 된다. 당신도 모르는 사이에 말이다. 마치 생각하는 삶의 방식이 석고처럼 굳어진 것이다.

삶이 부정적인 쪽으로 치우친 사람은 누군가 당신을 보고 웃는다면 '나를 보고 비웃었다'고 생각할 것이다. 그리고 순식간에 의기소침해지거나 기분이 상할 것이다.

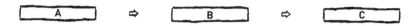

A Adversity 사건: 누군가가 나를 보고 웃는 상황
B Beliefs 믿음: 나를 보고 비웃었을 거라는 생각(자동적 사고)
C Consequences 결과: 의기소침해지고 기분이 상한다.

자동적 사고가 부정적이라면, 그에 따라 부정적인 감정을 경험하고 부정적인 행동으로 이어지게 된다. 이는 다시 스스로에게 영향을 주어 부정적 스키마를 더욱 강화할 것이다. 부정적 자동적 사고는 악순환의 시작점이 되기 때문에 끊어내야만 한다.

누군가 당신을 보고 웃어서 기분이 상했다면 이 단어를 기억하도록 하자. 바로 '왜'라는 말이다. '왜 그렇게 생각하지? 나를 보고 비웃는 게 아닐 수도 있잖아?'라는 말로 나도 모르게 이어지는 자동적 사고에 반박하는 것이다. 이런 말로 설득되지 않는다면 당사자에게 속 시원하게 물어보는 것도 방법이다. 중요한 점은 나의 부정적인 '자동적 사고'에 논박하는 것이다. 100명의 여자에게 거절당한 남자가

'타인에게 거절당하면 무너질지도 몰라'라는 생각이 거짓임을 깨달은 것처럼, 자신의 지레짐작이 진실과 거리가 있었다는 것을 깨닫는 것이다.

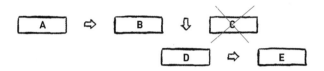

A Adversity 사건: 누군가가 나를 보고 웃는 상황
B Beliefs 믿음: 나를 보고 비웃었을 거라는 생각(자동적 사고)
C Consequences 결과: 의기소침해지고 기분이 상한다.

D Disputation 반박: 왜 그렇게 생각하지? 아닐 수도 있잖아?
E Effect 효과: 타인이 나를 보고 웃는 것에 감정적인 반응을 하지 않게 된다.

자동적 사고를 '왜'라는 말로 반박하면서 새로운 관점을 경험할 수 있다. 나는 어느 날 친구들과의 모임에서 내가 불안함을 느끼고 있다는 것을 깨달았다. '내가 얘기하면 다들 재미없다고 생각할 거야. 그럼 나는 매력 없는 사람으로 여겨지겠지?' 나도 모르게 이렇게 생각했다. 나의 자동적 사고를 깨닫자마자 마음속으로 바로 반박했다. '왜 그렇게 생각하지? 재미있을 수도 있잖아. 그리고 재미없다고 해서 큰 문제가 일어나는 것도 아니잖아?' 나는 불안함을 느낀 채 내가 하고 싶은 말을 그냥 내뱉었다. 어떤 일이 벌어졌을까? 모두에게 호응받지 못하고 갑자기 분위기가 싸해졌을까? 아니었다. 우려했던 일은 벌어지지 않았다. 오히려 아무것도 아닌 것처럼 지나갔다. 내가 믿었던 왜곡된 세상은 그저 환상일 뿐이었다는 것을 이날 깨달았다. 그 사실을 알고 나니 나의 세계가 두 배 더 넓어진 것만 같았다. 나의 부정적인 마음속 목소리가 진실이 아니라는 것에 세상을 바라보는 관점을 바꾸게 됐고 큰 용기를 얻었다. 이제 나를 불안하게 만드는 목소리에 더 이상 속지 않기로 마음먹었다.

당신이 특정 순간에 불편함을 느낀다면 마음속 목소리가 스쳐 지나갔기 때문일 것이다. 우리는 때때로 내 마음속 목소리를 의심해야 한다. 그리고 진짜 나의 소리를 내야 한다. 그렇게 마음속 목소리를 분별할 수 있다면, 더 이상 부정적인 마음의 소리에 속수무책으로 휘둘리지 않을 수 있다. 그때부터 당신이 지금까지 만들어온 악순환의 고리가 끊어지기 시작할 것이다.

내면의 부정적인 목소리에 반박하기

가치 있는 시도나 행동을 하려고 할 때 마음속에서 어떤 목소리가 들리는가? 부정적인 소리가 들린다면 '왜 그렇게 생각하지?'라고 말하며 반박해보자.

불확실한 삶에서 가장 확실한 것

......

세상의 모든 것이 불확실하다. 내일 우리가 어떻게 될지도 확신할 수 없다. 예를 들어, 이런 상황들을 종종 경험하거나 지인에게 건너들은 적이 있지 않은가. 좋은 학교를 졸업해 돈을 잘 벌고 승승장구하던 친구가 순간의 선택으로 갑자기 어려운 처지가 되었다는 이야기, 항상 위축되고 힘들어하던 친구가 어느 날 성공한 모습으로 나타난 이야기, 오랜만에 연락이 온 지인이 부고 소식을 알려왔다는 이야기 등 이런 사례들은 이 세상에 명확한 건 없다고 말하는 듯하다. 앞서 언급한 엔트로피 법칙처럼, 예상할 수는 있지만 확신할 수 없는 것이 우리의 인생이다. 이런 불확실성은 우리에게 두 가지 선택지를 준다.

1. 불확실하므로 불안에 떨며 인생을 흘려보낼 것인가?

2. 불확실하므로 자신만의 의미를 만들어 나갈 것인가?

모든 것이 불확실하다는 것은 선택의 결과를 알 수 없기 때문에 불안한 마음을 유발한다. 그래서 불안함을 피하기 위한 전략을 발휘하기도 한다. 그 일환으로 자신이 좋아하는 일인데도 억누르면서 살아가기를 선택하는 이들도 있다. 좋아하는 것을 선택하게 되었을 때, 벌어지게 될 미래에 대한 불안감을 견디기 어렵기 때문이다. 이를 '소망 차단'이라고 한다. 또는, 인생에서 중차대한 결정을 해야 하는 상황에서도 선택하기를 조금씩 미루거나 타인에게 의존하듯 떠넘기기도 한다. 자신이 선택하지 않으면 불안한 마음을 느낄 필요도 없기 때문이다.

그렇다. 선택하지 않는 방법으로 순간의 불안함을 피할 수 있다. 그렇지만 만족감을 만들 수는 없다. 선택하지 않으면 자신이 원하는 삶을 살아갈 수 없기 때문이다. 선택하지 않는 삶은 타의로 사는 것이다. 즉, 음수인간의 삶과 같다. 게다가 나 자신이 주체가 되지 않고 외부에 맞춰서 산다면 불안함은 언젠가 만날 수밖에 없게 된다. 타인 그리고 왜곡된 세상은 애초에 내가 통제할 수 없는 불확실한 영역에 있기 때문이다. 당장 불안함을 억누르기 위해서 불확실한 영역에 있는 타인과 세상에 의존한다는 것은 썩은 동아 줄에 의지하는 것과 마찬가지다.

선택의 결과는 불확실하다. 그러나 선택하는 존재가 당신이라는 것은 확실한 사실이다. 즉 불확실한 세상에서 확실한 것은 오직 당신의 선택뿐이다. 이 책을 읽는 당신에게는 책을 덮을 수 있는 자유가 있고 계속 볼 수 있는 자유도 있다. 지금 이 순간에도 당신은 하고 싶은 것을 선택할 수 있다. 물론 자유에는 책임이 따르고 책임만큼만 자유로울 수 있다. 그러나 책임을 지기 때문에 자신에게 더 의미 있는 것을 발견할 수 있는 법이다. 그러므로 당신이 책임질 수 있는 확실한 삶의 의미들을 찾는다면 당신은 불안을 벗어나 자유를 찾을 수 있다.

심리 치료법 로고테라피의 창시자이자 신경학자 빅토르 프랑클 Viktor Emil Frankl은 불확실한 세상에서 의미를 찾는 것에 세 가지 방법이 있다고 말했다. 먼저, 창조와 행위를 통해서 찾을 수 있다. 스스로 무언가를 만들고 경험하는 것이 삶의 중요한 의미가 될 수 있다는 것이다. 나에겐 유튜브 영상 콘텐츠를 만드는 것이 의미다. 내 강점을 발휘해서 많은 사람에게 양질의 콘텐츠를 전달하는 것은 나에게 살아갈 이유를 만들어준다. 당신은 어떤 행동을 통해서 의미를 찾을 수 있는가?

두 번째는 체험과 관계다. 경험하고 그 속에서 관계를 맺는 것은 새로운 의미를 가져다준다. 관계 맺음에는 어떤 것이 있을까? 사랑하는 가족과의 관계, 우정을 다지는 친구와의 관계도 있을 수 있다. 그러나 여기서 내가 강조하고 싶은 것은 전혀 모르는 사람과의 관계 맺음이다.

나는 어느 자전거 여행에서 여태껏 경험하지 못한 관계를 맺으며 삶의 의미를 발견했다. 비가 내리는 날, 친구와 함께 자전거로 대관령 언덕을 오르던 중이었다. 긴 오르막길에 지쳤고 비 때문에 몸의 체온이 떨어져 있었다. 그때 멀리서 한 무리의 행렬이 눈에 들어왔다. 거리가 점점 가까워지면서 그들이 국토대장정을 하는 중이라는 걸 알게 되었다. 긴 행렬이 나를 스쳐 지나던 찰나, 갑자기 박수 소리가 들리기 시작했다. 작은 소리는 이내 뜨거운 갈채가 됐고 환호성이 되었다. 그들이 나와 친구를 향해 박수와 환호를 쏟아냈던 것이다. 생면부지의 사람들이었지만 나는 그들과 함께 삶의 의미를 찾는 여행을 한다는 것에 동질감을 느꼈고 마음속 깊은 곳에서부터 알 수 없는 희열을 느꼈다. 고갈됐다고 생각했던 힘이 그 순간 머리 꼭대기까지 솟구치는 것을 느낄 수 있었다. 나도 그들을 향해 감사와 공감의 함성을 질렀다.

나는 이 경험으로 낯선 사람 사이의 연결성을 느꼈다. 삶의 의미도 찾았다. 나의 도전이 누군가에게 의미가 될 수 있다는 것을, 나도 누군가에게 의미가 되어줄 수 있다는 것을 깨달았다. 꼭 연락처를 주고받고 긴 대화를 나누어야만 관계를 맺는 게 아니라는 것을 알았다. 당신은 살면서 누군가와의 연결됨을 통해 의미를 찾은 적이 있는가?

세 번째 의미를 찾는 방법은, 피할 수 없는 고통에서 어떤 태도를 취하느냐이다. 프랑클 박사는 아우슈비츠 죽음의 수용소에서 살아남은 생존자다. 박사는 강제 수용소에서 끝까지 살아남은 사람은 한 가지 공통점이 있다고 말했다. 그것은 삶의 의지를 꺾지 않은 사람들이었다. 반면 삶에서 아무것도 기대하지 않은 사람들은 스스로 생을 마감하기도 했다고 말했다.

우리도 마찬가지다. 힘든 고통이 찾아와도 그것에 어떻게 대처할 것인가는 우리를 성장시키기도 하고 무너뜨리기도 한다. '나는 이런 사람이기 때문에, 혹은 불우했기 때문에 하지 못한다'라는 생각은 버리도록 하자. 그런 태도는 결과적으로 삶의 의미를 찾을 수 없게 만든다. 그런 상황임에도 우리에게는 절대 포기할 수 없는 가치가 있고, 내 자신이 선택할 수 있는 자유의지가 있는 존재라는 것을 기억하자.

삶의 의미를 발견할 수 있게 해주는 다른 한 가지는 바로 죽음이다. 때로는 죽음이 우리의 의미를 찾아주는 강력한 도구가 된다. 죽음 속에서 우리를 바라보면 더욱 넓은 관점으로 우리의 삶을 바라볼 수 있다. 마치 프랑클 박사가 생사를 넘나드는 죽음의 순간에서 삶의 중요한 의미가 되는 세 가지를 발견할 수 있었듯이 우리도 죽음을 통해서 통찰할 수 있다.

만약 당신이 죽는다면 묘비명에 어떤 문구가 쓰이길 바라는가? 어떤 사람으로 묘비명에 당신을 묘사하길 바라는가? 진지하게 시간을 두고 고민해보자. 그것이 당신의 유한하면서도 중요한 의미가 될 수 있으니까.

프랑클 박사는 '왜 살아야 하는지를 아는 사람은 그 어떤 상황도 견뎌낼 수 있다'라고 말했다. 왜 살아야 하는지 결정하는 사람은 나다. 가족도 아니고 지인도 아닌 바로 나. 당신은 선택할 수 있고 선택을 통해서 인생의 의미를 만들어 나갈 수 있다.

이 글의 서두에 언급한 두 가지 선택지 중에서 어떤 선택을 하기로 했는가?

1. 불확실하므로 불안에 떨며 인생을 흘려보낼 것인가?
2. 불확실하므로 자신만의 의미를 만들어 나갈 것인가?

여기까지 책장을 넘긴 당신이라면, 나는 당신이 두 번째 선택지를 선택할 사람이라는 것을 믿는다.

ACTION

나의 묘비명 쓰기

당신이 죽는다면 묘비명에 뭐라고 쓰이길 바라는가? 어떻게 묘사되길 바라며 무엇을 만들고 경험했으며 누구와 관계한 사람이라고 쓰이길 바라는지 고민해보자. 그것은 삶의 중요한 의미가 될 것이다.

5장

자존 내면을
유연하고 단단하게
재조립하라

내면의 격을 바꾸는 사소한 습관
······

돈으로 행복을 살 수 있을까? 대니얼 카너먼은 소득과 행복은 정비
례하다가 소득이 연 8,000만 원~9,000만 원을 초과하면 그때부터
소득이 올라도 크게 행복해지는 건 아니라고 말해왔다. 그러나 그것
도 옛말이다. 최근, 노벨상 수상 경제학자를 포함한 미국 연구팀은
연 소득 6억 원까지 소득이 오를수록 행복감도 오른다는 것을 밝혀
냈다. 그 금액 이상에서의 연구는 아직 진행되지 않았지만, 지금까

지의 연구는 이렇게 말하고 있는 것 같다. '돈으로 행복을 살 수 있다'라고.

그런데 우리는 생각해볼 필요가 있다. 현대사회에서는 어느 정도의 소득으로도 생계가 보장되는데, 왜 돈을 많이 벌면 벌수록 행복해지는 걸까? 이는 '상대적'으로 다른 사람보다 많은 돈을 가지고 있다고 느끼기 때문일 가능성이 크다. 카너먼이 연구하던 시절에는 SNS가 발달하지 않았다. 따라서 다른 사람들의 삶의 수준을 자세히 알 수는 없었다. 그러나 요즘은 많은 사람이 자신의 삶을 SNS를 통해 공유한다. 기껏해야 동네 사람이었던 비교 대상이, 중동의 왕자 만수르까지로 그 폭이 넓어졌다. 얼마나 버는지에 따라 상대적인 우월성이 쉽게 드러나게 된 것이다.

많은 사람이 삶에서 무엇보다 중요하다고 말하는 '자존감'에서도 같은 현상이 일어나고 있다. 요즘 시대에는 자존감도 상대적인 비교를 통해 높거나 낮다고 느낀다. 특히, 경제적인 면에서 그렇다. 유튜브에 검색해보면 20대부터 60대까지 세대별 평균 연봉이 얼마인지 나온다. 상당수의 사람이 그 기준에 부합하면 자존감이 높아지고, 그렇지 않으면 자존감이 떨어지는 느낌이 든다고 대답했다.

그러나 비교를 통해서 얻는 자존감은 '불안정'하다. 그 근거가 '상대적'인 것에서 왔기 때문이다. 위에서 말한 행복과 마찬가지다. 그렇기에 우리는 여타의 이유로 흔들리지 않을 단단한 근거를 찾아야 한다. 즉, 타인과 비교해도 나의 고유한 가치를 훼손시킬 수 없는 자신만의 개성을 자존감의 근거로 삼아야 한다.

그렇다면 어떻게 해야 자존감을 높일 수 있을까? 역설적으로, 자존감이라는 말을 머릿속에서 잊어야 자존감을 높일 수 있다. 이게 무슨 말인가 의아할 것이다. 자존감 낮은 사람의 특징을 알면 이해하기 쉽다. 그들에게는 한 가지 특징이 있다. '자신의 자존감을 검증받고 확인받고 싶어 한다'는 것. 그래서 자존감 검사를 받고, 자기계발서를 열심히 읽는 등 여러 가지 행동을 한다. 이것들이 전혀 도움 되지 않는 것은 아니지만, 문제는 자존감이라는 말의 함정에 갇힐 수 있다는 것이다.

나의 경우, 대학생 때 자존감 척도 검사를 받았다. 자존감 점수가 높을 거라고 기대했는데 생각과는 다르게 낮은 점수가 나왔다. 이루 말할 수 없이 실망스러웠다. 누군가 내가 쓸모없는 사람이라고 말하는 것 같았다. 그때 나는 낮은 자존감이 영원히 지속될 거라 믿었다. 자존감이란 실체 없는 말의 함정에 갇혀버린 것이다. 자존감 검사는 단순히 현재의 상태를 반영하는 도구일 뿐인데 그걸로 나의 전체를 판단하는 오류를 범했다.

그러나 사실 자존감은 '높다', '낮다'의 개념이 아닌, 찾는다는 개념에 가깝다. 당신이 애초에 타고난 격의 크기는 당신의 상상보다 훨씬 크기 때문이다. 그것은 마치 게임 속 보이지 않는 맵과 같다. 게임 속에서 당신은 검은 안개를 헤치며 보이지 않는 곳을 탐색하고 새로운 자원을 찾아가면서 그곳을 개발할지 말지 선택할 수 있다. 마음도 마찬가지다. 당신은 당신이란 거대한 지도에 숨겨진 가치와 자원을 발견하며 성장하는 것이다. 그런데 이때 자신을 탐색하기를 멈춘다면 어떻게 될까? 현재 보이는 것만이 나 자신이라고 착각하며 낮은 자존감을 가지며 살게 될 것이다. 보이지 않는 모든 맵이 당신의 존재 가치인데 말이다. 즉 자존감이란 당신이 가진 숨겨진 가치를 탐색하는 과정에서 얻게 되는 자신감이다.

따라서 자존감이라는 단어에 연연할 필요 없다. 애초에 당신 자체가 거대한 가능성의 덩어리인데 굳이 조급해하지 않아도 된다는 말이다. 스스로 자존감이 낮다고 생각하면 생각할수록 쓸데없이 자신에 대한 원망만 늘어날 뿐이다. 자존감이라는 단어를 잊고 사는 것이 오히려 높은 자존감을 만드는 첫걸음이다.

그러나 자존감이 어떤 개념인지 아는 것은 중요하다. 그래야 나에 대한 믿음을 가지고 보이지 않는 나의 가능성과 자원을 탐색하는 데에 힘을 쏟을 수 있기 때문이다. 그러니 자존감이라는 말을 머릿속에서 지우기 전에, 그 개념을 구체적으로 살펴보도록 하자.

자존감은 크게 '자기 인식', '자기 효능감', '자기 통제감'의 세 가지로 나누어서 설명할 수 있다.

'자기 인식'은 내가 나를 바라볼 때의 생각이다. 내가 나를 바라볼 때, 가치 없고 존중받을 만하다고 느끼지 않는다면 자존감이 낮다고 말할 수 있다. 우리는 어린 시절 받은 상처나 트라우마 혹은 삶을 바라보는 관점 때문에 스스로를 별 볼 일 없는 존재, 가치 없는 존재라고 생각할 수 있다. 그렇지만 진주에 흙이 묻었다고 가치가 떨어지지 않듯, 부정적인 사건을 경험했다고 해서 당신의 가치가 낮아질 수는 없다.

우리는 과거, 현재, 미래에 독립적인 존재다. 과거에 상처받았지만 현재에는 기쁠 수 있고, 현재는 불행하지만 미래에는 행복할 수 있다. 과거에 얽매이지 않는 존재라는 사실을 깨닫기만 해도 마음이 자유로워진다. 미래가 되어가는 현재 속에서 당신의 가치는 스스로 만들어가는 것이다. 그러나 이렇게 생각만 바꾼다고 해서 저절로 자존감이 오르는 것은 아니다. 건강한 몸을 갖기 위해선 안 쓰던 근육을 쓰며 운동해야 하는 것처럼, 안 쓰던 마음의 근육을 써서 키워야 한다.

가장 좋은 방법으로는 평소에 안 하던 긍정적인 생각을 연습하는 것이다. 매번 습관적으로 자신을 비하하고 과소평가하며 살아왔고 그런 마음의 습관이 굳어졌다면, 자신을 비난하는 것이 긍정적으로 생각하는 것보다 더 자연스러울 것이다. 이런 습관을 끊어내고 긍정적인 생각을 의도적으로 연습해야 한다. 그러나 이 말을 마음의 상처를 긍정적인 것으로 덮으라는 의미로 오해하면 안 된다. 긍정적인 것을 추구하되, 상처를 외면해서는 안 된다. 상처는 수용해야 한다. 수용에 대한 내용은 뒤의 글에서 다루도록 하겠다.

그렇다면 어떻게 긍정적인 생각을 연습하고 자존감을 떨어트리는 습관을 끊어낼 수 있을까? 아주 간단하다. 감사일기를 쓰는 것이다. '에이, 너무 뻔한 방법 아니야?'라고 생각할 수 있다. 나도 처음에 감사일기를 쓰라는 말을 들었을 때 비슷한 생각이었으니까. 그러나 감사일기의 효능은 생각보다 엄청나다. 가장 빠르게 당신의 자존감을 회복시키는 좋은 방법이라고 단언할 수 있다.

왜 감사일기를 쓰는 것이 효과적일까? 자존감이 떨어져 자신을 가치 없다고 생각하는 사람은 부정적인 생각에 사로잡혀 있을 가능성이 크다. 매일 밤 침대에 누워서 역시 '나는 최악이야'라는 생각을 되뇌며 잠들 테고 이런 생각은 자존감을 낮추는 악순환을 만든다. 이때 감사일기는 악순환을 끊어내는 절단기 역할을 한다.

부정적인 것에 초점을 두면 문제는 해결되지 않는다. 마치 흙탕물

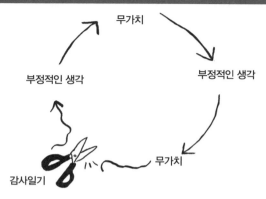

에 섞인 흙을 뜰채로 걸러내려 노력하는 일과 같다. 뜰채로 하면 아무리 흙을 걸러내려고 해도 물이 깨끗해지지는 않고 힘만 빠질 것이다. 그렇지만 흙탕물에 맑은 물을 부으면 어떻게 될까? 시간이 지날수록 오염된 물은 점차 맑아질 것이다. 더러운 물이 빠지고 맑은 물로 다시 채워지기 때문이다. 감사일기를 쓰는 것도 이와 같다. 부정적인 생각으로 점철된 자신에게 맑은 물을 붓는 것이다.

'어? 오늘은 최악인 줄 알았는데 나에게 이런 일도 있었네?'

감사일기를 써본 사람은 알 것이다. 최악의 하루에서도 의미를 찾을 수 있다는 것을. 당신의 하루에 숨은 의미를 발견하는 순간, 악순환은 끊어진다. 연구에 따르면 2주간 우울증 환자를 대상으로 감사 일기 쓰기를 진행한 결과, 우울 지수가 큰 폭으로 감소했다고 한다. 경증 우울증을 가진 50명 중 47명에게 큰 효과가 있었고, 심지어 중증 우울증 환자의 경우에도 큰 효과가 있었다. 더 놀라운 것은, 1~2주 정도 감사일기를 써도 그 효과가 6개월 이상 지속됐다는 것이다.

감사일기는 언제 어디서든 써도 좋지만 더욱 큰 효과를 느끼려면 자기 전에 쓰는 것을 권한다. 잠들기 전 마지막 기억이 사고에 영향을 크게 미치기 때문이다. 미국 노트르담대학교의 제시카 패인Jessica D. Payne, 매슈 터커Matthew A. Tucker의 연구에 의하면, 잠들기 전 기억은 장기기억으로 이어지기 더 쉽다고 한다. 따라서 자기 전에 긍정적인 기억을 가지고 잠들면 장기적으로 긍정적인 관점을 가지는 것에 도움이 된다. 일단, 지금은 연습 삼아 한번 써보도록 하자. 백 번 말하는 것보다 중요한 건 한 번의 행동이니까. 먼저 종이를 한 장 꺼내고 오늘 나에게 있었던 감사한 일을 세 가지 적어보자. 많이 적을 필요는 없다. 하지만 진지한 마음으로 고민해보자. 내가 나에게 감사한 일, 타인과의 관계에서 감사한 일, 세상을 살아가면서 감사함을 느낀 일을 떠올려보고 적도록 하자.

적어놓고 보면 왠지 모를 뿌듯한 감정이 마음속에 피어오를 것이다. 그 감정을 기억하자. 당신은 어제보다 오늘, 마음 근육이 한층 두

터워진 것이다. 쉬워 보이지만 마음의 악순환을 확실하게 끊어주어 단단한 마음을 만드는 감사일기를 꼭 활용하길 바란다.

ACTION

감사일기를 써보자

오늘 당신의 하루는 어땠는가? 좋은 하루라면 다행이다. 만약 힘들고 우울한 하루라고 해도 낙담하지 말자. 그 속에서도 감사할 일을 반드시 찾을 수 있다. 자, 그럼 공책을 펼쳐서 오늘의 감사한 일 세 가지를 적어보자.

생각이 많아 주저하는 사람들에게

······

자존감에 영향을 주는 두 번째는 '자기 효능감'이다. 자기 효능감이란 내가 능히 할 수 있다고 믿는 것을 말한다. 자기 효능감이 높은 사람은 새롭게 도전할 힘을 가지고 있다. 노력하면 성과가 나올 거라는 믿음이 있기 때문이다. 반면, 자기 효능감이 낮으면 무언가를 할 수 있다는 믿음이 없기에 도전을 주저하게 된다. 그러나 행동하지 않으면 성장할 수 없다. 성장하지 않으면 새로운 경험을 할 수 없고 결국 도태되고 만다. 따라서 자기 효능감을 키우는 것은, 자존감을 높이는 것뿐만 아니라 양수인간이 되기 위해 꼭 필요한 과정이다.

자기 효능감을 키우는 방법으로는, '중요하다고 생각하는 일 중에서, 할 수 없다고 생각하지만 통제할 수 있는 일을 강제로 하는 것'이 있다. 나는 스스로를 맥주병이라고 생각했다. 스물세 살까지 물에 몸이 뜨지 않았고, 그런 나를 특이한 체질이라고만 여겼다. 그렇지만 수영을 꼭 배우고 싶었다. 깊은 물에서 자유롭게 헤엄을 치는 게 나의 로망이었다. 그래서 무작정 수영 조교로 해군에 자원입대했다. 처음에는 상당히 고생했다. 물에 빠져서 곤욕을 치르기도 했고 체력이 약해서 훈련을 따라가기가 버거웠다. 그러나 처음으로 25미터의 거리를 땅에 발이 닿지 않고 수영했을 때의 기쁨, 저질 체력이 확연히 좋아졌을 때의 기쁨 등 다양한 성장 경험을 통해 얻은 긍정적인 감정들은 험난했던 과정을 버틸 수 있게 해줬다. 이제는 수영이 특기라고 자신 있게 말할 수 있는 실력이 됐다. 수상안전요원의 자격을 취득했고, 스킨스쿠버도 배웠다. 새로운 시도를 하지 않았다면 이런 성취들은 불가능했을 테다. 그저 체질 탓이라고 합리화하며, 수영 잘하는 사람들을 동경하는 것에 그쳤을 것이다.

새로운 시도를 통해서 성장을 경험하게 되면 기존의 세계관이 바뀐다. '나는 원래 안 돼'라는 생각이 깨지고 '나도 하니까 되네?'라고 생각이 바뀌며 다음 시도는 더 수월해진다. 그렇게 자기 삶의 경계를 넓혀가며 새로운 삶을 만나면서 양수인간으로 살아가게 된다.

새로운 도전을 통해 실력을 쌓는 것은, 우리가 통제하지 못하는 것을 통제할 수 있는 영역으로 데려다주기도 한다. 즉, '운의 영역'을 '통제 가능한 영역'으로 바꿔주는 것이다. 만약 당신이 전혀 준비도 하지 않고 국가직 공무원 시험을 본다면 결과는 어떻겠는가? 아마 로또를 사는 것과 같을 것이다. 떨어질 확률이 엄청나게 높다. 아무런 준비를 하지 않고 주식에 투자하는 것은? 도박과 다르지 않다. 그러나 시험 준비를 통해서 지식이 쌓이면 합격이라는 성취를 경험할 수 있고, 주식을 공부해서 투자에 대한 안목이 생기면 높은 수익을 기대할 수 있다.

게다가 무언가에 도전해서 성장하는 재미는, 단순한 실력 향상이 아닌 그 이상의 의미가 있다. 어떤 분야에서의 실력 향상은 당신을 개성 있는 존재로 만들어준다. 예를 들어, 나는 심리학 유튜브 채널을 운영하는 사람이다. 또한 수영이 특기다. 하나씩만 보면 흔한 유튜버이자 수영이 특기인 사람일 뿐이다. 그렇지만 둘을 합쳐서 보면 유일한 존재가 된다. 심리학 유튜브를 운영하는 사람 중에 수영이 특기인 사람은 '나'의 특징이 된 것이다. 실력의 향상은 단순히 현실적 능력뿐만 아니라, 존재의 독특함을 만들어준다. 다시 말해, 새로운 시도를 통한 실력 향상은 이 세상에서 나를 개성을 가진 존재로 만든다. 이 세상에서 한 사람의 존재는 결국 '다양한 경험의 합'인데,

인생의 경험을 자신의 선택으로 채워 넣은 이들은 더 능동적이고 성숙한, 자존감이 단단한 사람으로 거듭날 수밖에 없다.

때로는 실패할지도 모른다는 두려움 때문에 새로운 일에 시도 자체를 못 할 수도 있다. 결과를 자신의 가치로 결정짓는 음수인간의 고정 마인드셋이 발동한 탓이다. 물론 세상은 내 맘대로 되지 않는다. 도전했지만 실패할 수도 있다. 따라서 겸허한 마음을 갖되, 이렇게도 생각해보자. 우리에겐 '도전한다'는 확실한 선택지만 있을 뿐이니, 도전을 즐길 수 있는 가벼운 태도를 갖추면 된다고.

정신과전문의 유은정 원장님은 내가 집필 작업에 어려움을 겪자 이렇게 조언을 해줬다.

"어차피 세상의 책은 수없이 많아요. 그 수없이 많은 책 중 하나를 쓰는 거예요."

그렇다. 시도를 통해서 의미를 찾을 수 있지만, 인간을 뛰어넘는 특별한 존재가 되자는 것은 아니다. 그저 평범한 한 명의 사람으로서 자유롭게 선택하고 그럼으로써 인생을 의미 있게 하는 가치를 만들자는 것이다. 회사 프로젝트가 너무 부담되는가? 수많은 프로젝트 중 하나일 뿐이다. 인간관계를 맺는 게 부담되는가? 상대는 당신의 행동이나 말 하나하나에 신경 쓰지 않으니 걱정하지 않아도 된다. 그는 당신을 스치는 수많은 사람 중 하나일 뿐이다. 면접에서 자꾸 떨어지는가? 수만 개의 회사 중 하나일 뿐이다. 그러니 시도하는 것을 두려워하지 말자. 결과가 좋지 않아도 실패가 아닌 과정일 뿐이다.

그런데도 새로운 시도가 버겁게 느껴진다면, 작은 것부터 경험하길 권한다. 미 해군 맥레이븐William Harry McRaven 대장은 '세상을 바꾸고 싶으면 이불 정리부터 시작하라'고 말했다. 이 말은 자신이 통제할 수 있는 가장 작은 행동에서 먼저 성취를 경험하라는 뜻이다. 작은 성공의 경험이 쌓이면 학습된 무기력을 끊고 자기 효능감을 높이는 것에 도움이 된다.

내가 즐겨 사용하는 간단한 방법을 하나 소개하겠다. 동네 공원을 뛰어보는 것이다. 공원을 한 바퀴 뛰고 나면, 아무것도 하지 못할 것처럼 막막했던 마음이 스르륵 사라지면서 '거봐 오늘도 하면 되잖아'라는 생각으로 바뀐다. 그 작은 시도의 성공이 쌓이고, 충분히 할 수 있다는 생각들이 쌓이면, 그때 당신이 중요하다고 여기는 새로운 시도를 하자. 그렇게 당신은 자신이 생각하는 가치 있는 일에서 능력을 키워나가며 운의 영역을 실력의 영역으로 옮길 수 있을 것이다. 그 과정을 통해 자신의 의미를 새롭게 발견하게 될 것이다.

자기 효능감을 높이자

당신은 이 세상에 어떤 발자취를 남기고 싶은가? 거창할 필요 없다. 꼭 결과물이 남을 필요도 없다. 단지 동네 공원 한 바퀴를 돌거나 동네 뒷산을 오르더라도 당신이 노력해서 스스로 해냈다는 것이 의미가 있다. 당신이 경험할 수 있는 가장 작고 만만한 것부터 해보자.

타인이 나를 판단하게 하지 말 것

......

D는 운동을 열심히 한다. 주변에서도 D의 좋은 몸을 보며 부러워한다. D는 자신을 부러워하는 사람들을 보며 자존감이 올라가는 것을 느낀다. 때로는 무리하게 운동해서 다음 날 스케줄에 지장이 가거나 여자친구와 심하게 다툰 적도 있다. D는 그럴 때마다 어쩔 수 없는 일이라고 생각한다.

D는 정말 자존감이 높을까? 그렇다고 보기 어렵다. 왜냐하면 D는 운동을 타인에게 인정받기 위한 수단으로 활용하기 때문이다. 누구나 인정욕구를 가지고 있지만, 일상에 무리가 될 정도로 특정 행동을 하면서까지 타인에게 인정을 갈구하진 않는다. 지나친 인정욕구는 마음의 불균형을 만들고, 마음의 불균형은 일상을 서서히 좀먹기 시작한다.

그렇다면 마음의 불균형은 왜 만들어질까? 몸의 불균형을 생각하면 이해하기 쉽다. 인간은 배고플 때 밥을 먹고, 추울 때 옷을 입어 체온을 높인다. 인간은 신체를 일정한 상태로 유지하여 불균형을 해소하려는 본능이 있다. 이것은 늘 같은 상태를 유지하고자 하는 '항상성' 때문이다. 그러나 때로는 이러한 항상성이 불리하게 작용하기도 한다. 누군가 알코올에 중독된 상태라면 그는 술을 마시지 않으면 불편함을 느낄 것이다. 이때는 오히려 술을 먹는 것이 항상성을 유지하는 것이다.

마찬가지로 마음도 항상성을 유지하려고 한다. 보통은 부정적인 상태가 될 때 원래의 상태로 돌아오려는 회복탄력성이 마음의 항상성이다. 그러나 어떠한 이유로 마음에 깊은 콤플렉스가 생겼고 그 상태가 지속된다면 콤플렉스를 메꾸기 위한 방식으로 항상성이 작동할 것이다. 다시 말해서 알코올중독자가 술을 마심으로써 항상성을 유지하려 하듯, 마음에 불균형이 생긴 사람은 그 불균형을 메꾸기 위해서 자신에게 해가 되는 방식으로 항상성을 유지하고자 할 수 있다.

고려대학교 김학진 교수는 이를 두고 마음에 콤플렉스라는 깊은 구멍이 생긴 것이라고 표현했다. 예를 들어, 어린 시절 부모에게 사랑받지 못한 남자가 있다고 생각해보자. 그는 사랑받지 못해서 생긴 콤플렉스를 메꾸기 위해 자신의 능력으로써 타인에게 인정받으려는 욕구를 가질 수 있다. 이런 경우, 가정은 소홀히 하고 일에만 몰두하며 살게 되기 쉽다. 앞의 D 사례도 마찬가지다. 자신의 콤플렉스 구멍을 메꾸기 위해 운동이라는 수단을 선택했고, 멋진 몸을 만드는 데 지나치게 집착하며 타인에게 인정받으려는 시도를 하고 있는 것이다.

마음에 콤플렉스가 생기면 고착된 생각을 하기 쉽다. '나는 그렇게 돼야만 해'라는 must 관점으로 자신을 바라보는 것이다. 그래야만 콤플렉스가 사라지고 인정받을 수 있다고 믿기 때문이다. 스스로가 가치 없다는 생각 때문에 자신의 가치를 끊임없이 증명하고자 하는 사고 패턴이 생긴 것이다.

'나는 회사의 임원이 되어야만 해.'
'나는 착한 사람이어야 해.'
'나는 몸이 좋아야만 해.'

반드시 그렇게 되어야만 한다는 '당위성'을 가지고 자신을 바라본다. 당위적인 생각이 콤플렉스에 적용되면 문제가 심각해진다. '회사 임원이 되어야만 한다'는 생각은, 임원이 되지 않으면 자신은 가치 없는 사람이라는 의미가 된다. '착한 사람이어야 한다'는 생각은, 착하지 않으면 자신은 가치 없는 사람이라는 의미가 된다. '나는 몸이 좋아야만 한다'는 생각은, 몸이 좋지 않으면 자신은 가치 없는 사람이라는 의미가 된다. 불균형을 메우고 싶어 하는 마음의 항상성 때문에 '반드시 그렇게 되어야 한다'고 생각하게 되고, 그 가치의 잣대는 타인의 인정이다. 통제할 수 없는 변수에 자신의 가치를 결정짓는 것이다.

그러나 모든 일이 자기 뜻대로 흘러가지는 않는다. 임원이 되지 못할 수도 있고, 누군가에게 좋지 않은 사람으로 보일 수도 있다. 나이를 먹을수록 몸이 안 좋아지는 것은 당연한 이치다. 자신의 콤플렉스를 덮는 유일한 무기가 사라지고 타인의 인정도 사라지는 순간, 그동안 꼭꼭 숨겨왔던 콤플렉스와 마주할 수밖에 없다. 그 일은 상당히 고통스럽다. 인정이라는 연료가 있어야만 갈 수 있는 배에 연료가 떨어진 것과 같다. 그대로 가라앉고 말 것이다. 게다가 당연히 그렇게 되어야 한다고 생각했던 것이 좌절되면 큰 분노와 수치심을 느끼게 된다. 그러니 신경질적인 태도로 사람과 세상을 대할 수밖에 없다. 그러나 제삼자가 보면 콤플렉스를 가진 사람이 이해되지 않는다. 별것도 아닌 일로 화를 내거나 수치심을 느끼는 사람을 보며 이상한 사람이라 생각하기 쉽다. 이러한 타인의 시선은, 다시 그들의 인정욕구를 좌절시켜 악순환에 빠트린다.

어떻게 해야 마음 깊은 곳의 구멍인 콤플렉스를 메꿀 수 있을까? 우선 그 구멍을 찾아보자. 그리고 당신에게 두 가지 질문을 해보겠다.

'당신에게 꼭 그래야만 하는 것들이 있는가?'
'자신이나 타인, 혹은 세상에 대해서 꼭 그래야만 한다고 생각하는 것들이 있는가?'

그것이 바로 당신의 구멍이다. 찾았다면 이렇게 생각을 바꿔보자. 먼저 '그래야만 해must'라고 생각하는 딱딱한 생각을 부드럽게 바꾸는 것이다. '그래야만 해'라는 생각을 '그러면 좋겠어hope'라는 생각으로 대체해본다. 임원이 되는 것은 좋은 일이다. 타인에게 좋은 평가를 받거나 멋진 몸매를 갖는 것도 좋은 일이다. 그렇지만 꼭 그렇게 되지 않으면 안 되는 일은 아니다. 살다 보면 성과가 기대만큼 나오지 않을 수도 있다. 누군가가 나를 싫어할 수도 있고, 몸 상태가 예전보다 안 좋아질 수도 있다. 살다 보면 그럴 수 있다. 그러니 자신에게 말해보자.

'그랬으면 좋았겠지. 그런데 생각대로 되지 않을 수도 있어.'

마음이 한결 편안해질 것이다. 더불어 본질적인 문제인 콤플렉스를 마주하는 일도 필요하다. 우리는 콤플렉스라는 마음의 상처에 타인의 인정이라는 반창고를 붙이려고 한다. 그러나 반창고를 붙이기 전에 약부터 발라야 한다. 약을 바르지 않고 반창고를 붙이면, 오히려 시간이 지날수록 상처만 곪을 뿐이다. 약을 바르기 위해선 상처를 마주해야 한다. 그런데 우리는 마음에 생긴 상처를 치부라고 생각하는 경향이 있다. 마치 몸 어딘가 눈에 띄는 상처 자국처럼 말이다. 당신은 어떤가? 자신이 경험한 어린 시절의 상처나 인간관계에서의 좌절 경험 등 특정한 사건이 당신에게 부끄럽게 느껴지는가? 다른 사람에게 들키면 당신을 우습게 볼 거라고 생각하는가? 그럴 때는 이렇게 말해보자.

'그게 뭐 어때서?'

당신이 원하는 성과를 내지 못했다고 하자. 그게 뭐 어떤가? 그건 당신의 가치를 결정할 수 없다. 누군가가 당신을 싫어한다고 해보자. 그게 뭐 어떤가? 그 사람의 생각일 뿐이다. 그 사람이 당신의 가치를 결정할 수 없다. 당신 몸매가 자신의 마음에 들지 않을 수도 있다. 그게 뭐 어떤가? 세상 사람들은 모두 다양한 몸을 가지고 있다.

자신의 상처를 극복하기 위해서는 드러내야 한다. 마주해야 한다. 그리고 괜찮다는 말의 연고를 바르는 것이다. 지금 당장 당신의 모든 상처를 드러내고 직면하라는 말은 아니다. 조금씩 살펴보고 숨쉴 구멍을 만들어주자. 타인에 의해서가 아닌, 바로 자기 자신이 말이다. 그 상처 또한 지금의 당신을 만든, 당신의 일부이다. 그러니 절대 자신의 상처를, 그 상처를 가지고 있는 자신을 부끄러워하지 말자. 그리고 '그게 뭐 어때서? 괜찮아'라고 당당하게 말해보자.

ACTION

당신의 마음을 조금 더 유연하게 바라보자

'반드시 ~ 해야 돼'라는 경직된 must의 사고를 '그렇게 되면 좋겠어'라는 hope의 사고로 바꿔보자. 그리고 당신의 콤플렉스와 열등감에 '그게 뭐 어때서? 그럴 수도 있지'라는 연고를 발라 보자.

서툴지 않은 사람은 없다

......

우리의 자존감에 아주 큰 영향을 주는 것이 있다. 바로 '내가 나를 해석하는 방식'이다. 예를 들어서 쉽게 우울함에 빠지는 사람이라면 이렇게 생각할 수 있다. '나는 우울한 사람이야.' 그런데 이 생각은 사실이 아니다. 두 가지 이유로 '나는 우울한 사람이야'라는 생각은 사실이 아니다.

첫 번째, 이 생각에는 '나는 늘 우울한 성격이다'라는 의미가 내포되어 있다. 다시 말해서, 시간이 지나도 변하지 않을 거라는 지속성에 대한 왜곡된 믿음이 담겨 있다. 그렇지만 우울함은 일시적인 감정이지 지속적인 성격이 아니다.

'나는 인간관계를 잘 맺지 못하는 사람이야'라는 생각도 같은 이유로 사실이 아니다. 일시적으로 인간관계에 어려움이 있을 뿐이지 어려운 상태가 계속되는 경우는 드물기 때문이다. 당신이 어떤 사람이 되기를 선택하느냐에 따라서 인간관계는 어려울 수도 있고 그렇지 않을 수도 있다. 달리 말하면, 당신이 원하면 언제든 인간관계를 바꿀 수 있기에 어려운 인간관계는 영원히 지속되지 않는다.

'나는 노력해봤자 안 돼'라는 생각도 마찬가지다. '지금' 어려운 상태에 있을 뿐이다. 앞으로 하는 일을 모두 노력해도 안 된다는 생각은 착각이다. 나는 유튜브 채널에 심리학 콘텐츠를 매주 2회 꼴로 업로드한다. 구독자 수는 80만 명이 넘지만 조회수가 항상 높은 것은 아니다. 때로는 실망할 정도로 안 나오기도 한다. 그렇지만 이것은 일시적 결과일 뿐이지 시간이 지나면 좋은 성과가 있을 거라는 사실을 알고 있다. 낮은 성과를 겸허하게 받아들이는 자세는 필요하지만, 낮은 성과가 영원히 지속될 거라는 믿음은 필요 없다. 나, 타인, 세상의 문제는 대부분 영원히 지속되지 않는다. 이 사실만 알아도 우리는 조금 더 유연한 사고를 할 수 있다.

'나는 우울한 사람이야'라는 생각이 잘못되었다는 두 번째 이유를 설명하겠다. 우울함을 느낀다는 것은 상실에 대한 민감성이 높은 성격이라는 말이다. 성격은 당신을 구성하는 '일부분'일 뿐이다. 당신이 우울함을 쉽게 느낀다고 해서, '당신 자체'가 우울한 사람이 되는 것은 아니다. '나는 우울한 사람이야'라는 생각은 당신의 일부를 당신의 전체로 해석하는 확대 해석의 오류를 범한 것이다.

'나는 인간관계에 서툰 사람이야'라는 말도 마찬가지다. 어떤 특정한 사람이나 특정한 집단에서 어려움을 겪는 것뿐이지, 모든 인간관계가 어려운 것은 아니지 않은가? 당신에겐 당신을 소중하게 생각하는 사람이 있을 것이다. 만약 당신이 인간관계를 잘 맺지 못하는 사람이라면 당신에게 의미 있는 관계는 단 한 명도 없어야 말이 되지 않겠는가? 당신을 소중하게 생각하는 사람은 있었고, 지금도 있으며, 앞으로도 있을 것이다. 사회성이 부족해서 어려움을 겪을 수는 있지만 그것은 사회성이 부족할 뿐이지 당신이 인간관계를 잘 맺지 못하는 사람이라는 말은 아니다. 부족한 부분은 개선하면 된다.

4장에서 언급했던 여성 100명에게 번호를 물었다가 거절당한 청년 이야기를 기억하는가? 그는 저명한 심리학자이자 합리적 정서치료의 창시자인 알버트 엘리스Albert Ellis이다. 그도 결국 사랑하는 사람을 만나 결혼했다. 당신과 잘 맞지 않는 사람이 있을 뿐이지 모든 사람이 당신과 어려움 있는 것은 아니라는 사실을 기억하자. 그것이 부모든, 직장 상사든, 동료든, 친구든, 연인이든, 이성이든 말이다. 안 될 거라고 생각하는 스스로에 대한 낙인을 거둬내고 자신을 바라보자.

'나는 노력해봤자 안 돼'라는 생각도 마찬가지이다. 당신은 분명 잘하는 것이 있다. 단지, 지금 하는 일에서 어려움을 겪을 뿐이다. 때로는 생각대로 일이 잘 안 풀려서 좌절하게 되는 순간도 있을 것이다. 그런 상황에서는 자신을 실패자로 생각하기 쉽다. 그러나 당신은 지금까지 경험한 모든 일에서 실패한 것은 아니다. 실패자라는 생각은 하나의 문제를 자신의 전체로 해석한 오류일 뿐이다.

실력이 부족했다면 노력해서 실력을 높이면 그만이다. 예상치 못한 변수에 대비하지 못했을 수도 있다. 그러나 그 변수를 해결하면 그만이다. 그 일을 하는 데 중요한 재능이 부족할 수도 있다. 그렇다면 다른 일을 찾으면 그만이다. 당신은 수천, 수만 가지 선택을 할 수 있는 능동적인 존재다. 그러니 하나의 일에서의 부족한 성과로 당신 스스로를 실패자라 판단하지 마라. 그 누구도 결과만으로 당신을 판단할 수 없다. 그것이 비록 당신일지라도.

만약 어느 하나의 집단에서 당신을 부족한 사람이라 생각해도, 절대 당신 스스로를 가치 없는 사람이라 여기지 마라. 당신에게 맞지 않는 집단에 있을 뿐이지 당신 자체가 부족한 것은 아니니까. 나는 수영이 필수인 부대에 자원입대했다. 그러나 수영 실력과 체력은 형편없었다. 그곳의 사람들은 구보에서 늘 낙오하던 나를 부족한 사람이라고 여겼다. 실제로 상병 때 후임보다 체력이 나빠서 곤욕을 치르기도 했다. 그러나 유튜버들이 모인 자리에서는 그 누구도 나를 부족한 사람이라 여기지 않는다. 모든 가치는 상대적이기 때문이다.

우리는 살아가면서 언제나 선택할 수 있다. 지금 결과가 안 좋다는 것은, 말 그대로 지금의 상태일 뿐이다. 인생은 한 번의 성과로 끝나지 않는다. 마찬가지로 당신의 실패는 과정이지 진정한 의미에서 실패가 아니다. 그 속에서 능동적으로 방법을 찾는다면 언제든 역전할 수 있다.

우리는 나와 타인, 세상과의 상호작용에서 상처받을 때도 있다. 그러나 그 상처를 당신 전체의 결함으로 확대해석하지 않길 바란다. 만약 스스로를 예민하거나 우울한 사람이라고 생각한다면, 인간관계를 잘 못 맺는 사람이라 생각한다면, 실패자라고 생각한다면, 그 생각을 지금 바꿔라. 당신은 그저 힘든 시기를 보내고 있을 뿐이다. 당신은 선택을 통해서 더 좋은 인생을 만들어 낼 수 있다.

요즘 많은 청년이 취업 문제로 어려움을 겪는다. 그 무게를 감히 헤아릴 수는 없겠지만 한 가지 확실하게 말할 수 있는 것은 '어려움은 지나간다'는 사실이다. 또한 면접이나 서류전형의 실패로 당신이라는 사람을 규정할 수 없다는 사실이다. 더불어 실패를 통해서 당신은 더욱 나은 사람이 되어간다는 사실이다. 실패라는 환상에 지배당하지 말자.

ACTION

나는 나를 어떻게 생각할까

나는 ....

나의 인간관계는 ....

내가 하는 일은 ....

당신의 성격이나 자존감, 인간관계, 하는 일에 대해 어떻게 생각하는가? 만약 스스로를 부정적으로 생각한다면 지속성의 오류, 확대의 오류를 범하고 있는 것은 아닌지 살펴보자.

휘몰아치는 감정을 차분하게 다스리는 법

......

어떤 날은 아침부터 산뜻하게 시작해서 특별한 일이 없어도 온종일 기분이 좋다. 매일 오늘만 같으면 평생 행복하게 살 수 있으리라. 하지만 어떤 날은 시작부터 기분이 좋지 않다. 일진도 사납다. 눈앞에서 기다리던 버스를 눈앞에서 놓치고, 지하철마저 놓친다. 직장 상사에게 아침부터 지각했다고 한 소리 들어서인지 일도 손에 잡히지 않고 멍하다. 온종일 우중충한 기분에 사로잡혀 퇴근해서도 잠들기 전까지 우울한 기분을 느끼다 도망치듯 잠에 빠진다. 우리의 기분은 마치 시소와 같다. 별 이유 없이 기분 좋은 날과 사실 따지고 보면 별거 아닌 일들로 기분 나빠지는 날이 반복되기 때문이다. 이렇게 감정이 엎치락뒤치락하는 날들의 반복 속에서 명확하게 말해야 할 한 가지가 있다.

'우리는 감정이 느껴지는 것을 통제할 수 없다.'

그런데 우리는 부정적인 감정을 느끼면 그 자체로 잘못됐다고 생각한다. 그렇지만 때로는 부정적인 감정을 느끼는 것도 필요하다. 소중한 사람과 이별하면 부정적인 감정이 느껴지는 것은 당연하다. 당신이 원했던 무언가가 좌절되면 상실감이 느껴지는 것은 당연하다. 당신이 우울하거나 화나거나 짜증이 나는 등 부정적인 감정을 느끼는 것은 당신 잘못이 아니다. 감정은 자연스럽게 느껴지는 것이므로 당신이 느끼는 감정은 모두 옳다. 절대 자책하지 말자.

그렇지만 부정적인 감정이 당신의 태도가 되는 것은 당신의 문제이다. 인간은 감정에 잠식당하는 수동적인 존재가 아니라 감정을 대처할 수 있는 능동적인 존재이기 때문이다. 감정이 느껴지는 건 어쩔 수 없는 일이지만, 느껴지는 감정에 대처하는 것은 우리가 할 수 있는 일이다. 당신이 슬픈 감정을 느끼는 것은 어쩔 수 없이 벌어지는 일이다. 그러나 슬픈 상황에 지배당하는 것은 당신의 선택이다. 당신이 분노의 감정을 느끼는 것은 어쩔 수 없는 일이다. 그러나 계속 화를 참지 못하고 내는 행동은 당신의 선택이다. 인간은 감정을 느끼는 측면에서는 수동적이라고 할 수 있지만, 그 뒤의 행동은 능동적으로 선택할 수 있다.

부정적인 감정이 머릿속을 가득 채울 때 어떻게 하면 좋을까? 첫 번째 방법은 앞에서 언급했듯, 왜곡된 자동적 사고를 찾아서 반박해보는 것이다. 두 번째 방법은 부정적인 감정을 느낄 때, 그 감정들에 '우울한', '불안한', '화가 난'과 같은 표현을 쓰는 것이 아닌 다른 표현을 쓰는 것이다.

현실치료의 창시자 윌리엄 글래서William Glasser는 부정적인 감정을 느낄 때, '우울해하기', '불안해하기', '화를 내기'와 같은 동사 표현을 사용하라고 말한다. '난 우울해'라고 표현하는 것이 아니라 '나는 우울해하기를 선택했어'라고 표현하는 것이다. 이와 같은 동사 표현은 우리가 감정에 통제당하는 것이 아닌, 감정에 대처할 수 있다는 주체성을 갖게 해준다. 아무리 우울한 상황이라도 당신은 선택할 수 있다. 그저 침울한 상태로 있을 것인지 아니면, 우울한 기분을 바꾸는 무언가를 할 것인지 선택하자. 그건 당신의 몫이다.

세 번째 방법은 지금 당장 해볼 수 있다. 정신과의사 송주연 선생님이 알려준 아주 좋은 방법이다. 일단 메모지를 준비하자. 그리고 버스를 그리자. 버스 안에 버스 기사와 승객을 그리자. 버스 기사는 당신이다. 승객은 당신이 느끼는 감정이다. 지금 당신이 그린 버스엔 어떤 승객이 타고 있는가? 분노인가? 슬픔인가? 외로움인가? 지금 느끼는 감정이 무엇이든 그려본다.

버스 기사인 당신이 승객 한 명 한 명에게 휘둘릴 필요는 없다. 승객을 억지로 쫓아낼 필요도 없고 과도하게 신경 쓸 필요도 없다. 당신은 그저 자신이 할 일인 운전만 잘하면 된다. 언젠가 승객은 내린다. 다시 말해서, 당신(버스 기사)이 부정적인 감정(승객)을 만나더라도, 원래대로 잘 살아가면 된다. 그러다 보면 어느새 부정적인 감정

(승객)은 떠나고 다시 편안한 마음 상태가 된다. 결국 승객은 버스에서 내리는 것처럼, 마음도 마찬가지다. 시간이 지나면 부정적인 감정은 사라진다. 부정적인 감정이 언젠가 사라질 거라는 사실을 아는 것만으로도 마음이 많이 편안해질 것이다.

　그러나 버스에서 큰 목소리로 통화하는 승객이 있는 것처럼, 때로는 부정적인 감정이 강하게 느껴질 때도 있다. 이럴 때는 무언가 '행동'을 하는 것이 좋다. 인터넷에서 큰 반응을 불러일으킨 김연아 선수의 인터뷰를 본 적 있는가? 스트레칭할 때 무슨 생각을 하냐는 물음에 김연아 선수는 이렇게 말했다.

　"무슨 생각을 해…. 그냥 하는 거지."

　김연아 선수가 원래 스트레스를 잘 받지 않는 성향이라서 아무 생각이 없었던 걸까? 그렇지 않다. 김연아 선수는 스트레칭을 하는 것에 집중했기에 스트레스를 느낄 새가 없었다. 사람의 집중력엔 한계가 있다. 사람이 한 번에 기억할 수 있는 숫자는 평균 7개다. 프린스턴대학교 교수 밀러George Armitage Miller가 말한 '매직넘버 7'이다. 집중력과 마찬가지로, 사람이 한 번에 느낄 수 있는 것에도 한계가 있다.

　덕성여자대학교의 김정호 교수는 부정적인 생각을 지우는 방법을 양치질에 빗대어 설명했다. 식사 후 양치질을 할 때 느껴지는 촉감, 후각, 시각 등 그 상태에 머물러서 하나하나 감각을 느끼는 데에 집중하면 부정적인 감정은 곧 사라지고 오롯이 현재를 느끼며 지금을 살아갈 수 있다고 했다. 양치질을 할 때뿐만 아니라 운동할 때든, 빨래할 때든, 명상할 때든, 스트레칭할 때든 마찬가지다. 부정적인 감정을 느끼는 것 대신 '몸의 감각을 느끼는 것'에 집중해보자. 마음의 공간이 다른 것으로 채워지며, 부정적인 감정은 이내 사라질 것이다. 이것을 '마음챙김'이라고 한다.

나는 부정적인 생각에 사로잡힐 때면 산책을 한다. 차가운 공기와 호수공원의 풍경, 조금씩 가빠지는 숨과 지나는 사람들에게 집중하다 보면 어느새 아무 생각도 들지 않는다. 오롯이 지금 이 순간의 나에게만 집중한다. 그렇게 1~2킬로미터 정도를 걷고 나면 머릿속이 깨끗해지는 것이 느껴진다. 나에겐 동네 공원이 마음의 쉼터다.

당신은 무엇에 몰입할 때 마음이 편안해지는가? 지금 생각나는 것이 있다면 그게 당신 마음의 버스 정류장이자 쉼터일 것이다. 그곳에 멈출 때면 원치 않는 승객들이 내릴 테니까. 삶에서 부정적인 감정을 피할 수는 없겠지만, 우리는 마음만 먹으면 언제나 능동적으로 감정을 바꿀 수 있는 존재임을 잊지 말자. 그것만으로도 큰 힘이 될 것이다.

부정적인 감정이 느껴진다면

당신은 부정적인 감정에 능동적으로 대처할 수 있는 존재다. 감정을 동사로 표현해보자. 또한 당신의 마음에 부정적인 생각이 가득하다면 당신이 몰입할 수 있는 행동을 통해서 마음의 공간을 부정적인 감정이 아닌 긍정적인 감각으로 채워보자.

부정적인 감정을 내 편으로 만드는 법

......

다른 일에 집중해도 그 순간만 괜찮을 뿐, 다시 부정적인 감정에 사로잡힐 때도 있다. 특별한 이유도 없는데 말이다. 이런 경우에는 부정적인 감정을 들여다봐야 한다. 감정은 우리에게 보내는 일종의 메시지이다. 이 메시지는 마음 깊은 곳의 욕망을 알려주는 신호로 우리의 진짜 마음을 알려준다. 우리는 이를 통해 숨은 욕망을 찾아내어 적절히 해소해야 한다. 만약 욕망이 보내는 신호를 무시하여 이를 해소하지 못하면, 욕망은 사라지지 않은 채 계속 당신을 불편하게 할 것이다. 고속도로에서 운전하고 있는데 화장실에 가고 싶은 상황과 같다. 화장실을 가고 싶은 욕망이 크면 아무리 운전에 집중해도 불편함은 사라지지 않는다. 그때는 빠르게 휴게소에 들려서 볼일을 보는 것이 우선이다. 마음도 마찬가지다. 먼저 당신의 숨은 욕망을 찾아내어 해소하는 것이 우선이고, 먼 길을 나서는 것은 그 후의 일이다.

정신과의사 성유미 원장님과 인터뷰를 진행한 적이 있다. 원장님은 나에게 '요즘 어떤 감정이 느껴지냐'고 물었다. 그 당시에 나는 공허하고 쓸쓸한 감정을 느끼고 있었다. 그래서 '공허한 감정을 느끼고 있다'고 대답했다. 그러자 원장님은 '그럴 때 어떤 생각이 떠오르는지'를 물었고, 나는 '내가 무엇을 해야 할지 모르겠다'라는 생각이 스쳐 지나갔음을 깨달았다.

그때 나는 유튜브 채널을 지속하는 것에 무기력을 느낌과 동시에, 미래를 위한 변화가 필요하다고 느꼈던 것 같다. 나에겐 미래에 대한 불안과 현재의 매너리즘에서 벗어날 수 있는 실질적인 변화가 필요했다. 인터뷰가 끝나고선 앞으로의 방향성을 재탐색했다. 그다음 새로운 행동을 했고 마침내 공허함을 극복할 수 있었다. 모두 공허함을 느낀다는 것을 자각함으로써 얻어낸 결과였다. 불편했지만 부정적인 감정을 읽음으로써 내가 진짜 원하는 것을 알아차리고, 이에 적절하게 대응할 수 있었다. 공허함뿐만 아니라 불안감이나 분노, 수치심 등의 감정도 마찬가지 역할을 한다. 아무 이유도 없이 특정한 감정이 느껴진다면 자세히 들여다봐야 한다. 그렇다면 어떻게 감정을 통해서 욕망을 찾아낼 수 있을까? 자신의 욕망을 알아차리기 위해서는 스스로에게 물어야 한다. 종이를 꺼내서 질문에 대한 답을 적어보도록 하자.

"당신은 최근 어떤 감정을 자주 느꼈는가?"

지금 이 순간, 잠시 하던 것을 멈추고 마음에서 피어오르는 감정에 집중해보자. 그리고 그 감정이 당신에게 말하고자 하는 바가 무엇인지 생각해보자. 당신이 가장 원하는 게 무엇인지 적어보고, 왜 그렇게 생각하는지 시간을 들여 써보자.

'당신은 무엇을 하고 싶은가?'
그리고 '어떻게 되고 싶은가?'
그렇다면 '왜 그렇게 되고 싶은가?'
그러면 '당신이 해야 하는 행동은 무엇일까?'

앞서 말했듯, 나에게 표면적으로 느껴진 감정은 '공허함'이었다. 그리고 그걸 통해서 '새로운 변화가 필요하다'라는 심층적인 욕망을 찾을 수 있었고 나아가 '재탐색'이라는 방향성을 찾는 데까지 이어질 수 있었다. 자, 이제 당신 차례이다. 당신의 숨은 욕망을 찾아보

자. 그리고 당신이 가진 욕망을 현실에서 어떻게 실현할 수 있는지 구체적인 방법을 떠올려보자.

진짜 당신이 원하는 마음의 욕망을 찾기 어려울 수도 있다. 그럴 때는 당신을 둘러싼 환경 속에서 욕망을 찾아볼 수 있다. 성유미 원장님은 굉장히 흥미로운 방법을 알려줬는데, 바로 미디어 속 알고리즘을 통해 자신의 욕망을 탐색하는 것이다.

유튜브를 켰을 때 처음 화면에 보이는 콘텐츠들은 무엇인가?

단순히 재미로 본 게 아니라 삶의 변화를 위해서 찾아본 콘텐츠가 있는가?

인스타그램 등의 소셜미디어를 통해서 무엇을 봤고 무엇을 찾았는가?

브라우저 검색란에 무엇을 검색했는가?

알고리즘은 당신에 대해 많은 것을 알고 있다. 이를 단순히 콘텐츠 추천해주는 용도로 생각하지 말고 당신의 숨은 욕망을 찾는 데 이용해보자. 미디어상의 알고리즘뿐만 아니라 실제 당신을 둘러싼 환경에서도 욕망을 찾을 수 있다.

최근에 무엇을 샀으며 어떤 책을 재미있게 읽었는가?

의미 있다고 느껴지는 경험이나 기억에 남는 강의가 있다면 무엇인가?

내가 최근 찾아본 유튜브 영상은 '책을 베스트셀러로 만드는 법'이었다. 무서울 정도로 나의 욕망을 잘 드러내는 키워드다. 최근에 산 책은 《마음의 법칙》과 《이렇게만 하면 장사는 저절로 됩니다》였다. 전자는 베스트셀러에 오른 책이라 참고삼아 구매했고, 후자는 심리상담센터를 열려는 계획이 있어 입지 분석 차원에서 구매했다. 이렇게 최근에 구입한 것들은 현재 내가 어떤 욕망을 가지고 있고 무엇에 관심 있는지를 알려준다. 무심코 지나칠 수 있는 것들이 하나하나 내면을 탐색할 수 있는 좋은 소스가 된다.

어쩌면 당신이 느끼는 부정적인 감정은 마음속에 풀리지 않는 실타래에서 삐져나온 한 가닥일 수도 있다. 앞에서 언급한 콤플렉스다. 그래서 당신은 복잡한 마음을 마주하지 못하고, 외부의 인정에만 초점을 맞추어 살아왔을 수 있다. 이제는 엉킨 실타래를 풀어야 한다. 마음은 눈에 보이지 않지만 우리의 행동에 직접적인 영향을 준다. 그리고 행동은 우리의 인생을 결정짓는다. 그러니 마음을 바로잡지 않으면 우리의 인생은 크게 흔들릴 수 있다.

보통은 태도로 묻어나온다. 누군가에게 지나치게 의존적이거나 강압적이거나 욱하거나 숨기거나 착하거나 완벽하려는 등의 모습을 보인다. 결국 본인이 가장 잘 알 것이다. 인생을 살아가는 데에 반복적인 문제로 나타난다는 것을. 이런 태도가 나타날 때는 특정한 감정도 함께 나타날 것이다. 이런 감정이 느껴질 때는 신뢰할 수 있는 누군가에게 이야기해보자. 그리고 다른 방식으로 행동해보자. 보통 심리상담을 받는 이유는 그런 안전한 존재가 주변에 없기 때문이다. 경우에 따라서는 심리상담을 받아보는 것도 도움이 된다. 그래서 나의 억압됐던 감정을 표현하고 지금까지와는 다르게 행동해보자. 거절하지 못하는 사람이었다면 거절해보고, 완벽하지 않은 모습을 보여주기도 하고, 마음속 깊은 곳의 나약함도 표현해보고 괜찮다는 위로를 받아보자. 실제로 괜찮으니, 과거의 실타래를 하나하나 조금씩 풀어나가는 것이다. 결국 감정을 통해서 자신의 마음을 들여다보고 표현하는 것이 필요하다. 부정적인 감정을 그 자체로 받아들이고 마음 깊숙한 곳에 억압하지 말자. 당신 마음속의 감정엔 옳고 그른 것은 없으니까. 모두 존중받아 마땅한 감정들인 것이다. 그러니 부정적인 감정을 당신의 내면을 들여다볼 좋은 기회로 받아들이고 조금씩 표현해보자.

이렇게 감정은 우리에게 다양한 것들을 알려준다. 이는 성장에 대한 욕구일 수도, 마음의 불균형을 바로잡고자 하는 욕구일 수도, 인간관계를 개선하고자 하는 욕구일 수도 있다. 이는 모두 변화에 대한 목소리다. 당신에게 느껴지는 부정적인 감정을 회피하거나 억압하지 말고, 자신의 내면을 들여다보는 통로로 활용하자.

진짜 욕구를 찾는 방법

① 자신에게 질문하는 방법
- 당신은 무엇을 하고 싶은가?
- 왜 그렇게 되고 싶은가?
- 그것을 위해 해야 할 일은 무엇인가?

② 알고리즘으로 찾는 방법
- 최근에 의미 있게 봤던 콘텐츠는 무엇인가?
- 인터넷에 무엇을 검색해봤는가?

③ 환경 속에서 찾는 방법
- 당신이 최근 흥미롭게 들은 강의나 이야기가 있는가?
- 당신이 최근 구매한 것은 무엇인가?

그럼에도 내가 노력했음을 기억하라

······

내가 초등학교 1학년 때, 엄마가 불치병에 걸렸다. 평생 고통받아야 하는 병이라는 사실을 알았을 때 그녀의 나이는 고작 34살이었다. 온몸의 관절마다 고통이 찾아오는 류머티즘이라는 병 때문에 시간이 지날수록 관절은 녹아내렸고 몸은 변형되어 갔다. 엄마가 화장실을 가는 시간은 통곡의 시간이었다. 나중에는 이마저도 가지 못하게 되어 침대에서 파란 양동이 위에 용변을 보기도 했다. 그리고 뒤처리는 나의 몫이었다. 부모에게 사랑받고 보호받아야 할 아이 곁에는, 자신의 엄마를 찾으며 눈물 흘리는 한 여자가 있었고 당연히 나는 부모의 사랑과는 거리가 먼 유년 시절을 보낼 수밖에 없었다.

내가 심리학을 배운 이유는 여기에 있었다. 부모에게 받지 못한 사랑을 타인에게 받고 싶었다. 사랑받지 못해 스스로가 괜찮은 존재라는 믿음이 없었기에 나 자신을 괜찮은 사람이라고 믿고 싶었다. 하지만 심리학을 배우면서 아주 씁쓸한 사실을 알게 됐다. '어린 시절에 형성된 성격은 변하지 않는다'는 것. 이때의 나는 부모님을 원망할 수밖에 없었다. 나는 완벽한 음수인간이었다. 그렇지만 나중에 알게 됐다. 어린 시절에 형성된 성격은 변화시키기 어려울 뿐이지, 충분히 바꿀 수 있는 영역이라는 사실을 말이다. 한국 상담심리학의 대가 장성숙 교수는 이렇게 이야기했다.

"인간이 후천적으로 터득한 것 중에 바꾸지 못하는 것은 없다."

그것이 부정적이든 긍정적이든, 환경에 의해서 배운 것은 얼마든지 학습으로 바꿀 수 있다는 말이다. 만약 부정적인 유년 시절의 경험으로 어려움을 겪은 사람일지라도, 충분히 원하는 모습의 사람이 될 수 있다는 말이다. 그렇다면 어린 시절의 부정적인 경험에서 벗어나기 위해 필요한 것은 무엇일까? 아이러니하게도 첫 단계는 '어린 시절의 부정적인 경험에서 벗어나기 어렵다'는 사실을 인정하는 것이다.

어린 시절의 경험은 이미 일어난 사실이다. 이미 일어난 경험에 대한 기억을 지운다는 것은 다시 태어나지 않는 이상 불가능하다. 이미 벌어진 그 경험이 당신에게 여러 가지 부정적인 영향을 미친다는 사실을 받아들이는 것이 첫 번째다. 이것이 '수용'이다. 어린 시절에 사랑받지 못했던 기억이 현재에 어떤 영향을 줄 수 있을까? 타인과의 인간관계를 맺는 것에 있어서 어려움이 있을 수 있고, 자존감이 낮을 수 있다. 때로는 특정 상황에서 부정적인 감정이 올라오기도 할 것이다. 여기서부터 시작하는 게 좋다. 부모에게 사랑받지 못했다는 사실이 무척 슬프고 안타깝지만, 그것은 당신의 탓이 아님을 기억하는 것이다. 만약 자책하는 마음이 들거나 수치심이 느껴진다면 자신의 탓이 아니라는 것을 의도적으로 상기하자. 어쩌면 스스로를 탓하는 마음은 부모에게 사랑받지 못했던 어린 시절의 당신이 자신을 보호하기 위한 방어기제일 수 있으므로. 부모님을 원망하는 것보다 스스로를 사랑받을 자격이 없는 사람이라고 생각하는 것이 더 받아들이기 쉽기 때문일 수 있다. 그러나 그것은 사실이 아님을 기억하자.

부모는 왜 나를 힘들게 했을까? 나의 경우, 현실적인 어려움을 대처하기도 버거운 상황이었다. 나를 돌봐줄 여력이 안 됐다. 그리고 그런 상황을 극복하기에 심리적 자원이 넉넉한 사람도 아니었다. 생각해보면 지금의 나보다도 어린 청년이 극복하기엔 너무나 버거운 현실이었으리라. 자, 당신 차례다. 이렇게 당신의 어린 시절에 어려움을 겪었던 상황을 객관적으로 관찰해보자.

당신의 부모는 현실적으로 어떤 상황이었는가?
부모님의 부모는 당신의 부모님에게 어떤 자원을 물려줬는가?

부모님이라는 딱지를 떼고 그들을 한 명의 인간으로 바라보자.

그들은 어떤 인간이었는가?
음수인간이었는가? 양수인간이었는가?

어쩌면 그들은 당신이 이해하기 어려운 사람일 수도 있다. '어떻게 부모가 그렇게 할 수 있지?'라고 생각할 수도 있다. 그만큼 그들은 심리적 자원이 부족한 음수인간이었으리라. 굳이 그들을 이해하거나 공감할 필요는 없다. 더욱이 지금 그들과 잘 지내기 위해 노력하거나 용서할 필요도 없다. 그냥 '그런 사람이었다'고 그들의 한계를 아는 것만으로도 충분하다. 그리고 그 안에서의 당신을 살펴보자.

그 속에서 자란 당신은 어떤 어려움을 겪었는가?
그리고 어떤 행동을 했는가?

아마 당신이 그런 행동을 선택한 것은 '사랑받기 위해' 혹은 '살아남기 위해' 할 수 있는 유일한 선택지였기 때문일 것이다. 아이에겐 부모가 세상의 전부다. 부모가 엉망진창이라는 것은 세상이 무너져 내리는 고통을 경험하는 것과 같다. 그런 상황 속 당신의 선택은 살아남기 위한 타당한 행동이었다. 그리고 그때의 행동은 아직도 당신에게 흉터로 남아 간접적으로든 직접적으로든 영향을 주고 있을 가능성이 높다.

그렇기에 지금의 당신이 해야 하는 것은, "나는 왜 이렇게 구제 불능이지?"와 같은 자기혐오가 아니라, "그럼에도 불구하고 나는 최선의 노력을 다했구나"와 같은 자기 연민이다. 당신은 그런 일을 겪었음에도, 앞으로 나아가기 위해 살아가기 위해 이 책을 읽는 노력을 하고 있다. 당신은 이미 용기를 내는 양수인간이라는 사실에 자부심을 느끼자. 그러므로 당신을 책망할 필요도 없고 다그칠 필요도 없다. 만약 당신이 무기력했던 과거와 현재의 모습 속에서의 자신을 원망했다면 이제는 용서해주자. 당신이 겪는 어려움은 그때의 생존 전략이었으므로 이제는 과거에서 자유로워져도 괜찮다.

그다음 당신이 해야 할 일은 '소통'이다. 만약 당신의 가장 소중한 사람이, 혹은 믿을 수 있는 사람이 당신의 아픈 과거를 듣게 된다면 뭐라 말할 것 같은가? 아마도 이렇게 말하지 않을까?

"너의 잘못이 아니야."
"지금의 넌 달라졌다고 말해주고 싶어."
"그것이 너를 판단하는 기준은 아니야."
"많이 힘들었지? 고생 많았어."

'놀면서 배우는 심리학' 유튜브 커뮤니티에 이런 설문을 올렸다.

'당신이 타인에게 들었던 가장 힘이 됐던 말은 무엇인가요?'

평소보다 훨씬 많은 댓글이 달렸고, 그중에 몇 개를 선택해서 대화 카드를 만들 계획이다. 위의 글귀들은 그중 일부다. 누군가는 이 말을 듣고 살아갈 힘과 용기를 얻었다. 어떤 누군가는 이 말을 함으로써, 소중한 사람이 무너지는 것을 막을 수 있었다. 그래서 나는 당신에게 이 말을 해주고 싶다. 그리고 이 말을 스스로에게 해주길 권한다. 어린 시절 당신에게 지금의 당신이, 과거의 음수인간에게 지금의 양수인간이 꼭 해주면 좋겠다.

"지금까지 고생 많았어. 이제부터 달라질 거야."

더불어 당신의 가장 소중하고 믿을 수 있는 사람에게 당신이 듣고 싶은 말을 해달라고 이야기할 수 있기를 바란다. 자기 자신에게 이야기 듣는 것도 좋지만 타인에게 당신이 듣고 싶은 이야기를 듣는 건 당신의 마음을 회복하는 데에 큰 도움이 되기 때문이다. 특히 스스로 가치 없다고 생각하는 경우 아무리 내가 나에게 괜찮다고 말해도 진실로 와닿지 않지만, 타인이 진심으로 말을 건네주면 마음에 깊은 여운을 남길 수 있다.

한 가지 당부하고 싶은 것은, 만약 스스로에게 위로의 말을 할 때 마음속으로 그 말을 부정하게 된다면, 다시 처음으로 돌아가서 당신의 부모와 당신의 과거를 수용하는 것부터 시작하라는 거다. 부모님을 용서하라는 말이 아니다. 단지 그때의 부모님과 당신이 그럴 수밖에 없는 상황과 수준이었음을 인정하자는 말이다. 진정으로 부모님과 당신의 과거를 수용할 수 있을 때, 당신 스스로 자신을 용서할 수 있고, 위로의 말을 자신에게 진정으로 건넬 수 있을 것이다. 그렇게 결국 당신이 과거를 수용할 수 있다면, 더 이상 과거에 얽매이지 않을 수 있다. 과거를 그저, 그 누구의 잘못도 아닌 하나의 현상으로서 바라보게 되는 것이다.

마지막으로, 당신에게 필요했던 것은 무엇인지 생각한다. 어린 시절 힘든 상황 속에서 당신이 선택지가 하나밖에 없었던 그때, 당신에게 정말 필요했던 것은 무엇인지 생각해보자. 그리고 지금, 그때 충족되지 못한 욕구를 충족시키기 위해서는 무엇이 필요한지 생각해보자. 그것은 사랑하는 사람이 될 수도, 당신만의 안전한 공간이 될 수도, 당신을 지지해주는 사람을 만나는 것일 수도 있다. 어린 당신에게 필요했던 것을 이제 어른이 된 당신이 능동적으로 만들어 보자. 그렇게 하나씩, 그리고 천천히 당신의 과거에서 자유로워지자.

그때 그들은 그럴 수밖에 없었음을 수용하자. 그리고 그 속에서 당신도 그렇게 행동할 수밖에 없었음을 수용해보자. 그리고 당신에게, 지금의 당신은 다르다고 위로의 말을 건네보자. 만약 당신을 소중하게 여기는 사람이라면 당신의 이야기를 듣고 당신에게 무슨 말을 하겠는가? 그 말을 스스로에게 해주자.

어린 시절의 덫에서 벗어나는 방법

당신의 부모는 과거에 어떤 사람이었고 어느 정도의 지식과 인성을 갖춘 사람이었나?
이렇게 되물으면서 어린 시절의 상처에서 벗어나본다.

결과는 세상이, 시작은 내가 만든다

......

정말 소중한 사람이 나를 떠나는 일, 열심히 한 노력이 물거품 되는 일, 잘될 거라고 믿었지만 좋지 않게 흘러가는 일, 나에게 큰 실망감이나 좌절감을 안겨주는 일 등을 겪은 적이 있는가? 나의 경우, 최근 몇 년간 열심히 준비한 프로젝트가 처참히 실패했다. 노력을 많이 하며 준비한 일이었지만 결과는 예상과 달랐다. 성공은커녕, 그 프로젝트를 진행하기 위해 국가에서 받은 지원금, 쏟아부은 시간, 지금까지 모은 돈의 상당 부분을 잃게 됐다.

그래서 나는 어땠을까? 우울했고 좌절했다. 뜻대로 되지 않는다는 생각에 분노도 느꼈다. 그렇지만 그 감정들은 신기할 정도로 오래가지 않았다. 왜냐하면 그런 일은 누구에게나 일어날 수 있다는 사실을 알기 때문이었다. 내가 노력했다고 해서 항상 결과가 좋을 거라는 믿음은 환상이다. 내가 사랑한다고 해서 그 사람도 나를 사랑할 거라는 믿음도 환상이다. 내가 배려한다고 해서 상대도 나를 배려할 거라는 믿음도 환상이다. 믿을 수 있는 단 한 가지의 진실은, 세상은 불확실하다는 사실 뿐이다. 불편하지만 이 진리를 마음에 품고 사는 것이 오히려 도움이 된다.

만약 '열심히 노력하면 결과가 좋아야 한다'는 믿음에 사로잡히면, 실패했을 때 나는 새로운 도전을 하기보단 세상을 원망할 것이다. 그리고 노력해도 안 되는 세상이라며 푸념하고 다가오는 기회마저도 차버릴 것이다. 인간관계에서 '가는 말이 고우면 당연히 오는 말도 고울 거다'라는 믿음을 가진다면, 타인에게 휘둘릴 수밖에 없다. 왜냐하면 타인의 부정적인 태도는 나에게서 비롯된다고 생각하기 쉽기 때문이다. 이런 일들이 반복되면 자신에 대한 불신이 생기면서 좋은 사람을 만날 기회를 애초에 차단하고 말 것이다. 그리고 고립은 또다시 스스로에 대한 불신으로 이어지는 악순환으로 이어질 것이다.

반면, 세상이 불확실하다고 믿는다면 이야기는 달라진다. 열심히 노력해도 결과가 좋지 않을 수도 있고, 내가 상대에게 고운 말을 했더라도 나쁜 말이 돌아올 수 있다. 노력하면 결과가 좋아질 '확률'이 올라가는 것이지 절대적으로 확실한 결과가 나오는 건 아니기에, 그 어떤 결과를 만나더라도 크게 실망해서 꺾이거나 혼자만의 세계에

간혀버리지 않을 수 있다. 세상이 불확실하다는 사실을 마음에 품고 사는 것에는 하나의 장점이 더 있다. 언제나 새로운 도전을 할 수 있다는 것이다. 언제든 좋은 결과가 나올 수 있고, 언제든 좋은 사람을 만날 가능성이 있으니까. 불확실하고 예상할 수 없는 세상이기에 희망을 품을 수도 있는 것이다.

불확실한 세상에 맞설 수 있는 가장 좋은 방법은 무언가를 '시작' 하는 것이다. 결과는 세상에 의해 만들어지지만, 시작은 온전히 당신에게서 비롯되기 때문이다. 비록 그 결과가 생각대로 되지 않을지라도 당신이 선택한 것이므로, 당신은 능동적으로 삶을 개척한 것이다. 양수인간은 결과가 아니라 시도와 노력의 과정으로 만들어진다.

그러니 시작에 두려움을 갖지 않길 바란다. 결과가 좋지 않을까 봐 시작하지 못하거나 인연을 맺지 못하는 사람이라면 부디 다르게 행동하길 바란다. 아무것도 하지 않음을 선택해서 당신이 할 수 있는 유일한 선택지인 시작이라는 기회를 포기하지 않길 바란다. 0에 무한대를 곱해도 결국 결과는 0이다.

나는 당신이 심리학을 통해서 끊임없이 양수의 사람으로 거듭났으면 좋겠다. 당신이 음수의 사람이 되는 순간, 타인과 세상 속에서 마이너스(-)가 될 것이다. 나는 당신의 음수인간이 되지 않기를 희망

한다. 당신이라는 작은 씨앗을 조금씩 키워가는 것은 어떨까? 세상
은 결국 당신이 만들어가는 것이다.

관계 나를 지키며 사람을 만나는 법

인간관계에서 무조건 지켜야 하는 한 가지 원칙
......

얼마 전, 인터넷에 누군가가 쓴 글이 기억에 남는다.

'사람을 어디까지 믿어야 할까?'

이 말의 여운은 꽤 오래 남았다. 나도 믿었던 누군가에게 상처받은 경험이 있기 때문이다. 많이 믿었던 누군가에게 배신당하면 상처받는다. 그런데 한 가지 알아야 할 사실이 있다. 그렇다고 아무도 믿지 못하면 불행해진다는 것. 그래서 비록 그때 그 사람의 글에 댓글은 달지 않았지만, 지금이라도 내 생각을 말해주고 싶다. '그 사람이 없더라도 무너지지 않을 만큼만 믿으세요'라고. 아무리 소중한 사람이라도 그 사람의 부재가 나의 존재의 의미를 지워버릴 정도라면, 건강한 관계라고 할 수 없다. 그러니 타인과의 명확한 경계선을 갖는 것은 그토록 중요하다. 하지만 동시에 그만큼 좋은 인간관계를 유지하는 것도 중요하다. 인간은 혼자 살 수 없기 때문이다.

누군가에게는 안정감이나 재미, 즐거움 같은 정서적인 부분이 필요할 수 있다. 또 다른 누군가에게는 주고받을 게 있는 비즈니스 관계가 필요할 수도 있다. 아주 다양한 관계의 형태와 관계의 이유가 있지만, 결국 내가 타인에게 무언가 얻을 것이 있기에 관계를 맺는다. 물론 타인도 나에게 무언가 얻는 것이 있으니, 인간관계의 근본은 상생의 구조인 셈이다. 정리하자면, 인간관계 자체가 문제가 아니라, 경계선이 엉망인 인간관계가 문제다.

관계를 맺는 본질적인 이유는 내가 타인의 도움이 필요하고, 타인도 나의 도움이 필요하기 때문이다. 초점은 '상생'이다. 그런데 문제 있는 인간관계에서는 상대가 나의 영역을 침범하거나, 내가 상대의 영역을 침범하는 경우가 많다. 나와 상대 사이에 경계선이 명확하지 않거나 반대로 둘 중 하나의 경계가 너무 단단해서다. 인간관계에서의 경계선은 울타리처럼 개인의 고유 영역을 보호하고 서로 존중하며 소통할 수 있게 도움을 줘야 하는데 말이다.

'가스라이팅gaslighting'이라는 말이 있다. 이는 어떤 사람의 존재 가치를 부정하고 작아지게 만들어 상대를 지배하려는 심리적 트릭이다. 가스라이팅을 하는 사람들은 상대에게 '당신은 틀렸고 내가 맞았어'라는 말을 끊임없이 주입한다. 상대의 고유한 영역을 침범하는 것이다. 예를 들어 이렇게 말한다. '그건 너한테 안 어울려. 넌 이런 스타일이 어울리지', '그런 거 왜 해? 난 그렇게 하는 사람 이해가 안 되더라', '봐 봐. 내가 그럴 줄 알았어', '나 아니었으면 안 될 뻔했지?' 이런 말에 '그렇다'고 말하는 순간, 나의 고유한 영역, 개성이 부정되며 경계선이 허물어진다.

누군가는 경계를 허물고 소중한 사람과 하나가 되어야 한다고 생각할 수 있다. 그렇지만 조금만 생각해봐도 이것이 얼마나 위험한 생각인지 알 수 있다. 유전적으로 같은 일란성 쌍둥이조차 각자 생각하는 방식이 다르다. 하물며 아무리 가까운 사이라도, 서로 다른 존재이며 지금까지의 경험을 통해 굳어진 자신만의 고유한 개성이 존재한다. 만약 서로가 경계선을 허물고 하나가 되어야 한다면 둘 중 누군가는 자신의 개성을 부정해야 한다. 하나가 되려면 자신의 가치를 부정해야 한다는 것도 문제이지만, 더 큰 문제는 따로 있다. 누군가와 가까워지게 된 계기를 떠올려보라. 상대의 고유한 개성에 매력을 느껴서일 것이다. 그런데 하나가 된다는 것은, 그 사람만 가지고 있는 고유한 개성을 부정한다는 의미이다. 상대를 좋아하게 된 원인을 부정하면서까지 가까워지길 바라는 마음은 욕심이자 모순이다.

좋은 관계란 각각의 개인이 만나 서로 강력한 시너지를 내는 관계이지 하나가 되는 관계가 아니다. 농구에서는 포지션별로 해야 하는 역할이 따로 있다. '가드'는 패스를 하고 '포워드'는 득점을 한다. '센터'는 골 밑에서 리바운드로 공을 차지한다. 각각 자신의 역할을 수행하는 사람들이 만나서 한 팀을 이루며 강력한 시너지를 내는 것이다. 인간관계도 마찬가지다. 각자의 역할과 가치를 존중하면서 협력할 때 시너지를 내는 좋은 관계가 만들어진다. 따라서 중요한 것은 자신과 타인의 경계를 명확하게 긋는 것이다.

그리고 경계 안에 있는 자신만의 고유한 개성을 계발해야 한다. 그러나 그 전에 가장 중요한 것은 지킬 수 있는 울타리를 설치하는 것이다. 이것은 마치 집 앞의 마당에 울타리를 세우는 일과도 같다. 그

마당에 울타리가 없다면 온갖 사람들로 어수선할 것이다. 때로는 나쁜 사람이 당신의 물건을 훔쳐 가거나 주차해둔 차에 흠집을 내기도 할 것이다. 당신이 소중하게 생각하는 사람을 초대해서 차 한 잔 마시려고 해도 마당이 잘 관리되지 않으면 낭만적인 시간을 보내기 어렵다. 우리에게는 이처럼 재산을 지킬 권리가 있듯, 마음을 지킬 권리도 있다.

때로는 당신과 잘 맞지 않는 사람을 만날 수도 있다. 하지만 누군가 당신 집 앞 마당의 감나무를 싫어한다고 해서 뽑을 필요는 없듯, 잘 맞지 않는 사람의 말에 귀 기울일 필요는 없다. 오히려 감나무를 뽑으라는 참견을 하는 사람이 무례한 사람이다. 모든 사람의 마음에 드는 마당을 가질 수는 없듯, 모든 사람에게 좋은 사람일 수도 없다. 오히려 모든 사람에게 좋은 사람은 아무에게도 매력적이지 않은 사람이다. 나아가서 자기 자신에겐 나쁜 사람이다. 자신의 고유한 개성을 발달시키지 않는 사람은 스스로에게 좋은 사람일 수 없기 때문이다. 따라서 누군가의 말에 귀 기울이기보다 당신만의 선호와 가치와 의미를 찾아야 한다.

어떻게 자신만의 경계선을 명확하게 만들 수 있을까? 첫 번째로, 앞서 4장, 5장에서 다뤘던 당신에게 의미 있는 것이나 좋아하는 것

등, 스스로에 대해 명확하게 알고 있어야 한다. 결국 자신에 대해 알지 못하면 경계의 기준을 세울 수 없기 때문이다.

두 번째는 관계에서 당신이 원하는 진짜 목표를 알아야 한다. 중요한 것은 타인이 원하는 게 아니라 '당신'이 원하는 걸 알아야 한다는 것이다. 예를 들어 사랑하는 사람과의 관계에서는 '내가 사랑받고 싶고, 내가 안정감을 느끼고 싶고, 내가 설렘을 느끼고 싶다'와 같은 명확한 기준이 있어야 한다. 그리고 그 기준이 상대와의 관계에서 충족이 되고 있는지를 따져봐야 한다. 이는 친구 사이에서도 마찬가지이고 가족과의 관계에서도 마찬가지이다. 만약 지금의 관계에서 당신의 욕구가 충족되고 있지 않다면, 그리고 앞으로도 충족이 될 것 같지 않다면, 더불어 당신이 원하는 것을 말했는데도 상대가 맞춰줄 의지가 없어 보인다면 그 관계는 다시 생각해보는 것이 좋다. 관계의 의미를 상실했기 때문이다. '언젠가는 되겠지'라는 생각은 수동적인 음수인간이 하는 생각이다. 때때로 잘못 박힌 못은 빼내야 하듯이 그 관계가 당신이 원하는 관계 아니라면 인생에서 뽑아내는 용기도 필요하다. 스스로를 피해자라고 생각하지 말고 능동적으로 선택할 수 있는 사람이라고 생각하자. 당신이 그 사람과 멀어지는 것은, 당신이 상처받았기 때문이 아니라 당신이 좋은 인생을 사는 것에 그 사람이 방해되기 때문이다.

내면의 경계선을 확립하기

타인이 나의 영역에 침범하면 좋은 관계는 성립할 수 없다. 나를 타인에게 의탁하지 않기 위해서라도 자신과 타인의 경계를 명확히 해야 한다. 내가 타인에게 허용할 수 있는 관계적 범위는 어디까지인가? 나의 고유한 개성은 무엇인가? 내면의 경계선은 여기에서부터 시작한다.

알아두면 좋은 음수인간 판별법

······

'근묵자흑近墨者黑'이라는 말이 있다. 먹을 가까이하면 검게 된다는 말이다. 내 주변에 어떤 사람들이 있느냐에 따라서 나도 그런 사람이 될 수 있다. 반대로 내가 어떤 사람이냐에 따라서 내 주변 사람들도 결정된다. 따라서 우리는 관계를 맺을 때, 그저 우연에 의지할 것이 아니라 좋은 사람들을 가까이 두려는 의식적인 선택을 해야 한다.

우선, 나까지 음수로 만드는 사람들의 몇 가지 유형을 구분해보자. 그리고 어떻게 관계를 맺을지 고민하자.

① 침해형 음수인간

침해형 음수인간이란 '자신만 옳다고 믿고 타인을 수용하지 못하는 사람'이다. 자신만이 세상의 주체이자 주연이고 타인은 자신을 위한 조연이라고 생각한다. 자신이 인생을 살아가는 주체라는 것을 알고 타인도 그의 인생에서 주인공이라는 사실을 알기에 타인의 개인적 영역을 존중하고 수용하는 양수인간과는 정반대의 모습이다. 그래서 침해형 음수인간은 어떤 상황에 놓였을 때, 자신의 마음에 들지 않는 꼴을 보지 못하며 자기 입맛대로 사람을 조종하려고 한다. 타인을 통제하고 싶은 그들의 욕구는 자신의 낮은 자존감에서 비롯된 것이다. 타인의 인정을 통해서 자신의 자존감을 높이려는 시도인 셈이다. 위에서 언급한 가스라이팅을 하는 사람도 침해형 음수인간이라고 말할 수 있다.

그렇기에 이들에게 휘말리면 위험하다. 이들이 나의 영역에 침범하는 만큼 나의 영역은 작아지기 때문이다. 마치 땅따먹기와 같다. 나의 땅이 작아질수록 상대의 땅은 커진다. 게다가 나의 영역이 작아지면 스스로가 설 자리가 작아지므로 침해형 음수인간에게 의지하려는 경향이 커진다. 이런 경향은 다시 침해형 음수인간의 통제를 허락하게 되어 악순환으로 이어진다. 심각할 경우, 모든 인간관계가 차단되고 나의 세상엔 애초에 나를 이렇게 만들었던 그 사람밖에 남지 않게 된다. 그 어떤 것도 잡을 수 없도록 팔다리가 잘린 꼴과 같다.

침해형 음수인간이 주로 사용하는 말은 이렇다.

"네가 그럼 그렇지."

"너는 내 도움 없이는 안 돼."

"아니, 근데."

"몰라도 돼."

    이 말들의 공통점은 결국 본인을 내세우고 상대를 침범하는 말이라는 것이다. "니가 그러면 그렇지"라는 말은 타인의 노력을 폄하하는 말이다. "너는 내 도움 없이는 안 돼"라는 말은 자신을 내세우는 말이다. 타인이 말하는 도중에 "아니, 근데"라며 말을 끊는 것은 타인의 입장을 무시하는 말이다. "몰라도 돼"는 타인의 생각을 무시하는 말이다. 이들은 끊임없이 상대를 깎아내리며 자신의 우월함을 확인하려고 한다. 이런 말들을 한다고 해서 무조건 침해형 음수인간이라는 것은 아니다. "몰라도 돼"라는 말이 자기 보호를 위해서 쓰일 때도 있고, "아니, 근데"라는 말이 중요한 말을 하기 위해서 혹은 자기방어를 위해서 사용될 때도 있다. 말이란 맥락에 따라 달라질 수도 있다는 것을 기억하자. 그러나 말의 의도가 당신을 폄하하면서 본인을 내세우기 위함이거나 이러한 패턴들이 지속적으로 관계에서 나타난다면 상대와의 관계를 진지하게 생각해볼 필요가 있다.

② 헌신형 음수인간

헌신형 음수인간은 겉보기엔 상대를 위하는 것처럼 보인다. 실제로도 상대를 위해 헌신하고 상대를 사랑한다. 하지만 이들은 자신과 상대의 경계를 잘 구분하지 못한다. 그래서 침해형 음수인간처럼 타인의 영역을 침범한다. 다만 침해형 음수인간은 자신을 위해서 타인의 영역을 침범하지만, 헌신형 음수인간은 상대에게 헌신할 의도로 상대의 영역을 침범한다. 다시 말해, 상대가 자유롭게 행동할 의지와 성장할 가능성, 자신이 직접 느껴야 할 값진 인생의 의미를 빼앗는 셈이다.

지속적으로 행동할 자유를 박탈당한 사람은 결국 행동하기를 포기하게 된다. 그리고 자신에게 헌신하는 헌신형 음수인간에게 의존하게 된다. 선한 의도에서 행해진 행위가 오히려 장기적인 관점에서 상대를 의존시키는 것이다. 이것을 '인에이블링enabling'이라고 한다. 헌신형 음수인간의 무분별한 헌신은 인에이블링으로 이어지기 쉽다. 이는 마치 건강하지 않은 부모 자식 관계와도 같다. 어린아이는 성장하기 위해서 시행착오가 필요하다. 그러나 헌신형 음수인간은 아이가 시행착오를 경험하지 못하게 만든다. 아이가 힘들어하는 모습을 보고 안타까운 마음에 대신해주기 때문이다. 그 결과, 아이는 부모가 없으면 아무것도 하지 못하는 미성숙한 인간으로 자라게 된다.

초등학생이 된 아이가 방학 숙제를 하지 못한 상황을 생각해보자. 이때 부모가 아이의 숙제를 대신 해주는 게 그 아이의 인생에 도움이 될까? 그 순간의 위기는 모면할 수 있겠지만 아이는 자신의 행동에 책임지는 법을 배우지 못할 것이다. 더욱이 비슷한 상황을 맞닥뜨릴 때마다 부모에게 습관적으로 의지하게 될 것이다. 부모는 다시금 안타까운 마음에 아이를 대신해서 문제를 해결해주게 되어 악순환에 빠질 것이다. 선의, 헌신, 사랑이라는 이름 아래 상대를 음수인간으로 만드는 것이다.

헌신형 음수인간들은 '인간으로서 해야만 하는 마땅한 도리'를 지나치게 중시하는 must의 사고를 가지고 있다.

'부모님의 말씀에 반드시 따라야 해.'
'자식을 위해서 어떤 희생이라도 치를 수 있어.'
'사랑하는 사람을 위해선 뭐든지 할 수 있어.'
'나는 좋은 사람이어야 해.'

이러한 경직된 사고들은 자신의 주관에 갇히게 만든다. 그렇기 때문에 상대를 도와주지 않는 것이 장기적으로 상대와 자신을 위하는 일임에도 그 순간이 불편함을 참지 못해 상대의 영역을 침범하게 되는 것이다. 그들의 무조건적인 헌신은 상대의 성장을 가로막을 뿐만 아니라 결국 본인도 파괴한다. 본인이 가진 시간과 에너지는 한정되어 있기 때문이다. 상대가 자신에게 의지하면 의지할수록 나의 시간과 에너지를 상대에게 빼앗길 수밖에 없다. 결국, 자신의 인생은 뒷전으로 밀리고 상대의 인생만 중요하게 되는 주객전도의 상황으로 발전할 수 있다.

이 말을 어려움에 처한 소중한 사람을 못 본 척하라는 말로 오해하면 곤란하다. 중요한 것은 상대가 성장할 기회, 책임질 기회, 주체적으로 자신의 삶을 만들어나갈 기회를 박탈하면 안 된다는 말이다. 나의 삶에서는 내가 주체가 되어야 하듯이, 상대의 삶에서는 상대가 주체여야 한다. 그러니 자신이 도와줄 수 있는 한계를 인정하고 상대가 할 수 있는 영역을 존중하는 자세가 필요하다. 나의 도움이 사랑이라는 이름의 헌신일지라도 말이다. 상대가 먼저 도움을 청할 때까지 참고 기다리거나 때로는 상대가 도움을 요청해도 거절할 용기가 필요한 것이다.

③ 순응형 음수인간

순응형 음수인간은 자신에게 확신을 갖지 못한다. 자신이 무엇을 좋아하고 싫어하는지, 삶의 의미가 무엇인지 등 자신에 대해 잘 모른다. 그래서 마치 지푸라기로 지은 집처럼 위태롭다. 그들은 능동적으로 무언가를 선택할 때 불안함을 느낀다. 그래서 타인에게 의존함으로써 불안감을 해소하려고 한다. 심지어는 스스로 해야만 하는 선택까지 타인에게 의존하는 경향을 보인다. 그런 탓에 순응형 음수인간은 가스라이팅을 하는 사람들의 타깃이 되기 쉽다.

순응형 음수인간은 자신에 대한 확신이 없으므로 타인의 말에 쉽게 휘둘린다. 또한 자신의 선호가 불명확하고 타인에게 의존하므로, 거절하기를 어려워한다. 선택에 대한 불안과 타인에 대한 의존은 상대가 떠날지도 모른다는 두려움을 만들고, 상대가 중요해진 만큼 상대의 말이나 표정, 행동 등을 크게 부풀려서 생각하게 된다. 그래서 상대에게 과도하게 맞추고 집착하게 된다. 이렇게 상대에게 맞추려고 노력할수록 그들은 더욱더 자신의 개성을 잃어간다.

결국 상대는 순응형 음수인간에게 점점 매력을 느끼지 못하게 된다. 오로지 상대에게 맞추는 것에만 신경을 쏟는 순응형 음수인간은 분명 착한 사람으로 느껴지는데 더 이상 궁금하지도 알고 싶어지지도 않는 사람이 되고 만다. 결국 타인에게 버림받지 않기 위한 그들의 노력은, 상대를 떠나게 만든다.

순응형 음수인간은 앞서 언급한 인에이블러가 되기도 쉽다. 타인에게 잘 보이려고 노력하다 보니 타인이 해야 할 일을 대신 떠안기도 한다. 물론 이는 상대가 어려운 상황에 처한 모습을 견디기 힘들어 대신 책임을 떠안는 헌신형 음수인간과는 다르다. 순응형 음수인간은 상대가 떠날지도 모른다는 불안 때문에 책임을 떠안는 것이다. 그렇지만 인에이블링이라는 형태로, 상대를 자신에게 의존하게 만든다는 면에서 같은 결과를 만든다.

자신의 존재를 타인을 통해 확인하려는 순응형 음수인간에게도 고유 가치는 있다. 단지 자신에 대한 확신을 갖지 못할 뿐이다. 그래서 타인이 자기 영역을 침해하면 분노와 수치심을 느끼면서도 상대가 떠날지 모른다는 두려움에 자기감정을 표출하지 못하고 계속 쌓아둔다. 그러나 감정은 쌓이면 폭발하기 마련이다. 결국, 그들은 별것 아닌 일로 갑자기 폭발적인 화를 내거나, 분노가 자신에게 향해 우울해지거나 자신을 파괴하는 충동적인 행동을 하게 될 수 있다.

이러한 순응형 음수인간은 자신과 타인의 명확한 경계선을 세울 필요가 있다. 그리고 경계선 안의 자신의 영역을 발달시키는 연습이 필요하다. 모든 사람에게 좋은 사람이 될 수 없다는 것을 인정하고 자기 내면에 집중하는 연습을 해야 하는 것이다.

④ 완고한 음수인간

네 번째 유형인 완고한 음수인간은 너무 경계가 완고한 경우이다.

좋은 관계란 서로의 명확한 경계선을 지키며 자신의 영역에 있는 것들을 보여주고 공유할 수 있는 관계를 말한다. 마치 서로 우호적인 나라끼리 무역을 하며 성장하듯, 인간관계도 개인들이 자신이 가진 자원을 주고받으며 성장할 수 있다. 그런 관계가 좋은 관계다. 그런데 완고한 음수인간은 모든 나라와의 교류를 단절해버리는 쇄국 정책을 펼치는 나라와 같다.

완고한 음수인간은 순응형 음수인간과 비슷하게 자신에 대한 확신이 없다. 다만 순응형 음수인간과는 다르게 타인에게 의존하는 것이 아닌, 타인을 차단하는 형태로 불안을 해결하려고 한다. 따라서 타인에게 자신의 내밀한 감정이나 욕구 등을 표현하지 못한다. 또한 스스로도 자신의 내면을 들여다보는 것을 주저하므로 자신의 감정이나 욕구를 잘 인지하지 못하는 경향이 있다.

완고한 음수인간에겐 자신과 타인 사이의 두꺼운 경계선은 오로지 자신을 보호하기 위한 장치이다. 그래서 완고한 음수인간은 아무리 가까운 사이라도 일정 거리 이상을 유지하려는 경향이 있다. 만약 상대가 자신이 생각한 거리보다 가까이 다가오면 자신만의 영역을 침해했다고 여겨 불쾌함을 느끼기도 한다. 상대의 순수한 호기심을 자신에 대한 침해나 공격으로 오해해서 받아들이는 것이다. 결국 자신을 보여주지 않는 완고한 음수인간의 인간관계는 피상적인 관계로 끝나게 될 가능성이 높다.

그들이 타인에게 관심이 없는 것은 아니다. 오히려 마음 깊숙한 곳에 상대와 가까워지고 싶은 친밀감에 대한 욕구를 가지고 있다. 그러나 자신의 있는 그대로의 모습을 보여주면 상대가 떠날지도 모른다는 두려움 때문에 자기가 먼저 관계를 차단한다. 관계를 차단하는 선택은 버림받을지도 모른다는 불안감을 줄이는 데 도움이 될지도 모른다. 그러나 평생을 혼자 공허함과 외로움을 견디며 살아야 한다는 다른 불편함을 만든다.

결국 좋은 관계를 위해서는 자신의 진정성을 보여줘야 한다. 그러기 위해선 스스로 확신할 수 있도록 경계선 안의 자신의 영역을 들여다보고 개발해야 한다. 또한 자신의 내밀한 영역을 상대에게 보여줘도 안전하다는 것을 경험할 필요도 있다. 그러기 위해서는 용기가 필요하다. 자신의 진짜 모습을 상대에게 보여주는 것, 그것이 진정성 있는 관계의 출발이다.

네 가지 유형의 음수인간을 일상에서 만나기는 어렵지 않다. 지금 당신 곁에도 이 네 가지 유형에 속하는 음수인간이 있을 것이다. 어쩌면 당신 자신이 여기에 해당할지도 모른다. 그러나 너무 걱정하지 않아도 좋다. 건강하지 못한 인간관계 패턴을 갖고 있다고 하더라도 충분히 바꿀 수 있기 때문이다. 이 유형에 속한다고 나쁜 사람인 것도 아니다. 단지 관계 맺는 패턴에서 타인과 자신에게 해가 되는 방식이 익숙할 뿐이다. 그저 이러한 패턴을 알고 대비하고 변화시키면 된다.

관계 속 나를 양수인간으로 바꿀 것

......

앞에서 네 가지 유형의 음수인간에 대해서 살펴봤다. 만약 내가 이런 유형의 음수인간이라면 어떻게 관계 패턴을 바꿀 수 있을까?

① 내가 침해형 음수인간이라면

먼저, '내가 타인을 통제할 수 없다'는 사실을 인정해야 한다. 타인의 삶에서는 타인이 주체이기 때문이다. 내가 타인을 통제하는 것은, 타인에게 도움을 주는 것이 아니라 자기만족을 위해서라는 것을 인정해야 한다. 이는 거짓 자존감이다. 타인을 통제해야만 만족감을 얻을 수 있다면, 타인을 통제하지 못할 때의 나는 아무것도 아닌 사람이 되기 때문이다. 이러한 언행은 나뿐만 아니라 상대도 병들게 한다. 다만, 내가 진정으로 상대에게 도움이 되고 싶어 조언하고 싶다면, 타인을 판단하는 게 아니라 나의 의사를 전달하는 식으로 표현해보자. "내 생각에는 이게 좋을 것 같은데 어떻게 생각해?"라는 식으로, 말의 화자가 '내'가 되어야 한다.

그리고 나의 의견은 언제나 상대에게 거절될 수 있음을 알아야 한다. 거절은 상대가 나를 무시하는 행위가 아니다. 상대에게는 자기 인생의 선택을 스스로 할 권리가 있으며 그와 나는 서로 다른 존재이기 때문이다. 고백하자면, 나는 어렸을 때 동생과 사이가 좋지 않았다. 나와 동생의 사고방식이 달랐기 때문이다. 나는 동생의 사고방식이 이해되지 않았다. 그래서 동생과 의견 차이가 생기는 순간, '동생은 틀렸고 나는 맞다'는 식으로 말했다. 그럴수록 우리의 관계는 나빠졌다. 그러나 심리학을 공부하면서부터, 동생은 나와 다른 존재이며, 그렇기에 다른 생각을 가졌다는 것을 이해하게 됐다. 또한 서로 다른 생각을 하는 건 문제가 아니라는 것을 알게 됐다. 다르게 공존하면 될 뿐이었다. 그때부터 나는 동생을 존중할 수 있게 됐다. 지금도 나와 동생의 사고방식은 다르고, 의견 차이도 나곤 한다. 하지만 전과는 달리, 그럴 때마다 나는 이렇게 생각한다.

'그렇게 생각할 수도 있지.'

그 뒤로 우리의 사이는 좋아졌다. 게다가 다름은 오히려 시너지를 만들 수도 있다는 것을 알게 됐다. 그러니, 당신이 만약 침해형 음수 인간이라면 타인과 자신의 다름을 인정하자. 그리고 공존하며 때로는 서로의 시너지를 일으켜 보자.

② 내가 헌신형 음수인간이라면

먼저 나의 헌신과 노력, 그리고 사랑이 장기적인 관점에서 상대에게 도움이 되는지 따져봐야 한다. 상대가 마땅히 누려야 하는 삶에서의 자유와 책임을 내가 박탈하는 것은 아닌가 생각해보자.

또한, 내가 상대에게 쏟는 헌신이 나 자신을 파괴하는 것은 아닌지도 생각해봐야 한다. 예를 들어, 부모의 빚을 대신 갚는 자식이 있다고 해보자. 자식이 부모의 빚을 갚기 위해서 하나뿐인 자신의 삶을 돌보지 못한다면, 이것은 자기 자신에게 도움이 되는 행동일까?

한편 부모의 입장에서도 자식이 자신의 삶을 돌보지 못한다면 부모로서 행복하다고 말할 수 있을까?

우리에게 가장 소중한 사람은 가족이나 연인이 아니다. 바로 '나 자신'이다. 내가 온전해야 관계 속에서 상대와도 좋은 관계를 맺을 수 있다. 그런데 주객이 전도되어 타인을 위해 나를 희생하는 삶을 살면, 건강한 관계를 맺을 수 없다.

현재의 내가 '마땅히 무언가를 해야만 한다'라는 경직된 생각에 매몰될 필요는 없다. 세상에 정해진 것은 없다. 그 어떤 생각도 언제든 바꿀 수 있는, 말 그대로 '생각'일 뿐이다. 관계에서 느껴지는 동정심이나 그로 인한 죄책감 등 불편한 감정에 매몰될 필요도 없다. 때로는 단호하게 의도적으로 헌신하기를 멈추어야 한다. 자신뿐만 아니라 타인을 위해서도 말이다. 당신의 과제와 남의 과제는 분리되어야 한다. 당신과 타인은 하나가 아니다. 그것이 가족일지라도 말이다. 그러니 타인과 지나치게 융합되어 있다면 서로 명확하게 경계선을 그어보는 작업이 필요하다. 건강한 관계는 서로가 뒤엉킨 하나 된 관계가 아니라 서로가 올곧게 서서 마주 보는 관계이다.

③ 내가 순응형 음수인간이라면

나의 선택을 타인에게 넘겨주는 것은 한순간의 불안감을 해소하는 방법이다. 그렇지만 타인은 결국 통제할 수 없는 대상이다. 타인에게 의존하는 것은 당신의 재산을 상대에게 맡기는 것과 같다. 아무리 가까운 사이라도 재산은 본인이 관리해야 하지 않겠는가? 마찬가지로 자신의 마음은 본인이 책임져야 한다. 자신의 주도권을 타인에게 넘겨주는 것은 타인에게 재산을 맡기고 용돈을 타서 쓰는 일과 같다.

순응형 음수인간은 상대가 떠날지도 모른다는 불안 때문에 상대의 사소한 것도 부풀려 생각한다. 그래서 상대의 말이나 행동, 말투 등 사소한 것에 의미 부여를 한다. 이러한 생각은 대부분 부정적으로 흘러간다. 그렇기에 사소한 것에 의미 부여하는 것을 멈춰야 한다. 상대가 느끼는 감정은 상대의 영역이므로 당신이 불안해하거나 죄책감을 느낄 필요가 없다. 상대의 부정적인 신호가 당신에게서 비롯된 것이 아니라는 사실을 기억하자. 그리고 때로는 상대에게 어떻게 생각하는지 직접 물어 지레짐작으로 생각을 부풀리는 것을 끝내야 한다.

또한, 타인의 제안을 거절할 줄도 알아야 한다. 거절하지 못하는 사람은 겉으로는 착해 보일지언정 솔직하지 못한 사람이다. 솔직하지 못하면 관계는 결국 멀어진다. 그러니 좋은 관계를 맺고 싶다면 오히려 솔직하게 당신이 원하는 것을 상대에게 말하라. 그리고 하고 싶은 것을 해보자. 상대는 생각보다 대수롭지 않게 여길 가능성이 크다. 이러한 솔직함은 당신의 자존감을 위해서도 꼭 필요하다. 타인에게 있는 그대로의 모습을 보여줘도 괜찮다는 경험을 해봐야, 타인의 생각에 매몰되지 않고 스스로 생각할 수 있기 때문이다.

④ 내가 완고한 음수인간이라면

나를 지킨다는 것은 타인에게 나를 보여주지 않는 것이 아니다. 타인에게 나를 그대로 보여주고, 혹시나 타인이 나를 별로라고 생각해도 스스로 흔들리지 않을 때, 나는 나를 지킬 수 있다. 그러니 불안의 목소리 때문에 관계를 회피하지 않길 바란다. 당신의 감정을 조금 더 들여다보고, 당신의 욕구에 조금 더 귀 기울여 보자. 당신은 누구보다 친밀한 관계를 원하고 있을지도 모른다. 불안 때문에 솔직하지 못했던 마음을 가까운 사람에게 말해보자. 아주 단순한 것이라도 좋다. 오늘 기분은 어땠고, 어떤 것을 느꼈고, 어떤 욕구가 들었는지 작은 것부터 시작하는 것이다. 때로는 사소한 부탁을 해보는 것도 좋다. 상대와 가까워지기 위한 좋은 연습이다. 만약 상대의 접근에 불편함을 느낀다면, 그냥 말없이 멀어지지 말고 거절을 말로 직접 표현하자. 단, 상대의 문제가 아니라 내가 타인과 가까워지는 데에 시간이 필요한 사람이기 때문이라고 말해보자. 이렇게 표현하는 것은 상대에게 당신의 내면을 보여주는 연습이기도 하고 당신이 상대를 싫어해서 멀리한다는 오해도 막을 수 있다. 스트레칭으로 유연성의 가동 범위를 늘리듯 성급하지 않게 천천히 가까워질 수 있는 연습을 하자.

이렇게 자신을 보여주고 누군가에게 다가가고 때로는 밀어내면서도 함께하는 일은 용기가 필요한 일이다. 우리는 용기를 선택할 수 있다. 인지심리학자 김경일 교수는 이렇게 말했다.

"당신이 두려움을 느끼는 건 어쩔 수 없는 일이지만, 용기를 내는 것은 개인이 결정할 수 있는 일이다."

그러니 두려움을 무릅쓰고 용기를 내는 선택을 해보길 바란다. 생각보다 사람들은 당신의 새로운 모습을 나쁘지 않게 볼 것이다. 그런 경험을 통해 '어? 생각보다 별일 아니구나'라고 생각하게 될 것이다.

네 가지 유형의 사람들이 자기 삶에서 어떤 태도를 가져야 하는지에 대해 이야기했다. 그러나 무엇보다 중요한 것은 네 유형 모두 '자신의 경계선을 명확히 해야 한다'는 것이다. 그리고 자기 경계선 내부의 자존을 확실히 다져야 한다는 것이다.

앞서 4장과 5장에서 연습한 대로 자기 삶의 의미, 가치, 능력, 선호 등에 대해 가능한 구체적으로 알아야 한다. 당신이 무엇을 잘하고 무엇을 못하는지, 무엇을 좋아하고 무엇을 싫어하는지, 힘든 상황에서는 어떤 일을 해야 기분이 좋아지는지, 당신이 어떤 감정을 느끼고 있는지 등 자기 자신에 대한 확신으로부터 내부의 자존이 생긴다. 높은 건물일수록 기초가 탄탄해야 무너지지 않고 견딜 수 있듯, 내면이 탄탄해야 관계에서의 상처에도 쉽게 무너지지 않는다. 그러니 혼자만의 시간을 갖고 자신의 내면을 천천히 살펴보도록 하자.

또한, 행동을 통해 경험해야 한다. 행동 없는 생각은 결국 휘발될 뿐이다. 당신의 경계선을 단순히 생각으로 만들려 하지 마라. 행동을 통해서 자신에게 책임감을 느끼고 그것을 통해서 당신의 경계선을 명확하게 세우길 바란다. 당신의 삶에 주인이 되어서 하나하나 경영해 보자. 작은 화초를 키우는 것부터 새로운 취미를 갖는 것 등 소소한 것부터 시작해도 충분하다. 이렇게 자신을 위한 일을 하나하나 경험하다 보면, 새로운 일에 책임을 갖는 것이 생각보다 나쁘지 않다는 것을 느낄 수 있을 것이다.

때로는 당신의 마음속에서 충동이 일어날 수 있다. 타인을 침범하고 싶은 마음이나, 헌신하고 싶은 마음, 의지하고 싶은 마음, 자신을 보여주기 싫은 마음 등…. 이러한 마음의 충동이 올라올 때, 스스로 이것을 자각하고 관성대로 행동하기를 멈춰야 한다. 그리고 그 욕구와 다르게 행동해야 한다. 물론 지금까지 해온 행동의 관성이 있기에 쉽지는 않을 것이다. 그럼에도 불구하고 다르게 행동할 각오가 필요하다.

당신이 언제 음수인간의 행동을 하는지 모르겠다면, 오늘 하루 당신이 경험하고 싶지 않았던 관계 패턴을 쭉 적어보길 바란다. 하루가 부족하다면 일주일 기간의 패턴을 써보자. 특유의 패턴이 보일 것이다. 그러면 다음에는 조금 더 쉽게 당신의 행동을 인지할 수 있다. 그때가 기회다. 그 순간, 다르게 행동해보는 것이다. 상대를 존중해보고, 헌신을 멈춰보고, 자립해보고, 자신을 보여주자. 하다 보면 지금까지와는 다른 경험을 하게 될 것이다. 그 경험이 당신에게 새로운 관점을 가져다주고, 그로 인해 새로운 세상과 만나게 될 것이다.

ACTION

내가 먼저 좋은 사람이 되자

나도 모르게 타인에게 좋지 않은 영향을 끼치지는 않았는지 돌이켜본다. 그리고 이런 행동을 하지 않도록 노력해야 한다.

① 타인을 내 뜻대로 움직이려 하지 않았는가?

② 나보다 남을 돌보는 데에 더 애쓰지 않았는가?

③ 상대의 말과 행동을 확대 해석하지 않았는가?

④ 대화로 해결하기보다 무작정 회피한 적은 없었는가?

더 이상 음수인간에게 휘둘리지 않으려면

......

나와 가까운 사람이 음수인간이라면 어떻게 하는 것이 좋을까? 아쉽지만 내가 상대를 바꿀 방법은 없다. 타인은 내가 통제할 수 없기에 당신이 할 수 있는 것은, 당신이 할 수 있는 태도를 취하는 것뿐이다.

① 상대가 침해형 음수인간이라면

먼저 상대에게 서로 간의 명확한 경계를 인지시켜야 한다. 만약 상대가 당신의 영역을 침범하려고 한다면, 상대의 페이스에 말려서 감정적으로 대처하지 말자. 그런데도 상대가 계속 나의 영역을 침범하려고 한다면 어떻게 해야 할까? '아니요'라는 말로 명확한 경계를 긋는 것도 좋다. '너는 그게 안 어울린다니까?'라고 말하면 '아니, 나는 이게 내 스타일이야'라고 말하면 된다. 상대가 당신의 영역에 과하게 참견할 때도, '아니, 이건 내 일이니까 성의만 받을게'라고 말하면 된다. 감정적으로 열을 올릴 필요가 없다.

'왜'라는 말을 활용하는 것이 도움이 된다. 4장에서 설명했듯 '왜'라는 말은 내 마음속에서 비판적인 목소리가 올라올 때 자신을 방어하는 수단으로 활용할 수 있다. 마찬가지로 상대에게 무례한 말을 들었을 때도 자신을 방어하는 수단으로 사용할 수 있다. '왜'라는 단어에는 상대의 의견에 대한 비판적인 뉘앙스가 숨어있기 때문이다. 따라서 상대가 무례하게 당신의 영역을 침범한다면 '왜요?'라고 말하면 된다.

내가 고등학생 때, 친척들이 명절에 모두 모인 적이 있다. 이런저런 이야기가 오갔고 학업에 대한 말들도 이어졌다. 그때, 친척 한 명이 나에게 "공부 열심히 안 하면 나중에 혼날 줄 알아"라고 말했다. 불쾌했지만 뭐라고 대꾸하지는 못했다. 혼자 속으로 '일 년에 한두 번 보는 사이면서 왜 이렇게 참견하지'라고 생각했을 뿐이다. 그 친척은 옆에 있는 내 동생에게도 같은 말을 했다. 그러자 동생은 이렇게 말했다. "왜요?" 그러자 그 친척은 당황한 듯 잠시 말문이 막혔고, 이내 "열심히 해야 좋은 대학교 가지"라고 말했을 뿐이었다. 동생이 했던 "왜요?"라는 말속에는 '나의 영역을 왜 침범하세요?'라는 의미가 담겨 있었다. 친척은 좋은 의미로 그런 말을 했을 테지만 그것이 우리의 영역을 침범했다고 생각하진 못했다. 그럴 땐 상대의 잘못을 일깨워줄 수 있는 '왜'라는 말을 사용하면 좋다.

② 상대가 헌신형 음수인간이라면

어쩌면 상대의 헌신이 당연하게 느껴져서 상대가 헌신형 음수인간이라는 것을 인지하기 어려울 수도 있다. 이런 경우 상대의 헌신을 자각하는 것이 먼저다. 사실 헌신형 음수인간의 도움은 한편으론 나에게도 달콤하기 때문에 명확하게 거절하기가 쉽지 않다. 또한, 나에게 도움을 주려는 상대방의 선의를 알기에 대놓고 거절하기도 어렵다. 그러나 그런 마음일수록 칼같이 상대의 도움에 대한 의도를 읽어주면서 거절하는 자세가 필요하다. 의도를 읽어주며 거절하는 방법은 침해형 음수인간과 헌신형 음수인간에게 모두 사용할 수 있다.

만약 헌신형 음수인간이 '그건 너한테 어울리지 않는 것 같아'라고 말하면, '너는 그렇게 생각하는구나, 근데 나는 이런 스타일을 좋아해'라고 차분하게 응수하면 된다. 헌신형 음수인간이 당신에게 필요 없는 도움을 주려고 할 때도 마찬가지다. '너는 나에게 도움을 주려고 했구나, 그런데 이건 내 일이니까 알아서 할게'라고 명확하게 말하면 된다. 상대와 나를 경계선을 '너와 나'라는 말로 명확하게 긋는 것이다.

상대의 의도를 읽어주고 부드럽게 거절하는 방법은 대인관계에서 어느 때나 활용할 수 있으므로 연습해보길 바란다.

③ 상대가 순응형 음수인간이라면

순응형 음수인간인 상대가 나에게 지나치게 의존할 때는 어떻게 해야 할까? 그는 당신과의 관계에 큰 의미를 두고 있을 것이다. 이럴 때, 나와 상대 사이의 경계를 명확하게 세우고, 당신이 해줄 수 있는 데에는 한계가 있음을 표현해야 한다. 상대가 지나치게 연락을 자주 하면, '업무 중에는 연락하기 어려워. 일 마치고 7시 반 지나고부터 통화 가능해'라고 확실하면서 구체적으로 표현해본다. 자신의 한계를 말하는 동시에 일종의 암묵적 약속을 만드는 것이다.

만일 그 상대와 친밀한 관계를 유지할 생각이라면, 자신이 언제나 그 자리에서 떠나지 않을 거라는 안정감을 상대에게 느끼게 해줄 필요가 있다. 그러니 약속을 만들었다면 일관성을 가지고 지켜야 한다. 그리고 순응형 음수인간은 자신이 가진 고유의 가치에 대한 확신이 부족하므로, 당신이 알고 있는 상대의 장점을 직접 말해주자. 그럼 상대는 미처 알지 못했던 자기 가치를 깨닫게 될 것이다. 때로는 상대가 자신의 마음을 알아봐 달라는 뜻으로 당신에게 파괴적인 모습을 보일지도 모른다. 이것을 '항의 행동'이라고 한다. 그럴 땐 무조건 상대의 행동을 비난하기보다 솔직하게 당신의 감정을 표현하는 것이 좋다. 또한 상대의 잘못된 행동으로 인해 관계의 목표가 흔들리고 있음을 이해시키고 상대가 불안함을 느끼는 부분에서 함께 문제를 해결할 방법을 모색해보는 것도 도움이 된다.

④ 상대가 완고한 음수인간이라면

완고한 음수인간은 자신의 내면을 들여다보기를 어려워해서 자신의 감정과 욕구를 잘 느끼지 못한다. 그러니 상대의 감정과 느낌, 욕구 등을 묻고 그의 생각에 공감과 지지를 해주는 것이 좋다. 그러면 그는 지금까지 피해왔던 자기 내면을 탐색할 수 있을 것이다.

또한 상대의 갑작스러운 접근을 부담스러워할 수 있으므로, 순응형과 마찬가지로 약속을 정해두고 거리를 유지하는 것이 좋다. 예를 들어, 아무 때나 전화하는 것이 아니라 '자기 전에 10분 정도 통화하는 것' 등의 약속을 정하는 것이다. 때로는 잘 지켜지지 않을 수도 있다. 그럴 땐 상대를 비난하는 게 아니라 관계의 약속이 지켜지지 못한 이유를 묻고 문제 해결 방법을 제시하는 것이 좋다. 완고한 음수인간에게는 당신의 불편한 감정을 말하는 것이 공격처럼 느껴질 수 있기에 차라리 당신이 원하는 것을 확실히 말하는 편이 더 좋다.

더불어 완고한 음수인간이 거리를 두려고 할 땐 쫓아가려고 하지 말자. 다가오는 상대를 보면 완고한 음수인간은 불안함을 느낄 것이다. 하지만 당신이 그 자리에서 기다리면, 상대도 당신에게 부담을 느끼지 않고 서서히 마음을 열기 시작할 것이다.

지금까지 상대가 음수인간일 때 어떻게 대처해야 하는지에 대해 이야기했다. 그러나 결국 가장 중요한 것은 '자기 자신'이다. 상대와의 관계에서 내가 망가지는 느낌이 들면, 멀어지는 선택을 하는 것도 하나의 방법이다. 아무리 노력해도 변화하기 어려울 때가 있기 때문이다. 그럴 때는 나에게 집중하여 내가 숨 쉴 수 있는 상황을 먼저 만들어야 한다.

다만 이 말은 상대를 무조건 손절하란 의미는 아니다. 관계를 느슨하게 가져도 좋다는 의미이다. 한 달에 다섯 번 만나던 사이라면 한 달에 한 번만 만나보고, 한 달에 한 번만 만나던 사이라면 석 달에 한 번만 만나보자. 둘이 만나서 트러블이 생기곤 했다면 여럿이서 만나는 것도 좋은 선택이다. 물리적으로 가까운 사이라면 거리상 멀어지는 것을 선택하자. 가족이라면 빠르게 독립하는 것도 좋다. 물질적으로 도움을 받는 관계라면 상대가 없어도 충분히 홀로 설 수 있을 만큼의 재정 상태를 만드는 것에 집중하자. 불편한 사람에게 재정적으로 도움을 받는 것만큼 곤욕인 것도 없으니 말이다. 직장 동료라면 다른 부서로 이동하는 방법을 찾아보거나 여의찮다면 이직을 고려하는 것도 현명한 방법이다. 심리적으로 멀어지는 것도 필요하다. 그러기 위해선 상대의 의도가 악의가 아닌 그 사람의 한계라는 것을 이해하는 것이 필요하다. 수영하지 못하는 사람이 물에 빠지면 악의 없이 옆 사람을 끌어당기듯, 상대가 악의를 가지고 당신을 침해한 것이 아니라는 사실을 안다면 심리적으로 휘말리지 않을 수 있고 거리를 유지할 수 있다.

이렇게 시간적, 물리적, 심리적 거리를 두면서 당신을 보호하는 것을 우선해야 한다. 늘 강조하지만, 타인은 우리가 통제할 수 없고 바꿀 수 없음을 인정하자.

ACTION

적극적으로 반박하기

상대가 음수인간일수록 나의 경계선을 명확히 하는 것이 좋다. 그것이 나를 보호할 방법이다. 타인이 나의 영역을 침범한다면 '왜?'라는 한마디로 잘못을 일깨워주자. 혹은 암묵적으로 둘만의 소통 약속을 만들어 문제 해결을 도모해보자.

단 한마디로 타인을 사로잡는 대화법

......

타인과의 원활한 관계를 위해 서로 간의 명확한 경계선을 긋는 것이 중요하다는 것을 알았다. 경계선을 세웠다면 그다음은 유연한 소통법이 필요하다. 양수인간은 공감과 배려의 말로 인간관계를 형성한다. 반면 음수인간은 타인에게 지나치게 신경을 쓰거나 자신에게만 초점을 맞추기 때문에 경직된 소통을 하는 경우가 많다. 그로 인해 자신의 감정을 숨기거나, 단정적인 말투를 사용하거나, 'No'라는 반박의 언어를 쓰곤 한다. 대화를 상대에게 잘 보이기 위한 수단 혹은 경쟁으로 여기는 탓이다. 그 때문에 대화의 맥이 끊길 때가 많다.

그렇다면 우리는 어떻게 대화하는 것이 좋을까? 첫 번째 방법은 상담심리학에서 사용하는 방법으로, '반영'이라는 기술을 활용하는 것이다. 반영은 상대가 느끼고 있는 감정을 읽어주는 것을 말한다. 친밀감을 빠르게 쌓을 수 있고 깊이 있는 관계로 발전할 수 있다. 경청의 핵심 기술인 것이다. 반영을 사용하는 법은 어렵지 않다. 대화 속에서 느껴진 상대의 감정을 그대로 말하면 된다.

'그 이야기를 들으니까 그때 정말 슬펐을 거 같아.'

이런 식으로 상대의 감정을 반영해서 읽어주는 것이다. 그러면 상대는 깊이 공감받고 있다고 느낄 수 있다. '너 정말 슬펐겠구나?', '우울한 느낌이 들 수도 있었겠다', '안타까운 느낌이 드네' 등 다양한 표현 방식을 활용하는 것도 좋다. 이때 단정적으로 '정말 슬펐겠다' 라고 언급하는 것보다 '슬펐을 것 같아', '~수 있었겠다', '~라는 느낌이 드네' 등으로 표현하는 것이 중요하다. 감정은 개인의 영역이라 너무 직접적으로 표현하면 상대가 반감을 품을 수도 있기 때문이다.

상대가 느끼는 감정을 읽어주는 게 아니라 이야기를 듣고 내가 느낀 감정을 말하는 것도 좋다. 나는 전에 우울한 하루를 보낸 적이 있다. 하는 일이 잘 안되어서 막막하고 인간관계에서 좋지 않은 일까지 있었다. 대학교 졸업식 날이었는데, 우울한 날에 졸업식을 하니 더 우울하다는 생각이 들었다. 그러다 저녁에 오래된 친구를 만나서 같이 술을 마셨다. 나는 오늘 하루 있었던 일을 담담하게 친구에게 이야기했다. 그 친구는 천천히 듣더니 한마디를 건넸다.

"슬프다."

그 순간, 나도 몰랐던 슬픔의 감정을 느낄 수 있었고 이해할 수 있었다. 그 친구에게도 크게 이해받은 느낌이었다. 이러한 반영의 깊이가 더욱 깊어지면, 상대가 느끼는 표면적인 감정이 아니라 더 깊은 내면의 욕망까지 읽어줄 수 있다. 상대의 내면의 깊은 욕망을 반영하기 위해선 그 사람이 하는 말에 주의 깊게 귀를 기울여야 한다. 그 사람의 말 하나하나에는 단서가 있기 때문이다. 지나가는 말이라고 생각될 지라도 말이다. 정신분석학자 프로이트Sigmund Freud는 사소한 말실수조차도 무의식이 표출된 것이라 말했을 정도다. 상대의 말을 귀 기울여 듣고, 상대는 어떤 심정으로 그런 말을 했을지 헤아리며 깊이 반영해줄수록, 더욱 가까운 관계가 될 수 있다.

두 번째 방법은 우리가 일상에서 활용할 수 있는 화법으로 'I-메시지 I-message'를 활용하는 것이다. 부정적인 상황에서는 감정에 매몰되기 쉽다. 예를 들어 상대에게 분노의 감정이 일어난 상황이라고 해보자. 분노의 감정이 일어날 때는 상대를 평가하거나 비난 혹은 공격하고 싶은 마음에 휩싸인다. 그리고 불이 번지는 것처럼 자신뿐만 아니라 대화하는 상대에게도 분노가 빠르게 번진다. 결국 서로 감정에 매몰되어 쓸데없는 갈등만 하게 될 가능성이 커진다는 말이다.

그러니 상대가 당신에게 화를 내는 상황이라면 불길이 당신에게 번지기 전에 I-메시지를 활용하자. I-메시지는 말 그대로 주어를 '나'로 설정해서 말하는 화법이다. 나를 주어로 설정하는 I-메시지는 상대를 평가하거나 비난하거나 공격한다는 느낌을 주지 않아서 싸움이 번지는 것을 막아준다. 불씨를 끄는 소화기 같은 역할을 해주는 것이다.

A는 애인과 사소한 이유로 언쟁하게 됐다. 갈등이 싸움으로 번지려던 순간, A는 자신의 마음에 분노가 커지고 있다는 것을 깨닫고 잠시 자리를 비우기로 했다. 그렇게 잠깐 감정을 식히고 들어온 뒤, I-메시지를 활용해서 대화하기 시작했다. 자신이 느끼는 감정과, 자신이 바라는 것을 차분히 이야기했다.

"네가 그렇게 말하니까 서운하네. 나를 무시한다는 생각이 들어."

I-메시지 자체가 나의 의도를 전달하는 화법이기 때문에 마음이 진정됐을 때야 제대로 사용할 수 있다. A는 잠깐 시간을 가지며 마음을 진정시켰고, 그 덕에 이성적으로 문제를 바라보며 상대와 바라보는 관점에서 차이가 있다는 것을 알아낼 수 있었다. 그 후, A는 I-메시지를 활용하여 상대에게 차분하게 말했다. 이렇게 화자를 나로 바꿔서 말하면, 'You-메시지You-message'를 사용할 때보다 감정을 훨씬 부드럽게 전할 수 있다. 반면, You-메시지란 I-메시지와는 반대로 화자를 '너'로 설정해서 말하는 화법이다. 예를 들자면 이러한 방식이다.

A는 분노를 참지 못하고 계속 대화를 이어나가며 You-메시지를 사용하기 시작했다.

"네가 먼저 무시했잖아.
그렇게 말하지 마."

I-메시지와 You-메시지, 둘의 차이를 알겠는가? I-메시지는 나의 주관적인 생각과 느낌을 말할 뿐이다. 나의 생각일 뿐이니 상대의 잘잘못을 따지는 느낌을 주지 않는다. 따라서 상대는 자신이 공격당

했다고 생각하지 않는다. 서로 솔직한 의도를 말하며 오해를 풀 수 있는 대화의 장이 열릴 가능성이 크다.

반면에 You-메시지는 상대의 의도를 판단하는 느낌을 준다. 판단을 받은 상대는 공격받는 것처럼 느끼기 쉽다. 공격받으면 방어하기 마련이다. You-메시지는 문제 해결보다 상대의 변명이나 다양한 방어기제를 끌어낼 가능성이 크다. 상대와의 관계를 끊고 싶다면 You-메시지를 전략적으로 사용하는 것도 괜찮은 방법이지만, 그렇지 않다면 지양하도록 하자.

분노는 파괴하는 감정이고, 그 기저에는 방해물을 제거하려는 의도가 깔려 있다. 따라서 화난 상황에서는 자연스럽게 You-메시지를 사용할 가능성이 크다. I-메시지를 사용하는 것은 자신의 감정과 반대로 해야 하는 어려운 일이기 때문이다. 그렇지만 인간은 이성을 가진 존재이다. 때로는 감정이라는 짐승에 고삐를 채워 다루는 방법을 배워야 한다. 그렇기에 당신이 분노를 미리 알아차렸다면, 분노의 상황에서 잠시 빠져나온 뒤에, I-메시지의 화법을 이용하는 것이 가장 현명한 방법이다.

때로는 I-메시지로 말해도 부담스럽게 생각하거나 무시하는 사람을 만날 수도 있다. 이런 상황이라면 세 번째 방법이 필요하다. 관계의 목표와 그 목표에 다다르기 위한 규칙을 제시하고, 어겼을 때의 벌칙을 정하는 방법이다. 이 방법은 완고한 음수인간에게 사용하는 것이 효과적이다. 완고한 음수인간은 상대가 I-메시지로 감정을 말하는 것 자체를 부담스럽게 느끼기 때문이다. 따라서 자신이 어떤 감정을 느끼는지 설명하는 것보다, 우리 관계의 목표를 위해서 이런 해결책을 제시한다는 느낌을 주는 것이 좋다.

"우리가 사소한 걸로 다투지 않으려면 서로 이야기를 끝까지 들어줬으면 좋겠어. 만약 대화를 중간에 끊으면 그날 점심 사기로 하자."

때로는 관계의 목표를 위한 약속을 같이 고민해볼 수도 있다. 이런 고민은 서로를 위해서 노력하고 있다는 느낌을 준다. 따라서 서로가 존중하며 더 깊은 관계로 발전할 수 있도록 해준다.

총 세 가지 대화법을 이야기했다. 대화는 관계에 있어서 가장 중요한 요소이다. 내가 진심으로 말해도 상대에게 제대로 전달되지 않으면 오해를 부를 수 있다. 따라서 말하지 않아도 알 거라고 생각하지 말자. 상대의 감정을 읽어주고, 나의 감정을 이야기하고, 관계의 목표를 위해 노력하는 모습은 서로를 더욱 좋은 관계로 만드는 토대가 될 것이다.

관계의 시작은 공감이다

상대방과 깊은 관계로 발전하는 가장 큰 계기는 공감이다. 대화할 때 상대방의 말에 귀를 기울여보자. 상대방의 감정을 읽고 어떤 마음으로 그렇게 말했을지 헤아려주자. 그리고 나는 평소에 얼마나 솔직하게 말하는지 곰곰이 되새겨보자.

당신이 하필 그 사람에게 끌리는 이유

......

살다 보면 별 이유 없이 끌리는 사람을 만나게 된다. 그 사람과 궁합이 잘 맞기 때문일까? 그럴 수도 있지만 심리적으로 보면, 상대의 '방어기제' 때문일 수 있다. 방어기제란 마음의 갈등에 의해 만들어지는 것이다. 지금부터 이해하기 쉽게 설명해보겠다.

사람의 마음속엔 '무의식'이라는 넓은 공간과 '의식'이라는 작은 공간이 있다. 지금 당신이 사고할 수 있게 해주는 의식은 무의식에 비하면 빙산의 일각이다. 다시 말해서, 무의식은 빙산의 보이지 않는 거대한 부분만큼 어마어마하게 넓은 영역을 차지한다. 그리고 무의식 속에는 두 가지 면이 줄다리기하고 있다. 가끔 만화를 보면 주인공이 고민할 때 천사와 악마가 주인공을 사이에 두고 자기의 말이 맞다고 다투는 장면 본 적 있는가? 우리의 마음도 그렇다. 무의식에는 원초적인 본능에 초점을 맞춘 '원초아'와 도덕 선생님 같은 원칙

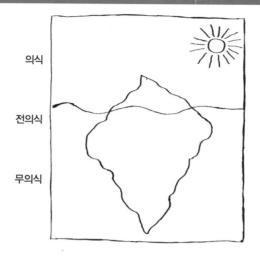

무의식의 지형학적 모델

의식

전의식

무의식

을 가진 '초자아'가 있다. 둘의 사이는 좋지 않다. 그래서 매번 갈등을 빚는다. 이렇게 원초아와 초자아가 갈등할 때 둘을 중재하는 것이 '자아'의 역할이다.

우리의 마음속 자아는 마치 조율자와 같다. 원초아가 '치킨을 시키자'고 부채질할 때 초자아는 '어제도 시켰는데 오늘은 참아야 한다'고 말한다. 자아는 둘의 의견을 수렴해서 '바비큐 치킨을(구워서 살이 덜 찌는) 시키자'고 하거나 '참고 다음에 먹자'고 한다. 그러나 이렇게 간단한 갈등 상황이 아닌 복잡한 갈등 상황에서는 다른 양상을 보인다. 원초아나 초자아 중 어느 한쪽이 커져서 자아를 위협하게 되는 경우, 우리의 자아는 그런 위협으로부터 자신을 방어하려고 하기 때문이다.

우리가 가지고 있는 욕망인 원초아는 쾌락 원리를 따르는 동물의 마음과 같다. 동물적인 숨겨진 욕망이 표면으로 드러나게 되면 우리의 정상적인 삶을 살지 못할 것이다. 원초아엔 성적인 욕망, 상처받은 기억 등 위험한 것들이 들어있기 때문이다. 반면에 초자아는 우리의 양심과 이상적인 모습들이 들어있다. 어린 시절 부모님이 우리에게 "거짓말을 하지 않아야 착한 아이지"와 같은 말을 했던 걸 떠올려보자. 그때 부모님의 목소리가 우리 내면의 목소리로 자리 잡은 것이다. 이것이 앞서 4장에서 언급했던 '내사'다. 따라서 초자아는 도덕원리를 따른다.

따라서 우리는 마음속 원초아가 커지면 나의 욕망과 감정을 통제할 수 없을지도 모른다는 '신경증적 불안감'이 올라온다. 반면 도덕적 규범이나 이상에 맞지 않는 행동을 하게 되면 '도덕적인 불안감'이 올라온다. 흔히 말하는 양심의 가책을 느끼는 것과 같다. 이것이 바로, 위에서 말한 원초아나 초자아가 우리의 자아를 위협하는 경우다. 우리의 자아는 이러한 불안감에서 벗어나기 위해 다양한 방법을 활용하는데, 이것을 '방어기제'라고 한다. 방어기제는 다양한 모습으로 나타난다.

① 방어기제: 전이

우리는 여러 사람에게 영향을 받으며 성장해왔다. 그런데 그 당시의 경험에서 미처 해결되지 않은 감정이 남아있을 수 있다. 인정받고 싶었지만 인정받지 못했던 욕구, 사랑받지 못했던 욕구, 사랑하지 못했던 욕구, 분노를 표현하지 못했던 욕구 등, 이런 미해결 감정들은 시간이 지나도 사라지지 않고 우리의 무의식 속에 남는다.

시간이 지나 우리는 새로운 사람들을 만나게 된다. 이때 마음에 재미있는 현상이 벌어지는데, 과거에 해결되지 않았던 감정이 과거에 만났던 사람과 비슷한 사람을 보면 다시 올라오는 것이다. 그래서 우리는 미워하지 않아도 될 사람을 미워하게 될 수 있고 좋아하지 않아도 될 사람을 좋아하게 될 수도 있다. 이렇게 과거의 특정한 사람에 대한 감정이, 지금의 어떤 사람에게 옮겨지는 현상을 일으키는 방어기제를 '전이'라고 한다.

만약 과거에 아버지에게 해결되지 않은 감정이 남아있는 사람은, 아버지와 같은 연배인 회사 부장님에게 그 감정을 똑같이 느낄 수 있다. 별일 아닌 상황인데도 과민하게 반응할 수 있다는 것이다. 말로써 아버지에게 상처를 많이 받았다면 부장님의 사소한 말에도 쉽게 상처받을 수 있고, 아버지를 대하기가 어려웠다면 부장님이 다정하게 대해줌에도 불구하고 아버지처럼 부장님이 어렵게 느껴질 수 있다.

연인 사이에서도 전이가 나타날 수 있다. 자신의 부모님을 정말 싫어하지만, 만나는 애인마다 결국 자신의 부모님과 꼭 닮은 사람이었다는 사연을 많이 듣지 않았는가? 전형적인 전이의 모습이다. 부모님을 닮은 상대를 만나, 그 상대에게서 어린 시절 부모님과의 해결되지 않은 감정을 해소하려는 무의식의 시도가 발현된 까닭이다. 만약 부모님에게 깊은 상처를 받았던 사람이라면, 비슷한 상대로부터 같은 방식의 상처를 되풀이하게 될 수 있다. 그러니 자신의 방어기제를 알고 해묵은 감정부터 털어내야만 한다.

이처럼 딱히 그럴 이유가 없는데 누군가가 싫거나 좋게 느껴진다면 내 안에 해결되지 않은 해묵은 감정이 전이된 탓일 수 있다는 사실을 자각할 필요가 있다. 그것만 알아도 감정에 속수무책으로 속지 않을 수 있다.

② 방어기제: 반동 형성

다음으로 알아볼 방어기제는 '반동 형성'이다. 반동 형성도 전이와 비슷하게 누군가가 굉장히 미울 때 나타날 수 있다. 그런데 다른 점은 상대가 굉장히 싫은데 오히려 싫은 사람에게 잘해주는 행동을 보인다는 것이다. 왜 그럴까?

그 이유는 누군가를 미워한다는 사실을 자아가 받아들이기 힘들어하는 데 있다. 그래서 오히려 그와 반대되는 행동을 해서 그런 생각, 충동, 욕구로부터 벗어나고자 하는 것이다. 이것이 '반동 형성'이라는 방어기제다.

다시 말해서 누군가를 싫어하는 것은 내 마음속 원초아의 욕망이다. 이 욕망을 받아들일 수 없을 경우 무의식에 억압하게 된다. 그리고 욕구와 반대의 행동으로 대체되어 나타나는 것이다. 실제로는 부장님을 아주 싫어하면서 반대로 매우 예의 바르고 깍듯하게 대하는 사람은 반동 형성의 예가 될 수 있다. 또, 마음속으로는 성적으로 굉장히 자유롭고 싶은 욕구가 있으면서 반대로 오히려 혼전순결을 주장하는 사람을 반동 형성의 예라고 볼 수 있다. 남자아이가 좋아하는 여자아이에게 짓궂게 구는 것도 반동 형성의 예라고 볼 수 있다.

그러니 내가 누군가에게 지나치게 친절하게 대하거나 반대로 지나치게 까칠하게 대할 때, 나의 속마음을 제대로 들여다보는 것이 필요하다.

③ 방어기제: 투사

다음 방어기제는 '투사'이다. 먼저 사례를 먼저 설명해보겠다. 회사에 굉장히 싫어하는 사람이 있다고 가정해보자. 자신이 누군가를 굉장히 싫어한다는 사실 자체를 감당하기 어려울 수 있다. 그래서 무의식은 한가지 묘책을 생각해낸다. 자신이 느끼는 분노를 자신의 것이 아닌 상대의 것으로 돌려버리는 거다. 자신이 상대를 싫어하는 것임에도 상대가 자신을 미워한다고 믿어버리는 것이다. 이것이 방어기제 투사의 메커니즘이다. 한 마디로 투사란 내가 가진 감정이나 욕구를 내 것이 아니라 타인의 것이라 믿어서 마음속 불안과 갈등을 줄이고자 하는 방어기제이다.

한 가지 예시가 있다. 성적 욕구가 아주 강한 사람이 있다고 가정해보자. 그 사람은 자신의 욕구를 인정하기 어려웠다. 그래서 그 욕구가 자신의 것이 아니라, 타인의 욕구라고 돌리는 투사라는 방어기제를 사용했다. 결국 그는 조금만 성적으로 개방적인 사람을 만나면, 그 사람을 문란하다고 욕하며 자신은 성적 욕구에 대한 죄책감에서 벗어나려 했다. 스토커들은 투사를 많이 사용한다. 그들에게 왜 스토킹했냐고 물으면, 많은 경우 이렇게 말한다고 한다. "제가 스토킹을 한 게 아니라, 그 사람이 저를 좋아해서 제가 이렇게 반응할 수밖에 없었어요." 자신이 상대를 좋아하는 감정을 감당하기 어려워, 상대가 자신을 좋아한다고 투사한 것이다.

만약 누군가가 당신을 이유 없이 미워하거나 질투하거나 나쁘게 생각한다면, 상대는 자신의 문제를 당신에게 투사한 것일 수 있다.

반대로, 당신이 누군가가 이유 없이 밉고 싫다면 당신의 문제를 상대에게 투사한 것일지도 모른다.

④ 방어기제: 수동공격

'수동공격'은 상대를 간접적으로 방법으로 공격하는 방어기제를 말한다. 자신의 분노를 간접적으로 표현하는 것이다. 수동공격의 예시는 다양하다. 실수인 척 공개적인 자리에서 상대의 치부를 드러내는 것, 회사에서 업무를 할 때 괜히 꾸물거리거나 일을 오히려 망치는 것, 소통이 안 되도록 해 답답하게 만드는 것 등 여러 간접적인 행동으로 나타날 수 있다.

그런데 그럴수록 상대에게는 더욱 나에 대한 악감정이 쌓이고 나 또한 더욱 수동공격이 강화되어서 갈등이 골이 깊어지는 악순환이 생긴다. 이런 상황에서는 명확하게 방어기제를 인지해서 악순환을 끊어줘야 한다.

위에 언급한 방어기제들은 인간관계에서 나타나기 쉽다. 문제는 이런 방어기제들이 무의식의 갈등에 의해서 나타나기에 스스로 알아차리기 어렵다는 데에 있다. 그렇지만 다양한 방어기제의 메커니즘을 알고 있으면 내면 탐색을 통해서 방어기제를 찾아낼 수 있을 것이다. 그것만으로도 관계를 망치는 것을 방지할 수 있다. 고백하자면 나도 한 친구를 이유 없이 싫어했던 적이 있었다. 말이 많고 유쾌했던 친구이자 나보다 잘난 친구였기 때문일까? 나는 그 친구가 잘난척한다는 생각 때문에 싫었다. 그런데 어느 날 곰곰이 생각해보니, 사실은 나도 그 친구처럼 사람들 앞에서 말을 재미있게 하고 나의 성과를 자랑하고 싶다는 것을 깨달았다. 그러자 그 친구에 대한 미움이 사라지면서 나의 마음을 이해할 수 있게 됐다.

이렇듯 방어기제를 알게 되면 무의식에 숨어있는 욕망을 파악하는 데에 활용할 수 있다. 무의식에 숨어있는 욕망은 당신이 진짜 원하는 것을 말해준다. 그렇게 무의식을 의식화해서 당신의 영역을 넓혀나가는 것은 당신이 통제할 수 있는 영역이 넓어지는 것을 의미한다. 그리고 자신의 삶을 통제할 수 있다는 믿음은 주체성을 갖춘 양수인간으로 만들어준다. 그러니 당신이 누군가에게 이유 없이 특정한 감정을 느낀다면, 그 감정이 부정적인 감정이라 해도 절대 놓치지 말고 성장하는 기회로 삼길 바란다.

ACTION

내 무의식 속의 방어기제

당신이 그동안 이유 없이 하던 행동이 있었는가? 누군가에게 유별나게 잘해주거나 경계했는지 혹은 어떤 상황에서 불안함을 느꼈는지 생각해보자. 그리고 나의 숨은 욕망이 무엇이었는지 파악해보자.

멀어진 사람을 우아하게 놓아주는 법

......

A는 얼마 전 꿈에 그리던 이상형을 만났다. 첫눈에 그녀에게 반했고 그녀도 A에게 호감이 있었다. 암묵적 비혼주의자였던 A는 처음으로 결혼에 대해 진지하게 고민했다. 하지만 현실은 영화가 아니었다. A의 실수로 그녀의 마음이 완전히 식어버린 것이다. 의도한 것은 아니었고 충분히 막을 수 있었던 실수였지만 그러지 못했다. 단 한 번의 실수로 그녀는 돌아섰고 이내 이별했다.

A가 처음 느낀 감정은 자신에 대한 분노였다. 그녀의 마음이 처음부터 거짓이었다고 그녀를 탓해 보기도 했다. 하지만 순간순간 그때의 실수가 떠오를 때마다 자책할 수밖에 없었다. 이는 자존감을 깎아 내리고 죄책감을 유발하는 악순환으로 반복됐다.

A는 곰곰이 생각했다. '그녀와의 관계는 정말 상처만 남긴 것인가?' 그녀와의 관계에서 상처만 경험한 것은 아니었다. 그녀를 통해서 아직 첫사랑 같은 설렘을 느낄 수 있다는 사실을 알았다. 그리고 자신이 비혼주의자가 아니었다는 사실을 알았고, 이성 관계에서 배려의 중요성과 진중함을 배울 수 있었다. 그녀를 통해서 세상의 많은 것을 다시 바라볼 수 있었다.

A는 그녀에게 배운 것이 있다는 사실을 알게 되자, 그녀를 깨달음을 준 고마운 사람이라 생각하게 됐다. 그러자 그녀를 원망하는 마음이 점차 사라

졌다. 또한 진심으로 그녀가 행복하길 바라게 됐다. 그러자 자책을 하며 자존감을 갉아먹던 지루한 악순환의 고리가 끊어지고 마침내 자신을 용서할 수 있게 됐다.

A는 어떻게 이별의 상처와 분노를 극복할 수 있었을까? 이별을 받아들였기 때문에, 이별로 인한 부정적인 것들을 극복할 수 있었다. 다시 말해서 자신에게 벌어진 일을 수용했기 때문에 상실을 극복할 수 있었다. 비단 이성 간의 이별뿐만 아니라, 믿었던 사람에 대한 배신, 상실 등을 겪었을 때도 마찬가지이다. 중요한 것은, 불행한 일이 벌어졌다는 사실을 수용하는 태도이다.

왜 수용을 해야 하냐고 물을 수도 있지만 그 이유는 단순하다. 그래야 마음이 편해지기 때문이다. 불행한 일이 일어난 것이 이해되지 않고 불합리하고 억울하다고 느낄 수 있다. 왜 하필 나에게 그런 일이 벌어진 것인지 이해가 되지 않을 것이다. 그렇지만 불행한 일은 이미 벌어졌다. 그러니 그저 사건이 발생했다고 생각하자.

그런데 우리는 그 사건 속에서 이유를 찾고 싶어 한다. 그래서 결국 그 일을 막지 못한 나를 탓하고, 상대를 탓하고, 세상을 탓한다. 그렇지만 그런다고 해서 문제가 해결되지는 않는다. 오히려 원망과 집착만 커질 뿐이다.

'첫 번째 화살은 맞을 수밖에 없다. 그렇지만 두 번째 화살은 피해야 한다'라고 석가모니는 말했다. 첫 번째 화살은 이미 벌어진 일에 대한 상처다. 그리고 두 번째 화살은 그 일로 하여금 내가 나에게 입히는 상처다. 두 번째 화살을 피하는 유일한 방법은, 이미 일어난 그 일은 내가 통제할 수 없었던 것이라는 사실을 인정하는 것이다. 그리고 그 일이 나에게 주는 교훈을 찾아내는 것이다. 이를 통해 우리는 자신을, 상대를, 세상을 용서할 수 있게 된다.

단순히 도덕적인 의미에서 용서해야 한다고 말하는 것이 아니다. 용서에는 강력한 심리적 이점이 있기 때문이다. 용서는 우리의 마음을 편안하게 만들어준다. 스탠퍼드대학교의 소레센Thoresen 교수의 연구에 따르면, 용서는 과거의 고통에서 우리를 해방시킨다. 심리학자 마틴 셀리그만Martin Seligman 또한 말했다. "용서란 원한을 지워버리는 것이 아니라 끝에 달린 꼬리말을 긍정으로 바꾸는 것"이라고.

결국 용서는 그 일을 받아들이는 것이고 그 일을 수용하는 것이다. 마음에도 없는 용서를 해서 도덕적 우월감을 느끼거나 성인군자 같은 관용을 베풀어야 한다는 말이 아니다. 이미 벌어진 일을 나에게 도움이 되는 관점으로 재해석하여 내가 나에게 상처주기를 멈추는 멈추라는 말이다. 수용하지 않으면 그 감정이 우리의 가슴 속에 계속 남는다. 해결되지 않은 감정은 불쑥불쑥 우리를 괴롭힐 것이다. 그리고 고통이 발생한 원인을 곱씹으면서 괴로움에 빠지게 될 것이다. 고통에서 해방되기 위해 수용이 필요한 것이다. 그 방법은 상대를 용서하는 것이고, 이해하는 것이고, 그 속에서 내가 배운 긍정적인 요소를 찾아내는 것이다. 물론 그 과정이 쉬운 것은 아니다. 그렇지만 과거를 놓아주지 않으면 계속 과거를 살아갈 수밖에 없다. 수용하는 것이 가장 빠르게 고통에서 해방되는 길이다. 더불어 당신의 수용은 오히려 당신의 성장으로 이끄는 촉매제가 될 수 있다. 물론 성장을 차치하더라도 고통에서의 해방이라는 차원에서 수용은 필요하다.

누군가의 배신, 이별, 상실 등 우리는 살면서 많은 상처를 받으며 산다. 당신이, 앞에서 예시를 든 A와는 비교할 수 없을 정도로 힘들고 어려운 상황을 겪었을 수 있다. 그렇지만 충분히 아파한 당신이 더 이상 자신에게 상처 주는 것을 멈추면 좋겠다. 당신이 경험한 그 일은 개인적인 힘으로 어찌하지 못하는 사고였을 뿐이다. '외상 후 성장'이라는 말이 있는 것처럼, 힘들겠지만 그로 인해 새로운 관점으로 세상을 바라볼 용기를 가질 수 있다면 그 상처는 당신에게 삶이라는 관점에서 큰 의미가 있을 것이다.

상처를 새로운 관점으로 바라보자

당신이 살면서 상처받은 일, 극복하기 어려운 상황들을 생각해보자. 그 일들은 당신의 잘못이 아니다. 이미 일어나버린 나쁜 일들은 내가 어찌할 수 없는 일이라고 인정하고 받아들이자. 그것이 고통에서 해방되는 길이다.

인간적인 매력도 연습하면 된다

·······

"그 사람 인스타그램 아이디가 뭐야?" 요즘은 누군가와 만나기 전에 인스타그램이나 카카오톡 프로필 사진을 먼저 살펴보는 것이 추세라고 한다. 젊은 연령층일수록 연락처를 교환하는 것보다 인스타그램 아이디를 교환하는 것이 자연스럽다. 세상이 바뀌며 나타난 현상이지만 꽤 괜찮은 방법이다. 메신저나 SNS 프로필 사진으로 내가 알고 싶은 사람의 성향과 취향을 조금이나마 더 파악할 수 있으므로. 그의 라이프스타일이 나와 맞는지, 매력적인 사람인지, 어떤 취미와 목표를 가지고 있는지 등 대략적인 정보를 알아갈 수 있다.

이미 많은 사람이 누군가의 프로필 사진을 보고 그 사람이 어떤 사람인지 평가하는 세상이다. 심지어는 MBTI 성격 유형으로 그 사람과 친하게 지낼지 말지 결정하기도 하지 않는가? 우리는 이러한 인간의 심리를 역이용할 수 있다. 호감을 줄 수 있는 사진을 세팅해서 당신의 이미지를 긍정적으로 보이게 만들 수단으로 활용할 수 있다는 것이다. 자신에게 없는 모습을 작위적으로 꾸며내라는 것이 아니다. 진솔한 모습을 있는 그대로 보여줘도 좋다. 다만, 관계를 발전시키기 위해 약간의 '킥'을 더해 좋은 이미지를 만드는 것도 첫인상을 위한 노력이라는 점을 말하고 싶다. 이런 말도 있지 않은가? '좋은 관계로 발전하기 위해서는 먼저 예선전을 통과해야 한다'라는 말. 그 예선전이 바로 당신의 프로필 사진이 될 수 있다.

그럼 어떻게 좋은 이미지로 호감을 살 수 있을까? 기억해둬야 할 것은 왼쪽 얼굴이 드러나는 사진이 더 좋다는 사실이다. 미국 웨이크포레스트대학교 연구팀의 발표에 의하면 사람은 보통 오른쪽 얼굴보다 왼쪽 얼굴이 더 매력적이라고 한다. 우리의 오른쪽 뇌는 감정과 표정을 관장한다. 우뇌의 작용으로 왼쪽 얼굴에 더 풍부한 표정을 보이게 되고, 이런 풍부한 표정을 더 매력적으로 느끼게 된다. 따라서 왼쪽 얼굴이 보이는 사진을 프로필로 걸어두는 것은 효과적인 방법이다.

하지만 나의 양쪽 얼굴이 모두 보이는 사진이나 실제 만남에서는 왼쪽보다 오른쪽 얼굴에 신경을 쓰는 편이 좋다. 이것도 우뇌의 작용 때문이다. 인간의 우뇌는 사람의 매력을 판단하는 역할을 수행한다. 그리고 왼쪽 눈으로 상대를 바라볼 때 상대의 오른쪽 얼굴이 더 잘 보일 것이다. 다시 말해서 우뇌의 영향을 받는 왼쪽 눈으로 바라볼 때 바로 정면의 모습인 상대의 오른쪽 얼굴로 상대방의 매력을 평가하게 되는 것이다.

정리하자면, 나의 프로필 사진을 올릴 때는 왼쪽 얼굴이 나오는 사진을 올리는 것이 좋다. 반면 양쪽 얼굴이 모두 나오는 사진이나 실제의 만남에선 오른쪽 얼굴에 액세서리 등으로 포인트를 주는 것이 효과적이다.

시선의 방향에 따른 판단

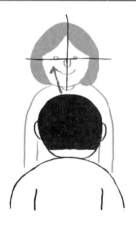

동물과 함께 찍은 사진을 올리는 것도 좋은 방법이다. 심리학자 시걸 티퍼렛Sigal Tifferet은 고양이, 개, 사람과 함께 찍은 사진 중 가장 좋

은 인상을 주는 것이 무엇인지 연구했다. 그 결과 남성의 경우 개와 찍은 사진을 프로필로 올리는 것이 호감을 높이는 데 더 효과적이라는 것을 알아냈다. 이는 특히 배우자를 선택할 때 적용되는 요소와 관련이 있었다. 개와 찍은 프로필 사진이 배우자 선택과 어떤 관련이 있을까? 티퍼렛에 따르면 활동적인 개는 통상적으로 고양이보다 키우는 데 손이 많이 가므로, 개와 오랫동안 관계를 유지한다는 것은 정성과 노력이 더 크게 들어간다는 의미라고 볼 수 있다는 것이다(고양이를 책임지고 키우는 것도 긍정적인 영향을 끼치지만 우선순위가 그렇다는 것이다). 즉 개와 함께 있는 사진은 '나는 장기적인 관계에서 책임감이 있는 사람이에요'라는 무의식적인 메시지를 전하는 것과 같다. 다만 여성의 경우 개와 찍든 고양이와 찍든 호감도에는 큰 변화가 없다고 한다.

또 다른 연구가 있다. 토론토대학교 대니얼 리Daniel Re의 연구에 의하면 사람들은 타인의 사진을 판단할 때 셀프카메라 사진보다 남이 찍어준 사진을 더 매력적으로 느낀다고 한다. 직접 찍는 셀카는 나르시시스트 성향을 나타내는 부분이 있어 과시욕이나 허영을 암시하는 경향이 있기 때문에 남이 찍어준 사진에 더 큰 매력을 느낀다는 것이다. 하지만 재미있는 것은 셀카를 찍은 본인은 셀카를 더 매력적으로 느낀다는 점이다. 셀카가 나에겐 매력적으로 보일 수 있지만 상대방에겐 그렇지 않을 수 있다는 결론이다. 또한 남성의 경우, 사진에서 얼굴의 비중보다 무언가에 몰입하거나 열심히 하는 모습 혹은 배경에 녹아든 모습이 더 중요할 수 있다. 진화심리학에 따르면 그게 남성이 배우자와 아이를 지켜줄 능력을 가늠하는 요인이 되기 때문이다.

이렇게 프로필 사진을 통해 첫인상의 매력을 높일 수 있다. 실제로 만나면 사진과 달라 실망하거나 어차피 의미가 없는 것 아니냐고 말할 수도 있겠다. 맞는 말이다. 가장 중요한 것은 허상이 아닌 실제로 내가 어떤 사람인지 솔직하게 보여주는 것이다.

무엇보다 좋은 인상을 주는 것은 잘 웃는 것이다. 웃음은 '나는 당신을 공격하지 않아요'라는 메시지를 내포하고 있다. 상대방에게 긍정적으로 반응하며 우호적이라는 뉘앙스를 전달해보자. 상대도 당신에게 낯선 경계심을 풀고 좋은 사람이라고 생각할 것이다.

누군가는 꾸며진 웃음을 가식적이라 생각할지도 모르겠다. 하지만 가식적인 웃음이라 할지라도 웃음이라는 노력을 보여준 것이므로 그리 나쁘게만 생각할 이유는 없다. 가식적인 웃음이라는 단어의 뉘앙스 때문에 부정적으로 들리지만 상대방에게 예의 있는 모습을 보여주기 위한 태도다. 웃을 일이 없어서 미소 짓기가 어렵다면 연습하면 된다. 어느 프로그램에서 백종원 씨가 식당 주인에게 이렇게 말한 적이 있다. "거울 보고 연습하세요. 연습하면 달라져요."

본인은 사업을 시작할 때 인상이 좋지 않아서 좋은 이미지를 주지 못했다고 말하며 미소도 연습하면 는다고 했다. 표정은 근육으로 움직인다. 근육은 훈련을 통해서 발달시킬 수 있다. 그러니 당신의 순수한 매력을 높이고 싶다면 웃는 얼굴을 연습하는 것은 좋은 방법이다.

세상은 복잡하고 다양하기 때문에 인간은 자신이 알고 있는 기준으로 상대를 평가할 수밖에 없다. 때로는 상대의 기준이 나와 맞지 않을 때도 있다. 그렇기 때문에 상대의 기준을 아는 것은 중요하다. 나아가 세상의 기준, 인간 보편의 기준을 아는 것도 인생을 잘 살아가는 데 필요하다. 개개인의 상대와, 세상과 좋은 관계가 되었을 때 나의 진면목도 보여줄 수 있는 법이니까. 상대에 맞춰서 나를 바꾸는 것이 아니다. 나의 진정성을 보여주기 위해 상대의 선호를 받아들이는 것이다. 양수인간은 이를 잘 알고 있다. 어쩌면 자신도 모르는 새에 이렇게 매력을 보여주는 법을 터득하며 살아가고 있을 것이다.

7장

성장 나로서
행복하기 위한
역전극

위기의 순간, 나를 지키는 세 가지

......

앞서 나와의 관계, 타인과의 관계, 세상과의 관계 속에서 어떤 태도
를 지녀야 잘 풀리는 삶을 살 수 있을지 설명했다. 양수인간은 여기
에 한 단계 더 나아가 사고하고 행동한다. 당신이 나로서 더 단단하
게 성장하길 바란다면 7장에서 설명하게 될 방법들을 알아가길 권
한다. 책을 끝까지 읽고 숙지한다면 어제보다 더 나은 역전의 삶을
펼칠 수 있을 것이다.

우리가 알아야 할 것은 때론 성장하는 것보다 큰 실패를 막는 것이 더 중요할 때가 있다는 것이다. 인생을 살면서, 분명 성공할 줄 알았지만 예상치 못한 결과를 맞이할 때가 있다. 일어날 모든 경우의 수를 개인이 통제할 수 없기 때문이다. 아무리 열심히 대비했다고 해도 변수에 의해서 잘못되는 상황을 맞이하곤 한다. 따라서 성장보다 중요한 것은 만일의 사태에 대비하는 '인생의 퇴로를 확보하는 것'이다. 퇴로 확보의 중요성은 선조들의 경험에서도 알 수 있다. 고려와 거란과의 전쟁에서 우리 고려군은 무리하게 침략을 강행한 거란족의 후방을 기습해 승리를 거두었다. 전진하기만 했을 뿐, 미처 퇴로를 확보하지 않은 거란족은 큰 패배를 겪었다.

인생도 이와 다르지 않다. 우리의 삶에서 퇴로를 확보하지 않는다면 앞만 보고 나아가다 큰 낭패를 볼 수 있다. 무리하게 사업을 벌일 경우, 빚을 내서 투자할 경우, 뒤를 돌아보지 않고 무작정 시험 준비를 할 경우 등 성공하면 좋은 일이지만 실패하게 될 경우 손해를 떠안아야 한다. 사업과 투자에 실패하면 빚더미에 앉을 수 있고 시험 준비에 오랜 시간을 쏟다가 실패하면 시간에 대한 기회비용을 감수해야 할 것이다.

양수인간은 인생의 퇴로를 염두에 둔다. 인생은 한 번의 성공으로 끝나는 게임이 아니라는 것을 알기 때문이다. 우리는 수명이 다할 때까지 인생을 계속 살아가는 존재다. 그런데 퇴로 없이 하나에 올인하는 태도로 삶을 살아간다면 언젠가 마주할 실패에 처참히 무너지게 될지도 모른다. 성장은 삶의 선택지를 점점 늘려주지만 큰 실패는 시도할 용기를 단번에 앗아간다. 또한 한 번의 실패로 많은 것을 잃는다면 다시 시도하기까지 많은 시간과 에너지가 필요하다. 즉 큰 실패로 물질적, 심리적 자원을 모두 잃게 될 수 있다. 그렇게 된다면 인생을 마주하는 것에 있어서는 개인의 주도성을 발휘하기 어려워질 것이다. 그렇기에 양수인간은 단 한 번의 성패로 인생이 결정되는 도박을 하지 않는다. 나아가 '만에 하나'라는 통제할 수 없는 위험을 관리한다.

그러나 많은 이들은 인생의 퇴로를 염두에 두지 않는다. 대부분 결과를 긍정적으로 예측하기 때문이다. 개인의 능력이든, 관계든, 사업의 성과든 그래도 이 정도면 잘 풀릴 거라고 생각하는 것이다. 이렇게 자신에 대해서 낙관적으로 생각하는 인간의 경향을 '낙관성 편향'이라고 한다.

재미있는 실험이 있다. 직장인들을 A 그룹, B 그룹으로 나눈 다음 풋볼 선수의 사진이 인쇄된 로또를 1달러씩 사도록 했다. A 그룹 사람들에겐 직접 로또 번호를 선택하도록 했고, B 그룹에겐 정해진 로또를 주었다. 그리고 추첨 직전에 실험 참가자들에게 이렇게 말했다. "로또를 다시 팔 수 있는 기회가 있는데 얼마에 파시겠습니까?" 그러자 정해진 로또를 받은 B 그룹은 1.96달러에 팔기를 원했고 A 그룹 사람들은 8.6달러를 받길 원했다.

A 그룹과 B 그룹 사람들에게서 차이점이 보이는 이유는 간단명료하다. 스스로 로또 번호를 선택했느냐 안 했느냐에서 갈리기 때문이다. 자신이 직접 선택했으므로 결과도 자신이 통제할 수 있다는 마음이 기저에 깔려있는 것이다. 실제로는 통제할 수 없는 상황 속에서도 말이다.

하버드대학교 심리학자 엘렌 랭거Ellen langer 는 이처럼 현실과 다르게 자신에게 결과를 통제할 수 있는 힘이 있다고 막연히 믿는 태도를 '통제의 환상'이라고 말했다. 통제의 환상은 자신이 마음만 먹으면 외부의 환경을 원하는 방향으로 끌고 갈 수 있다고 믿는 인간의 편향이다. 인간의 편향은 무모한 도전을 하게 만들고 무모한 도전은 실패할 확률을 높인다. 실패는 용기를 앗아가고, 용기를 잃은 사람은 새로운 도전을 하는 데 주저하게 된다. 이는 우리가 음수인간적 사고에 빠지게 되는 악순환으로 이어진다.

반면 양수인간은 자신의 한계를 인정하는 태도를 가지고 있다. 이런 태도는 환경에 끌려다니는 인생을 살지 않기 위해서 가장 중요한 것이기도 하다. 미국의 심리학자 허버트 알렉산더 사이먼Herbert Alexander Simon은 인간이 '제한된 합리성'을 가진 존재라고 말했다. 인간은 세상의 모든 정보를 수집하는 데에 무리가 있고 미래의 불확실성에 대해 파악할 수 없으며, 평가에 대해 주관성을 가지고 있다는 것이다. 다시 말해 인간은 복잡하고 무한한 세상에 유한한 심리적 용량을 가지고 살아가므로 제한된 합리성밖에 지닐 수 없다는 말이다.

그래서 우리는 인생의 일부분만 통제할 수 있다는 겸허한 자세가 필요하다. 겸허한 태도는 한 번의 실패로 좌절하지 않는 심리적 유연성을 길러준다.

한편, 통제할 수 없는 상황에 마주했을 때 양수인간은 어떻게 행동할까? 우리는 이럴 때 현실적으로 어떻게 대비할 수 있을까? 먼저, 방향성에 대한 퇴로가 필요하다.

예를 들어서 오랜 시간을 들여 준비한 시험에서 낙방했다면 다른 것을 시도할 수 있는 퇴로가 필요하다. 혹은 공들인 사업의 성과가 미비할 때 다른 일에 눈을 돌릴 퇴로를 마련해두어야 한다. 방향성의 퇴로를 확보하는 것은 스타트업에서 쓰이는 용어 피벗Pivot과 비숫하다. 예상한 성과가 나오지 않을 때 빠르게 전환하여 시장에 대처한다는 말이다. 이런 방향성의 퇴로가 제대로 세워지지 않는다면 어디로 가야 할지 헤매거나 지속해서 무리한 시도를 이어나가게 될 수 있다.

양수인간은 지금 하는 도전이 예상대로 흘러가지 않았을 때를 위해 플랜 B를 세운다. 방향성을 상실했을 때를 대비하는 것이며 무의미하게 불안 속에서 허덕이지 않는 나침반으로 쓰는 것이다.

두 번째로 비용에 대한 퇴로가 필요하다. 예를 들어, 사업을 진행할 때 생각지도 못하게 갑작스러운 비용이 발생할 수 있다. 또는 갑자기 건강이 악화되어 급히 수술비가 필요할 수도 있다. 그뿐만 아니라 크고 작은 사고가 발생할 수도 있다. 이런 상황에 대비하기 위해서 비상금을 저축하거나 보험에 가입하는 등 퇴로를 마련해야 한다. 비용이라는 균열에 무너지지 않으려면, 현금 흐름을 원활하게 하여 가지치기하듯 분산시켜서 앞으로 파생될 문제에 대해 평소에 준비해두어야 한다. 별도의 계좌를 개설해 여유자금을 당장 확보해두길 권한다. 언젠가 당신의 인생에 중요한 버팀목이 될 것이다.

세 번째는 시간에 대한 퇴로다. 나는 유튜브 채널을 개설할 때 1년에 1만 명 이상의 구독자 모으지 못하면 포기할 생각으로 시작했다. 인생은 길다고 하지만 사실 우리에게 주어진 시간은 정해져 있기 때문에 이렇게 시간의 한도를 정해두는 일은 꽤 중요하다. 정해진 시간 속에서 자신에게 맞는 일을 찾아나가야 한다. 될 것 같은 일을 꾸준히 밀고 나가는 것 또한 중요한 일이지만, 나조차 확신이 없는 일에 성공할 때까지 주야장천 매달리는 것은 나의 다른 재능을 찾을 수 있는 기회비용을 버리는 것과 같다. 자신의 목표를 정하면서 어느 정도의 제한 시간을 염두에 두지 않으면 끝나지 않을 것 같은 마음으로 무의미한 노력을 반복하게 될 수 있다. 시간을 효율적으로 쓰기 위해서 시간의 퇴로를 만들어야 한다.

퇴로를 확보하라는 말을 도전하지 말라는 의미로 오해하면 안 된다. 오히려 도전하기 때문에 퇴로가 필요한 것이다. 도전하지 않는 삶엔 퇴로도 필요 없다. 양수인간은 시행착오를 통해서 원하는 인생을 만들어 나간다. 그러니 중요한 것은 도전이다. 도전엔 실패가 뒤따르기에 마련이라지만, 한 번의 실패로 나의 모든 것을 잃을 정도로 위험한 태도가 반복된다면, 운 좋게 성공한다고 해도 언젠가는 어떻게 무너질지 모른다. 실패를 감당할 수 있을 정도의 범위 안에서 도전하길 바란다. 당신은 시행착오 속에서 실력이 향상될 것이고 점점 원하는 삶으로 이어지는 성장을 경험하게 될 수 있을 것이다.

멈춰야 할 때와 가야 할 때를 구분하라

......

"인생은 못 먹어도 고야!" 무언가를 결정할 때 사람들은 종종 이렇게 말한다. 우리는 때때로 둘 중 하나를 선택해야 하는 순간에 직면하곤 한다. 고할 것이냐, 스톱할 것이냐. 대단한 성과 혹은 막대한 손해를 얻을 수 있는 상황에서 어쩔 수 없이 선택해야 한다면, 어떻게 하는 게 좋을까? 어떤 기준으로 선택해야 할까? 그 답을 이야기하기 전에, 아래의 간단한 퀴즈를 먼저 풀어보자.

상황 1

A. 90만 원을 얻을 확률 100%

B. 100만 원을 얻을 확률 90%, 아무것도 얻지 못할 확률 10%

정답이 있는 문제는 아니니 너무 고민할 필요는 없다. 당신은 둘 중에 어떤 것을 선택하겠는가? 선택했다면 두 번째 문제로 넘어가보자.

상황 2

A. 90만 원을 잃을 확률 100%

B. 100만 원을 잃을 확률 90%, 아무것도 잃지 않을 확률 10%

아마 대부분의 사람이 1번 상황에서는 A를 선택했을 것이고 2번 상황에서는 B를 선택했을 것이다. 우리는 확실한 이득이 보장된 상황에서는 안전을 추구하고 위험을 회피하려는 경향이 있기 때문이다. 반면에 손실이 확정된 상황에서는 위험을 추구하는 경향이 있다. 그래서 확실한 이득이 보장된 1번 상황에서는 굳이 위험한 B를 선택하지 않는 것이고, 반대로 손해가 확실한 2번 상황에서는 그나마 손실을 피하고자 모험을 선택하게 되는 것이다.

이처럼 손실을 회피하려는 성향을 '손실회피편향'이라고 한다. 사람마다 정도의 차이는 있지만 우리는 위험을 회피하고 이득을 추구하려는 경향이 있다. 이런 경향은 주변의 다양한 상황에서 찾아볼 수 있는데, 주식시장을 떠올리면 쉽게 이해할 수 있다.

우리는 흔히 주식으로 돈을 번 사람이 온라인에만 존재한다고 한다. 그만큼 주식으로 돈을 번 사람을 실제 주변에서 보기 힘들다는 말이다. 그 이유는 손실과 이득에 대한 인간의 편향으로 설명할 수 있다. 전문가들은 주식으로 돈을 벌기 위해선 좋은 종목은 오래 보유하고 나쁜 종목은 빨리 팔아야 한다고 말한다. 하지만 손실회피편향에 따르면 확실하게 이득을 얻은 종목은 빠르게 팔고 반대로 손해를 본 종목에 재투자하는 것이 인간의 심리다. 왜냐하면 이득을 얻은 순간, 안전하게 이득을 추구하려는 인간의 성향 때문에 빠르게 매도하게 되고 손해를 본 순간, 원금 손실을 회피하고 싶은 마음에 추가 매수를 하게 되는 것이다. 그러니 좋은 종목에 오래 투자해서 큰 이득을 내지 못하고 나쁜 종목에 매달려 결국 손해를 보고야 만다. 이것이 인간의 심리이자 본성이다. 즉 주식투자는 인간의 본성을 거슬러야 이기는 심리게임이다.

손실회피편향은 사업에서도 잘 드러난다. 손해를 볼 거라는 사실이 확인된 순간, 처분하는 것이 바람직하지만 오히려 모험적으로 투자하게 되는 경우가 많은 것처럼 말이다. 게다가 인간은 같은 이득과 손실이면 손실을 더 크게 생각하는 경향이 있다. 머나먼 과거에는 이득보다 손실을 줄이는 것이 생존에 더 중요했기 때문에, 이런 본성이 지금까지 이어져 손해를 만회하기 위한 행동을 이득을 보기 위한 행동보다 더 과감하게 행하게 된다.

인간관계에서 나에게 악영향을 주는 사람을 끊어내지 못하는 상황 역시 손실회피편향의 측면으로도 설명할 수 있다. 상대방이 현재 나에게 끼치는 악영향보다 사람을 잃는다는 것에 대한 두려움이 더 크기 때문에 끊어내지 못해 지속적인 괴로움에 시달릴 수 있는 것이다. 대부분의 인간관계에는 나에게 도움이 되는 플러스 요인과 마이너스 요인이 동시에 존재한다. 손실회피편향에 의하면 나에게 마이너스되는 부분이 커도 플러스 요인을 버리기 어려워서 손절하지 못한다고 볼 수 있다.

나에게 스트레스를 주는 회사에서 퇴사하지 못하는 것도 같은 원리다. 회사에 의한 스트레스보다 회사를 그만둔다는 선택지를 더 고통스럽게 느끼기 때문이다. 앞서 말해왔듯 이는 음수인간의 사고라고 볼 수 있다. 사실 회사에서 주는 고정적인 월급과 집단에 소속되어 있다는 안정감을 버리는 것은 쉬운 일이 아니다. '언젠가 처우가 좋아지겠지' 혹은 '그 사람이 언젠가 나를 함부로 대하지 않겠지'라며 '만약'을 생각하지만 대부분 뜻대로 되지 않는다. 마치 주식을 할 때 마이너스 종목에 재투자하고 버티다 보면 언젠간 손실을 만회할 수 있을 거라는 근거 없는 믿음을 갖는 것과 같다. 믿음과 같다. 그렇기 때문에 더 좋은 선택지가 있음에도 선택하지 못하는 것이다.

중요한 것은 인생의 선택지에 '모 아니면 도'만 있는 게 아니라는 사실을 인지하는 것이다. 양수인간은 '개, 걸, 윷'이라는 선택지도 있다는 것을 안다. 그래서 자신에게 도움이 될 다양한 선택지를 찾으며 시야를 확장한다. 인간관계에서 손절이 아니라 느슨해지는 것을 택하기도 하고, 무작정 퇴사하는 것이 아닌 다른 부서로 이동을 택하기도 한다. 물론, 자신에게 치명적인 해가 된다면 손절하고 퇴사해야겠지만 말이다. 여기에서 말하고자 하는 것은, 반드시 둘 중 하나를 선택해야 하는 순간이라면 '못 먹어도 고'라는 태도로 임할 것이 아니라 적절한 순간에 '스톱'을 외치는 태도가 오히려 현명한 선택일 수 있음을 기억해두자는 것이다.

또한 양수인간은 나만의 확실한 손절선이 존재한다. 언제 그만해야 할지 모른다면 이런 손절선을 정해두는 것도 방법이 된다. 주식투자를 할 때 감정에 휘둘리지 않기 위해 손해를 감수할 손절선을 그어두는 것처럼 커리어, 인간관계 등 나의 생활에서도 스톱을 외칠 기준을 세우는 것이다. 지인이 나의 중요한 영역에 침범했을 때, 여러 번 당부했음에도 지속적으로 그 말을 지키지 않을 때 상대와의 관계를 멈춰야 한다. 회사에서 월급이 밀린다든가, 무례한 행동을 계속한다거나 허용범위 이상의 과중한 업무를 하달하면서도 나를 인정해주지 않는다면 스톱을 외쳐야 한다. 손절선의 골든타임을 놓치면 고통스러운 일을 멈출 기회를 점점 잃게 될 것이다.

필요한 순간에 스톱을 외치는 것도 중요하지만 위험해도 나아가야 하는 순간이 있다. 나에게 유리한 기회가 찾아왔을 때다. 마이너스의 상황에서 손실을 만회하기 위해 어쩔 수 없이 선택하는 게 아니라, 주어진 운을 잡기 위한 도전이다. 때로는 90만 원을 얻을 수 있는 100%의 확률보다 90%의 확률로 100만 원을 얻을 선택지로 향하는 용기를 내는 건 인생의 기회가 되기도 한다. 이런 순간에 모험을 택하면 인생을 한 단계 성장시킬 수 있다. 위험을 감수해야 기회를 얻는다는 것은 이런 경우다.

재차 강조하지만 한 번의 위험으로 모든 것을 잃을 수도 있는 선택은 지양해야 한다. 그것은 모험이 아니라 도박이니까. 또한 당신의 선택이 손실을 보기 싫은 합리화 때문인지 정말 유리한 기회인지 숙고해보는 시간도 필요하다. 기분대로 선택하지 말자. 기분을 먼저 인지하고 합리적인 선택을 하도록 노력하자. 선택은 나라는 개인이 하는 것이다.

인생의 수많은 일을 올바르게 판단하는 방법
......

당신은 자기 삶에 얼마나 만족하는가? 한번 생각해보자. 가능하면 퍼센트라는 수치로 정확히 고려해보자. 생각해봤다면, 이제 다른 질문을 던지겠다. 당신의 지난달 데이트 횟수는 몇 번이었나? 처음에

물어본 삶에 대한 만족감과 지난달의 데이트 횟수는 큰 관계가 없을 것이다. 삶에 대한 만족이 크더라도 데이트 횟수는 적을 수 있다. 혹은 연인이 없어도 지금 그 자체로 만족하고 있을 수 있다. 이 시점에서 당신 삶의 만족도를 달라지게 만드는 방법이 있다. 바로 질문의 순서를 바꾸는 것이다.

'지난달 데이트 횟수는 얼마나 되는가?'라고 물은 뒤에 '당신은 자기 삶에 몇 퍼센트나 만족하는가?'라고 물으면 데이트를 한 횟수에 따라 삶의 만족도가 바뀔 가능성이 크다. 이것을 '맥락 효과'라고 말한다. 먼저 제시된 정보가 이후의 정보를 판단하는 데 영향을 주는 것이다.

또한, 인간은 무언가 판단할 때 짝을 지어서 하는 경향이 있다. 예를 들어, "누군가 굉장히 온화한 사람이라면 그 사람의 성격을 어떤 색깔로 표현할 수 있나요?"라는 얘기를 들었을 때 어렵지 않게 그 사람과 어울리는 색깔이 무엇인지 대답할 수 있다. 제법 그럴싸한 이유도 덧붙이면서 말이다. 즉 인간은 서로 개연성이 없는 것들을 매칭해서 판단할 수 있는 능력을 갖추고 있다.

이렇게 인간이 어떤 결정을 내릴 때 빠르게 판단하도록 돕는 능력을 '휴리스틱heuristics'이라고 한다. 휴리스틱은 우리가 일상에서 의

사결정을 할 때 시간을 절약하고 생각하는 데 드는 시간과 에너지를 아끼는 효과가 있다. 효율성을 높이는 능력이지만 모든 것에 양면성이 있듯이 휴리스틱도 단점이 있다. 우리가 원하지 않을 때도 작동한다는 것이다. 바로 인간이 판단을 내릴 때 휴리스틱에 의해서 오류를 만들어 낼 수 있다.

앞서, 질문의 순서를 바꿨을 때 원하지 않았음에도 데이트 횟수가 삶의 만족도에 영향을 미친다는 것을 확인했다. 잘못된 판단을 내린 것이다. 이것이 판단에 크고 작은 결함을 만들어내는 휴리스틱의 단점이다. 그래서 우리는 휴리스틱의 작동 방식을 알아둘 필요가 있다. 미리 알아야 중요한 판단을 내릴 때 더 합리적인 결정을 할 수 있을 것이다.

휴리스틱은 타인을 설득할 때도 이용할 수 있다. 심지어 이미 유수한 기업에서는 휴리스틱을 이용해 이득을 취하고 있다. 어떻게 휴리스틱을 이용하는 것일까? 예를 들어, '멸종 위기에 빠진 동물을 위해 어느 정도의 금액을 기부할 것인가?'라고 물으면 쉽게 결정하기 어렵다. 따라서 어려운 판단을 쉬운 판단으로 바꿔 원하는 결과를 유도하는 질문으로 대체할 수 있다. 멸종 위기에 빠진 동물을 위해 얼마나 기부할 것인지 질문하는 게 아니라 '죽어가는 돌고래를 보고 어떤 감정이 느껴지시나요?'라는 질문으로 바꾸는 것이다. 결론을 내리기 어려운 금전적 판단 대신 비교적 쉬운 '감정'이라는 기준으로 판단하게 만든 예시다. 이것을 '감정 휴리스틱'이라고 한다.

감정이 자극되면 합리적인 기준으로 기부금의 액수를 판단하기 어려워진다. 바로 자신이 느낀 감정의 크기에 따라 기부금의 액수를 판단하기 때문이다. 느껴지는 감정의 강도가 강하면 강할수록 기부금의 액수도 높아지게 된다.

감정을 자극하는 방식은 다양하게 활용된다. 당신이 건강식품을 판매한다면 건강을 잃었을 때의 상실감을 느끼게 한 뒤에 상대가 판단하게 만들 수 있다. 상실감의 크기에 따라 지불하는 금액도 달라질 것이다. 오해할 수 있는데 감정 휴리스틱을 이용하는 것은 단순히 감정을 자극하는 것이 아니다. 감정을 통해 상대가 판단을 내리도록 유도하는 것이다. 다시 말해 삶의 만족도와 기부금의 액수, 그리고 건강식품을 사야 하는 이유 등 명확하고 빠르게 판단하기 어려운 상황에서 감정이란 기준으로 다시 정립해주는 것이다. 데이트 횟수, 돌고래가 죽어갈 때의 감정, 건강을 잃었을 때의 상실감 등 비교적 빠르게 판단을 내릴 수 있는 감정적 기준을 제시해 원하는 결과를 만드는 것이 메커니즘이다. 어느 날 이런 광고를 본 적이 있다.

'당신의 고양이가 혼자 보내는 시간은 얼마나 될까요?'

그 뒤에 이런 질문이 이어졌다.

'대부분의 시간을 혼자 보내는 당신의 고양이는 과연 행복할까요?'

정신을 차려 보니 이미 고양이 장난감을 구매한 나 자신을 발견할 수 있었다. 고양이를 키우는 입장으로서 심금을 울리는 문구였기 때문이다. 그러나 자세히 들여다보면 잘못된 판단을 내렸다는 것을 알 수 있다. 먼저, 고양이는 그 장난감에 별로 관심을 두지 않았다. 두 번째, 해당 광고는 고양이의 행복에 대한 기준을 고양이가 혼자 있는 시간에 대한 질문으로 대체해서 판단하게 만든 트릭이었다. 외로움을 느끼는 고양이도 많지만, 고양이는 영역 동물이라 혼자 있는 시간도 좋아하고 하루의 대부분을 잠으로 보낸다(고양이의 하루 평균 수면 시간이 14시간 정도다). 혼자서 잘 자는 고양이를 불쌍하다고 생각하도록 만든 질문이었다. 이 질문은 비싼 비용을 들여 장난감을 구매하는 것으로 연결되었다.

이런 플로우는 사람을 상대하는 모든 일에 적용된다. 비단 물건을 파는 것뿐만 아니라 의견을 피력할 때, 발표를 할 때, 새로운 커리어를 시작할 때 등 무궁무진하게 활용할 수 있다.

그럼 이런 방법을 가장 잘 활용하는 곳은 어딜까? 바로 코카콜라다. 코카콜라의 광고를 보면 굉장히 재미있는 점을 발견할 수 있다.

여름 광고와 겨울 광고가 다르다는 점이다. 여름에 송출하는 광고는 아주 직관적이다. 콜라를 마시면 느끼게 되는 탄산의 짜릿함과 갈증을 해소할 수 있다는 느낌을 전하는 것에 포커스를 맞췄다. 계절이 지나 겨울에 접어들면 광고의 느낌이 완전히 달라진다. 겨울 광고에는 큰 북극곰이 주인공이다. 새끼 곰도 함께 나와 단란한 가족이 연상된다. 귀여운 곰들은 콜라의 뚜껑을 퐁 하고 딴 뒤 음미하듯 마신다. 그리고 광고가 끝난다. 콜라라는 상품과 북극곰이 어떤 연관성이 있는지 처음엔 조금 이해하기 어렵기도 하다.

코카콜라는 왜 북극곰이 나오는 광고를 만든 것일까? 광고에서 드러나는 따뜻함과 단란함 등의 긍정적인 감정으로 코카콜라의 이미지를 대체하려는 의도가 숨어있는 것이다. 추운 겨울 속 차가운 코카콜라에 따뜻함이 연상되게 하여 가족들이 선호한다는 결과로 대체한 셈이다. 여름에는 오싹한 공포영화를 보고 겨울에는 포근한 분위기의 영화를 보게 되는 것처럼 따뜻한 분위기는 심리적 따스함으로도 이어진다. 실제로 연구에 따르면 겨울엔 로맨스 영화의 수요가 증가한다고 한다. 추운 날씨가 심리적 따뜻함을 원하는 선호로 이어지는 것이다. 코카콜라의 광고 역시 이 점을 공략했다.

우리는 무언가를 판단할 때 이성적인 판단보다 더 빠른 휴리스틱을 활용할 수 있다. 데이트 횟수에 따른 삶의 만족도를 판단하게 할 수도 있다. 혼자 대부분의 시간을 보내는 고양이의 행복도를 판단하게 할 수도 있다. 돌고래가 죽어갈 때의 감정의 크기를 비용으로 판단하게 할 수도 있다. 그리고 가족에 대한 따뜻한 이미지를 코카콜라의 구매 의사로 판단하게 할 수 있다.

이는 인간의 장점이기도 하지만 한계이기도 하다. 휴리스틱이라는 판단의 오류를 알고 있다면 불합리한 결정에서 조금은 벗어날 수 있을 것이다. 또, 이런 인간의 한계를 이용해서 원하는 목표에 한 걸음 더 가까워지는 양수인간이 될 수 있을 것이다.

타인과 선순환을 만드는 비결
......

앞서 6장에서 우리는 대화의 중요성을 파악했다. 나아가 상대의 마음을 이해한다면 더욱 깊이 있는 관계 형성이 가능해진다. 서로의 감정, 생각, 욕구를 왜곡 없이 전달하고 이해할 수 있을 때 더 좋은 관계로 발전할 수 있기 때문이다. 이 중에서 상대의 감정을 아는 것은 매우 중요하다. 감정이야말로 마음을 비춰주는 거울이며, 상대를 더 폭넓게 이해할 수 있도록 한다. 상대에 대한 이해의 폭이 넓어질수록 우리는 상대의 마음으로 들어가는 작은 틈새를 발견하기 쉽다.

그렇다면 어떻게 감정을 파악할 수 있을까? 바로 '비언어'를 통해서다. 당신은 지금 이 책을 읽으면서 어떤 표정을 짓고 있는가? 그리고 자세는 어떤가? 편안한 표정으로 읽고 있을 수도 있고, 살짝 미소를 짓고 있을 수도 있다. 가볍게 등을 기댄 채 다리를 꼬고 있을 수도 있고 살짝 기울어진 자세로 있을 수도 있다.

다만 공통적인 한 가지는, 내가 물어보기 전까지는 자신이 어떤 표정을 짓고 어떤 자세를 취하는지 잘 인지하지 못했을 거라는 사실이다. 내가 표정과 몸짓body language을 이야기하는 순간에야 당신은 자신의 표정과 자세를 똑바로 알아차릴 수 있었다. 비언어는 평소에는 무의식 영역에 있다가, 집중하는 순간 의식 영역으로 올라오는 전의식 영역에 속하기 때문이다.

감정은 '표정'으로 드러난다. 캘리포니아대학교의 심리학과 폴 에크만Paul Ekman 교수는 7개의 감정(기쁨, 슬픔, 놀람, 두려움, 혐오, 경멸, 분노)이 표정으로 나타난다는 것을 밝혔다. 모든 인류는 같은 표정으로 감정을 공유한다. 이러한 감정은 의도적으로 숨기기 어렵다. 따라서 상대의 표정을 읽을 수 있다면, 우리는 상대의 감정을 파악할 수 있다. 심지어 상대 스스로는 인지하지 못한 미묘한 감정까지도 말이다. 반면 몸짓은 감정에 대한 상대의 의도를 나타낸다. 예를 들어, 당신이 화가 난 상황이다. 이때 모든 인류는 공통적으로 같은 분노의 표정을 짓는다. 표정을 통해 감정이 거울처럼 드러난다. 그렇지만 분노를 어떻게 드러낼지, 그 의도는 사람마다 다르다. 누군가는 팔짱을 끼고 자신의 감정을 나타낼 수 있다. 그의 의도는 억제다. 다른 누군가는 허리에 손을 얹고 몸을 크게 보이는 위협적인 모습을 보일 수 있다. 그의 의도는 위협이다. 같은 분노의 감정이지만 의도에 따라 몸짓이 달라진다.

즉, 표정은 감정을 보여주고 몸짓은 그 감정의 의도를 보여준다. 이런 표정과 몸짓을 이해한다면 당신은 상대의 감정과 자신의 감정을 빠르게 캐치할 수 있을 것이다. 이것은 마치 포커 게임에서 상대의 패를 알고 게임을 하는 것과 같다.

표정이 나타나는 방식은 총 3가지가 있다. 매크로 표정, 미묘한 표정, 미세 표정이다. 매크로 표정은 거대하게 나타나는 표정을 말한다. 일반적으로 우리가 짓는 표정이고 명확한 의미를 전달한다. 예를 들어, 슬플 때 우리 얼굴에서는 눈썹과 눈 그리고 입에서 변화가 나타난다. 매크로 표정은 이 모든 변화가 얼굴에서 확연히 드러나는 표정을 말한다. 반면 미묘한 표정은 얼굴의 한 부위에서만 나타난다. 따라서 감정을 캐치하는 게 쉽지는 않다. 그러나 미묘한 표정을 읽을 수 있다면 상당히 섬세하게 나와 타인의 감정을 찾아낼 수 있다. 다음 글에서 우리는 미묘한 표정에 집중해서 표정을 살펴볼 것이다. 미세 표정은 0.2초 정도의 빠른 순간에 나타났다가 사라지는 표정이다. 책이라는 매체의 한계로 움직이는 표정을 보기엔 어려우니 미세 표정에 대한 구체적인 내용은 '놀면서 배우는 심리학' 유튜브 채널의 미세 표정 영상을 참고하길 바란다.

때로는 말보다 표정이 힌트다
......

내가 지난 몇 년간 유튜브 채널에 올린 심리학 콘텐츠는 모두 직접 기획했다. 그중 가장 중요하게 생각한 것은 '그래서 어떻게 문제를 해결할 수 있는가?'처럼 삶에서 실질적으로 적용할 수 있는 내용이었다. 많은 전문가가 저마다의 관점으로 다양한 문제의 해결 방법을 제시했지만, 공통적인 한 가지가 있었다. 바로 '스스로의 감정을 자각하는 것'이었다. 자신의 감정을 자각하는 것은, 마음과 관계의 모든 문제를 해결하는 것의 시작점이었다.

특정한 문제를 해결하기 위해서는 문제가 생겼다는 것을 인지해야 한다. 그래야 문제를 해결하기 위한 행동을 할 수 있다. 마음의 문제도 마찬가지이다. 문제가 생겼다는 것을 인지해야 마음의 문제를 해결할 수 있다. 대부분 마음의 문제는 감정의 변화를 동반한다. 우울증은 무기력함이나 슬픔 등의 감정을 동반하고 불안증은 불안함을 동반한다. 인간관계에서의 문제도 상대에게 실망했거나 서운했거나 화났거나 질투가 났거나 하는 감정을 동반하기 마련이다. 따라서 스스로 부정적인 감정을 자각할 수 있어야, 감정에 치우친 행동을 사전에 막아 적절하게 문제에 대처할 수 있다. 마치 파이프가 터졌을 때 누수된 곳을 발견해야 문제를 해결할 수 있는 것처럼, 마음이라는 파이프에 생긴 감정의 누수를 파악해야 올바른 대처를 할 수 있다.

그럼 어떻게 자신의 감정을 파악할 수 있을까? 가장 좋은 방법은 내가 표현하는 비언어다. 순간적으로 나타나는 나의 비언어를 캐치하면 스스로 어떤 감정과 의도를 가지고 있는지 파악할 수 있다. 이 작업은 굉장히 짧은 틈에 이루어진다. 자신의 비언어를 자각하고 읽을 수 있다면 감정에 휘말릴 때, 파국적인 행동을 예방하는 것에 큰 도움이 된다. 또한 상대의 감정을 읽어 깊이 있는 소통도 가능하며 상대의 의중을 파악하는 눈도 기를 수 있다. 그러니 다음의 표정들을 살피며 감정을 읽는 힘을 키워보자.

① 분노를 느낄 때

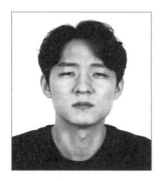

어떤 상황에서 입술이 얇아질까? 대개 약한 분노를 느끼고 있는 '초기 분노'의 감정을 느낄 때 입술이 얇아지는 표정이 보인다. 만약 당신이 누군가와 대화하다가 입술이 얇아지는 것을 느낀다면, 당신은 지금 상대와의 대화가 불편하다는 초기 감정의 시그널을 잡은 것이다.

눈을 작게 뜨고 눈꺼풀을 조이는 두 번째 표정도 약한 분노를 느낄 때 나타나는 표정 중 하나다. 혹은 무언가 골똘히 생각에 잠길 때도 볼 수 있는 표정이다. 이 표정이 나타난다면 상대가 약한 분노를 느끼고 있을 수 있으므로 조심하도록 하자. 청문회나 대선 토론 같은 장면에서 상대에게 공격받았을 때 쉽게 볼 수 있는 표정이다.

하단 표정은 강한 분노를 느낄 때 나타난다. 눈썹은 아래로 내려가 있고 위쪽 눈꺼풀이 올라간 노려보는 표정이 된다면 확실히 분노를 느끼고 있다는 것이다. 만약 이 표정을 본다면 피하기에도 이미 늦었다. 일단 상대의 감정에 맞춰주어 감정을 누그러뜨리는 것에 초점을 두자.

(나)

분노의 감정은 무언가에 방해받았다고 생각할 때 나타나는 감정이다. 따라서 방해물을 제거하고자 하는 욕구가 내포되어 있다. 만약 이런 표정을 감지했다면, 지금 해야 할 일은 대화를 중단하거나 화제를 돌리는 일이다. 분노가 점점 증폭되기 전에 일시정지를 하듯 잠시 휴식을 취하며 감정을 가라앉히자는 것이다. 이렇게 당신은 소중한 사람에게 돌이킬 수 없는 상처를 줄지도 모르는 사고를 표정을 읽음으로써 예방할 수 있다.

예를 들어, 어떤 상황에서 A는 스스로 짜증이 나는 것을 알아차렸다고 해보자. A는 잠깐 자리를 피해서 감정을 가다듬고 이성적으로 대화를 해서 갈등을 잘 해결할 수 있었다. 같은 상황에서, B는 자신이 짜증 났다는 상태를 깨닫지 못하고 점점 공격적으로 대화를 이어갔다. 결국 짜증은 큰 분노가 되어 상대를 공격하게 됐고 그 둘의 관계는 돌이키지 못하는 결과로 끝나고 말았다. 시간이 지나 B는 후회했지만 이미 되돌리기엔 너무 늦었다. 소중한 사람과의 관계가 잠깐의 감정 조절 실패로 끝나버리고 만 것이다.

이처럼, 분노의 불씨가 약할 때 알아차려야 불길을 막을 수 있다. A처럼 잠깐의 시간을 두고 마음을 가라앉히는 환기의 시간을 갖는 건 매우 중요하다.

(상대)

만약 상대에게서 분노의 표정을 봤다면, 상대가 당신과의 대화 중 무언가에 방해받고 있다고 느끼는 것이다. 방해의 주체는 당신일 수도, 상황일 수도 있다. 이럴 때는 이야기하던 주제를 다른 주제로 돌리거나 당신이 의도치 않게 무례하게 행동한 것이 없는지 물어보는 게 도움이 된다.

또한 "너의 말도 일리가 있는 것 같아", "충분히 그렇게 느낄 수 있는 상황이었어" 등으로 상대의 감정을 인정해주는 것도 좋다. 분노는 방해받았을 때 그 방해물을 제거하고자 하는 욕망이 담긴 감정이므로, 인정을 통해 방해물을 제거해주는 것이다.

그 뒤에 당신이 하려던 말을 해보자. "그런데 한편으로 이렇게 하는 방법도 괜찮을 거 같아", "그런데 만약 이렇게 하면 어땠을까?" 등으로 상대의 말을 반박하는 것이 아닌 새로운 관점을 제시하여 시야를 확장시키는 개념으로 이야기하는 것이다. 이렇게 말하면 대개는 이내 마음을 풀고 대화에 임할 것이다. 만약 이렇게 했음에도 상대가 계속 분노를 표출하는 상황이라면 나중에 이야기하도록 하자.

하지만 관계보다 일의 해결이 우선인 상황이라면, 감정은 읽어주되 문제의 해결을 위해서 의견을 제시한다는 것을 명확히 해야 좋다. 다시 말해서, 공과 사를 명확히 하는 포지션을 취해 '당신의 감정을 상하게 할 의도가 아니고 문제의 해결을 위해서다'라는 것을 밝히는 것이 도움이 될 것이다.

② 누군가를 불신할 때

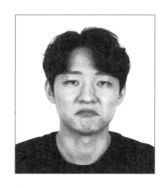

입술이 아래로 내려가는 표정은 불신할 때 나오는 표정이다. 보통, 상대의 이야기를 믿지 못하거나 의심할 때 이런 표정이 나타난다. 다시 말해서 부정의 뉘앙스라 볼 수 있다. 때로는 자기가 말한 뒤에 이런 표정을 지을 때도 있다. 그때는 자기 말에 확신이 없다는 의미가 될 수 있다.

TV 프로그램 〈더 지니어스: 게임의 법칙〉에서 이 표정이 적나라하게 나온 적이 있다. 이 프로그램에는 열 명이 넘는 사람들이 출연하는데, 매회 정해진 게임을 하고 그 결과에 따라 한 명의 탈락자를 뽑는다. 그리고 마지막까지 살아남은 한 사람이 우승자가 된다. 프로 그램 진행 중 정치 게임에서 이 불신의 표정을 볼 수 있었다. 정치 게임은 얼마나 많은 사람을 포섭하는 지가 승리에 영향을 미치는 게임이었다.

게임은 출연자 홍진호 씨와 김구라 씨의 대결 양상으로 흘러갔고, 승기는 김구라 씨에게 가고 있었다. 홍진호 씨는 다른 출연자들을 포섭하려고 했지만 이미 많은 사람이 김구라 씨에게 넘어간 상황이었다. 그 사실을 모르는 홍진호 씨는 다른 사람들에게 이렇게 말한다. "구라 형은 아무것도 몰라." 그러자 이미 김구라 씨에게 포섭된 사람들은 웃으면서 입꼬리가 내려가는 이 표정을 지었다. 속으로 이렇게 생각한 것이다. '구라 형은 이미 모든 걸 알고 있는데?'

(나)

이 표정은 거짓말하는 사람에게서 자주 볼 수 있는 표정이다. 만약 당신이 이 표정을 지었다면 상대의 말을 듣고 불신을 느꼈을 가능성이 크다. 그러니 상대의 말을 믿을 수 있는지 스스로에게 질문해보는 게 좋다.

두 번째로 당신이 이 표정을 습관처럼 짓는다면 남에게 싫은 소리를 잘 못 하는 사람일 수도 있다. 이 표정은 겉으로는 긍정하지만 속은 부정할 때 나타나는 표정이기 때문이다. 다시 말해서 이 표정을 습관처럼 짓는다면 당신은 솔직한 모습보다는 꾸며진 모습을 더 많이 보여주는 사람일 수 있다. 아마 당신은 상대에게 좋은 사람으로 보이고 싶다거나, 남에게 부정적인 대답을 하는 것에 부담을 느낄 수 있다.

우리의 무의식은 상대의 미묘한 표정 변화도 느낄 수 있게끔 만들어졌다. 화나지 않았다고 말하는 친구의 입이 튀어나온 것을 보고 우리는 그 친구가 삐졌다는 것을 감지할 수 있다. 별로 안 좋다고 말하는 사람의 얼굴에 번지는 미소는 그 사람의 기분이 좋다는 것을 넌지시 알려준다. 우리는 말보다 표정의 변화로 그 사람의 분위기를 감지한다. 이처럼 사람의 분위기는 작은 비언어의 변화에도 크게 달라진다. 그렇기에 당신이 입꼬리를 내리는 표정을 습관처럼 한다면 긍정적인 말을 한다고 해도 사람들은 당신의 분위기를 부정적으로 느낄 가능성이 크다.

그러니 입꼬리를 내릴 때면 이런 생각을 해보자. '차라리 솔직하게 말하는 것은 어떨까?', '굳이 내가 좋은 모습을 보여야 할 필요가 있을까?' 이렇게 생각하고 솔직하게 말하는 연습을 하다 보면 자연스럽게 입꼬리를 내리는 습관이 고쳐질 것이다. 그리고 당신 주변의 사람들은 당신이 무언가를 숨기는 사람이 아니라 솔직하고 진솔한 사람이라고 생각할 것이다.

(상대)

만약 당신이 무언가를 말했을 때 상대가 이런 표정을 짓는다면, 당신의 말을 완전히 믿지는 않는다는 의미이다. 그러니 조금 더 부연 설명을 해서 상대를 설득하는 작업이 필요할 수도 있다. 혹은 상대가 당신을 대단하다고 치켜세우면서 이런 표정을 짓는 경우도 있다. 이때는 자기 생각과 다르다는 의미로, 당신이 예상보다 큰 성과를 보여줘서 놀랍다는 표현이 될 수 있다. 마지막으로 상대방이 말을 한 직후에 이 표정을 짓는다면 스스로도 자신의 말을 신뢰하지 않는다는 의미이므로, 거짓말이거나 아직 신뢰하지 않는 생각을 당신에게 말했다는 의미일 수 있다.

출처: dolgachov(123RF)

③ 불안을 느낄 때

눈썹이 올라가고 가운데로 몰리면서 이마에 긴장감이 생기는 표정은, 약한 두려움을 느낄 때 나타난다. 놀랐을 때 눈썹이 아치형으로 올라가서 이마에 주름이 생기는 표정과는 '이마에 긴장감이 생긴다'는 점에서 차이가 있다. 이 표정은 약한 두려움, 불안, 걱정, 염려 등의 불안의 세부적인 감정을 느낄 때 나온다. 혹은 불안한 감정을 억누를 때 보이기도 한다. 공포를 잘 느끼는 사람, 겁이 많은 사람들에게서 자주 볼 수 있는 표정이기도 하다.

이런 표정을 습관적으로 짓는 사람들도 있는데, 자세히 살펴보면 누군가에 대한 걱정이나 잔소리할 때 이런 표정을 짓는 것을 볼 수 있다. 대표적으로, 요리연구가이자 기업인인 백종원 씨가 방송에서 사람들에게 피드백할 때 이런 표정을 자주 짓는다. 이 표정으로 이야기하면 조금 강한 어조로 이야기해도 걱정 어린 피드백이라는 느낌을 줄 수 있다.

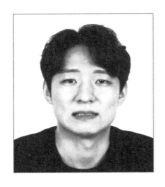

입이 뒤쪽으로 당겨지는 표정도 약한 불안감을 느끼거나 불안을 억누를 때 나온다. 약한 공포를 느낄 때도 나올 수 있다. 한번은 친구에게 사랑니 발치 이야기를 들려준 적이 있다. 나는 악명 높다는 누운 매복 사랑니 4개를 가지고 있었는데 모두 발치하면서 엄청난 고통을 겪었다. 이 이야기를 친구에게 생생히 들려줬더니 그 친구의 표정에서 사진과 같은 표정이 짧게 나타났다 사라지는 것을 볼 수 있었다.

(나)

'불안'은 알 수 없는 위험에서 벗어나기 위한 감정이다. 과거에는 불안이 생존에 필수적이었다. 우리의 선조들은 밀림에서 맹수들의 위협에 노출되어 있을 때, 작은 신호에도 예민하게 불안을 느껴 재빠르게 대처하곤 했다.

선조들이 밀림에서 맹수를 발견했을 때, 가장 먼저 무엇을 했을까? 그대로 '정지', 즉 얼어붙었다. 아무리 빨라도 맹수보다 빠를 수 없기에 눈에 띄지 않도록 멈추는 것이 생존에 유리했기 때문이다. 그러다 맹수의 눈에 띄게 되면 '도망'갔고, 그것도 여의치 않다면 '싸움'을 선택했다. 이것을 '3F_Fight-Flight-Freeze'라고 한다.

현대사회에서는 우리의 목숨을 위협할 만한 위험들은 대부분 사라졌다. 오히려 피하기보다는 도전해서 쟁취하는 것이 미덕인 시대가 됐다. 그렇지만 아직 구시대적인 불안 시스템을 가지고 있는 우리는, 불안한 상황에서 멈추는 것을 선택한다.

예를 들면, 낯선 사람에게 다가가야 하는 상황이나 사람들 앞에서 발표하는 상황, 나를 만만하게 보는 사람 앞에서 할 말을 해야 하는 상황 등에서 우리는 불안으로 인해 움츠러들고 정지하고 만다. 행동해야 하는 상황인데도 말이다. 그러니 만약 당신이 스스로 이런 표정을 지었다는 것을 알아차렸다면, 스스로에게 물어봐야 한다.

'지금 내가 불안함을 느껴서 멈추는 것이 나에게 도움이 되는가?'
'그런 선택을 하는 것이 합리적인가?'

만약 아니라는 말이 마음속 깊은 곳에서 나왔다면 의도적인 노력으로 당신이 원래 하려던 행동이나 말을 하자. 인간이 동물과 다른 점은 본능과 다르게 행동할 수 있다는 점이다. 당신이 스스로 불안함을 인지하지 못해서 정지한다면, 본능에 따라 행동한 것이다. 그것은 당신 인생의 한계로 이어질 것이다. 그렇지만 불안을 인지해서 다르게 행동하는 불편함을 선택한다면, 그 순간 당신은 스스로 인생의 새로운 항로를 개척하는 개척자가 될 수 있다. 그러니 불안에 지배당하지 말자. 두 번째로, 별일 아닌 것에도 쉽게 불안해지는 구시대적 불안 시스템으로 인해 당신이 누군가와 대화 중에 불안을 느꼈다면, 상대도 당신이 불안해한다는 것을 직감적으로 알아차릴 것이다. 만약 그 관계가 이성 관계라면 당신의 매력은 떨어질 것이고, 비즈니스 관계라면 당신의 신뢰도가 떨어질 것이다. 이런 상황에서는 불안을 떨쳐내는 것이 중요하다.

다만 불안을 숨기기 위해 무리하게 말하려 들면 역효과가 날 수 있다. 아무리 숨기려고 해도 표정이나 몸짓, 목소리 등으로 티가 나고 무리수를 두게 될 수도 있기 때문이다. 그러니 말을 자제하고 경청하는 것에 집중하여 시간을 두고 상대와 익숙해지기를 기다리는 것이 좋다. 또는 당신이 불안을 느끼는 상황을 솔직하게 말함으로써 진솔한 사람이라는 느낌을 주는 것도 좋다. 소개팅하는 상황이라면 '너무 매력적이어서 긴장이 되네요. 제 목소리가 떨려도 이해해주세요'라는 말 등으로 당신의 솔직한 심정을 드러내는 것이다. 솔직한 표현은 당신의 매력을 떨어트리지 않으면서 당신의 불안을 상대가 이해할 수 있게 해준다.

(상대)

만약 상대가 불안한 표정을 짓는다면, 무언가 예상치 못한 위험을 느끼고 있다는 신호이다. 당신과 아직 가까워지지 않은 상태에서 이런 표정을 짓는다면, 상대와 어느 정도 거리감을 두어서 상대의 물리적, 심리적 공간을 침범하지 않도록 하는 것이 좋다. 만약 충분히 가까운 사이에서 이런 표정이 나타났다면, 조심스레 요즘 어떤 걱정거리가 있는지 묻는 것도 좋다. 대화를 통해 문제를 해결할 수 있다면 가장 좋고, 해결하지 못하더라도 당신의 공감이 상대에겐 큰 도움이 될 것이다.

다만 특별한 걱정거리도 없는데 가까운 사이에서 불안의 신호를 본다면, 현재 상황에서 불안을 느낀다는 의미이다. 어떤 사람은 사람이 많은 곳에서 불안을 느끼기도 하고, 좁은 공간에서 불안을 느끼기도 한다. 개인의 특성에 따라 특정한 상황에서 불안을 느낄 수 있으니 먼저 불편한 것이 없는지 묻는 것이 좋겠다. 어쩌면 당신에게 말하지 못할 잘못을 저질러서 불안한 감정을 느낄 수도 있다. 만약 당신을 통해 부당한 이득을 취하려는 속셈을 가지고 있어서 나타나는 불안이라면 이때는 상대의 진위 여부를 판단할 필요도 있다.

④ 경멸과 혐오를 느낄 때

흔히 '썩소'라고 부르는 이 표정은 '내가 상대보다 낫다'라는 우월감을 가질 때 나오는 표정이다. 만약 누군가의 입꼬리 한쪽이 올라가는 표정을 본다면 그는 상대보다 자신이 더 우월하다고 느끼고 있다는 정도로 이해하면 된다.

다음으로 유통기한이 한참 지난 우유를 냉장고에서 발견했다고 생각해보자. 우유를 싱크대에 버리자 상한 냄새가 방 안 가득 진동한다. 만약 당신에게 그 우유를 마시라고 하면 어떤 표정을 짓겠는가? 우리에게 나타날 수 있는 표정은 단 한 가지, 콧잔등이 들리면서 윗입술도 같이 올라갈 것이다. 바로 혐오의 표정이다.

이 표정도 앞의 하단 사진과 마찬가지로 혐오의 표정이다. 다만 윗입술이 들리지 않은 것으로 보아 위의 사진에 비해 약한 혐오감을 느끼거나 감정을 억제하려는 의도가 보인다. 혐오감을 느낄 때는 위험한 냄새를 더 민감하게 감지하기 위해 콧잔등이 들리면서 콧구멍이 넓어진다. 혐오의 감정은 기본적으로 사람을 볼 때보다 사물을 볼 때 더 많이 보이는 표정이다. 위의 상한 우유를 바라본 표정처럼 더러운 것을 보거나 역겨운 것을 볼 때 나타난다. 그렇지만 이 표정이 사람을 향하는 경우는, 그 대상을 사람 취급하지 않는다는 도덕적 혐오감을 나타내는 강력한 의미일 수도 있다.

(나)

만약 내가 상대와 대화 중에 이런 표정을 짓는다면, 당신의 표정을 보고 상대가 오해할 수도 있다. 그런 상황에서는 표정을 지은 이유를 말하는 게 도움이 된다. 예를 들어서 경멸의 표정을 지었을 때는 상대를 깔보는 것이 아님을 표현하는 것이 좋다. 만약 혐오의 표정을 지었다면 "어디서 이상한 냄새 나지 않아?"와 같이 감정의 원인이 상대가 아니라는 것을 명확하게 표현해 주는 것이 좋다. 습관적으로 경멸이나 혐오의 표정을 짓는 사람이 있는데, 이런 경우 의도하지 않게 상대에게 부정적인 분위기를 만들 수 있으니 습관을 고치는 것이 필요하다.

(상대)

만약 상대가 이 표정을 짓는다면 섣불리 오해하지 말아야 한다. 당신을 무시하거나 혐오한다는 의미가 아닐 가능성이 크다. 다만 어떤 부분에서 그런 감정을 느꼈는지 대화를 통해서 듣는 것이 좋다. 당신의 말을 오해해서 그런 감정이 나타났을 수도 있기 때문이다. 이런 상황에서는 표정에 대해 직접적인 언급을 하는 것보다, 이야기 중에 오해하고 있는 것이 있는지, 불쾌한 부분이 있는지를 물어보는 것이 좋다.

경멸의 표정은 때로는 거짓말할 때 나타나기도 한다. 특히 웃음과 함께 나타나는 경멸의 신호는 상대를 속였을 때 나타나는 기쁨의 감정인 '듀핑 딜라이트_{duping delight}'와 함께 나오는 우월감일 수 있으니 염두해두자.

⑤ 슬픔을 느낄 때

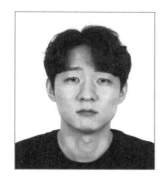

슬픔은 상실을 경험할 때 느껴지는 감정이다. 그것은 사람과의 이별일 수도, 사물을 잃어버리는 것일 수도, 목표의 좌절일 수도 있다. 왼쪽 사진 표정의 첫 번째 특징은 눈썹 안쪽의 추미근이 상승한다는 것이다. 이 추미근은 미묘하게만 상승해도 강력한 분위기의 차이를 만들어 낸다. 의도적으로 추미근을 올리기는 어렵다(한번 지금 눈썹 안쪽을 올려보라). 이렇게 상대의 눈썹 안쪽이 올라가는 모양이 됐을 때는 상대가 무언가를 상실한 것에 대한 약한 슬픔을 느끼고 있다고 이해하면 된다.

슬픔을 느낄 때는 입에서도 변화가 나타난다. 왼쪽 사진처럼 웃는 입꼬리와는 반대로, 양쪽 입꼬리가 아래로 처진다. 앞에서 언급한 불신의 표정과의 차이가 있다. 불신의 표정은 과도하게 입꼬리가 아래로 향하는 표정이라면 슬픔을 느낄 때는 약하게 입꼬리가 내려간다. 이렇게 입꼬리가 내려가는 표정을 본다면 슬픔을 억누르고 있다는 신호로 해석하면 된다.

(나)

슬픔의 표정을 자기 얼굴에서 발견한다면, 당신은 상실감을 느끼고 있는 것이다. 이런 상황에서는 부정적인 생각에 압도되어 제대로 된 판단이 어려울 수 있다. 이때 인간관계나 직장 및 커리어 등의 중요한 선택은 자제하는 것이 좋다. 시간이 지나면 슬픔의 감정은 사라지니, 중요한 선택은 감정이라는 소나기가 지나간 후에 하는 것이 좋다.

만약 슬픔의 감정이 지속된다면 우울증을 의심해볼 수 있다. 이런 상황에서는 병원이나 상담센터를 찾아가서 적극적인 조치를 취하는 것이 좋겠다.

(상대)

상대의 얼굴에서 슬픔의 표정을 본다면 절대 이런 말은 금물이다. "뭘 그런 걸로 슬퍼하고 그래?", "긍정적으로 생각해" 등 상대의 감정을 평가하는 말이다. 상대가 상실감을 느끼고 있다는 것을 이해하고 무기력한 상태라는 것을 알고 그냥 옆에 있어 주면 족하다. 상대가 어떤 말을 할 때 슬픔의 표정이 보인다면 그 부분을 주제로 이야기를 이어나갈 수도 있다. 이때 상대가 당신에게 내밀한 슬픔의 감정을 표현한다면 더욱 깊은 관계로 발전할 수 있다.

⑥ 미소를 지을 때

이 표정은 웃는 표정으로 보이지만 '팬 아메리카 미소pan-american smile'라고 하는 거짓 미소이다. 악의적인 표정은 아니지만 부정적인 감정을 감추기 위해 많이 짓곤 한다. 보통 거짓 미소는 눈에 주름이 잡히지 않는 미소라고 오해되곤 하는데, 거짓 미소라도 눈가에 주름이 잡힐 수 있다. 다만 눈둘레근의 움직임이 적어 광대가 들리지 않고 눈을 당겨주지 않아 인위적인 느낌이 든다.

반면, 옆 사진의 표정은 뒤센 미소duchenne smile라고 하는 진짜 미소이다. 위 사진과는 다르게 눈둘레근이 눈꼬리를 당겨주면서 자연스럽게 눈웃음이 지어진다. 또한 광대가 들리면서 거짓미소와 다르게 눈썹이 살짝 내려오는 특징이 있는데 이 또한 눈둘레근의 영향이다. 진짜 미소는 거짓 미소와는 다르게 의도적으로 지을 수 없다.

(나)

상대의 앞에서 진짜 미소를 보이는 것은 큰 문제가 되지 않는다. 오히려 긍정적인 분위기를 만들 수 있기에 자주 보여도 좋다. 그렇지만 거짓 미소를 자주 남발하는 것은 문제가 될 수 있다. 특히 상대가 무례한 언행을 했을 때도 웃음 짓는 경우다. 착하다는 말을 자주 듣는 사람이 습관적으로 웃는 경우가 많은데, 경우에 따라서는 화낼 줄도 알아야 한다. 화내기가 어렵다면 웃지 않는 것만으로도 충분하다. 물론 쉽지 않을 것이다. 그렇지만 웃지 않고 당신이 느끼는 감정을 드러내는 연습을 하면 당신을 만만한 사람으로 보이지 않게 만들어 줄 뿐만 아니라 당신의 내면을 더 단단하게 만들어 줄 것이다. 더불어 당신의 의도가 상대에게 분명하게 전달될 것이다.

(상대)

앞서 언급했듯 상대가 나에게 거짓 미소를 짓는다고 해도 나쁘게 생각할 필요는 없다. 웃음은 어찌 됐든 긍정의 신호이기 때문이다. 그것이 거짓일지라도 상대는 당신에게 예의를 갖추는 것이다. 다만, 자신의 속내를 감추기 위해 거짓 미소를 활용하는 사람도 있으니 그때는 미소에 숨겨진 의도를 생각해봐야 할 것이다.

특히 앞에서 잠시 언급한, 거짓말을 한 후 짓는 미소인 듀핑 딜라이트는 조심해야 한다. 이 웃음은 상대가 당신을 속였다는 데서 나오는 만족감의 표현이기 때문이다. 상대와의 대화가 끝나고 당신이 시선을 다른 곳으로 옮기는 찰나 상대의 표정에서 희미한 미소가 보인다면 그 표정에 주목할 필요가 있다.

나는 심리 모임을 주최하면서 표정을 탐색하는 실습을 많이 했다. 특히 '마피아' 같은 심리 게임을 하면서 사람들의 표정을 살펴볼 수 있었다. 한번은 마피아로 지목된 사람이 자신은 마피아가 아니라는 것을 논리적으로 사람들에게 설명했다. 그의 말에는 설득력이 있었고 많은 사람이 그의 설명을 믿는 눈치였다. 그의 설명이 끝나는 순간, 열변을 토하던 그의 진지한 표정 뒤로 희미한 미소가 흐르는 것을 봤다. 듀핑 딜라이트였다. 그는 마피아였다.

양수인간은 진실을 좇는다

......

앞서 감정과 기분이 나타나는 다양한 표정에 대해서 살펴봤다. 우리는 표정을 통해서 많은 것을 얻을 수 있다. 그렇지만 두 가지 주의 사항을 지키지 않으면, 표정 때문에 신뢰를 잃게 될 수도 있다.

당신이 조심해야 할 첫 번째는, 상대의 표정을 읽었다는 것을 티

내지 않는 것이다. 대부분 사람들은 표정에 대해서 배우면 가장 먼저 가까운 지인에게 가서 그의 표정을 유심히 살핀 뒤에, "지금 너 ○○한 표정 지었지?" 하며 그 속마음을 해석하려 든다. 하지만 감정은 개인의 프라이버시 영역에 속한다. 당신이 상대의 표정을 통해 감정을 읽었다는 것을 밝히는 순간, 상대는 당신을 경계하게 된다. 이는 자칫하면 인간관계를 망칠 수 있는 불씨가 될 수 있다. 그러니 표정에 대해 말하고 싶고 배운 것을 활용해보고 싶은 마음이 드는 건 당연하지만, 해서는 안 될 행동과 말이라는 것을 기억하자.

이것만큼 중요한 두 번째는, 상대의 부정적인 표정을 읽고 상처받지 않는 것이다. 인간의 표정은 웃음과 놀람의 표정 빼곤 모두 부정적인 표정이다. 그렇기 때문에 상대에게 자주 오해해서 혼자 상처받을 수 있다. 그러나 표정은 순간의 감정일 뿐, 그 사람의 생각이 아니다. 하루에도 수십 번 변하는 것이 감정인데 굳이 상대의 감정에 집착하고 휘둘릴 필요 없다. 더불어서 상대가 느끼는 감정은 당신 때문이 아닌 제삼자에 의한 것이거나 상황 탓일 수 있고, 자기 자신에게 느끼는 감정일 수도 있고 과거의 기억 때문일 수도 있다. 상대가 당신에게 부정적인 감정을 느끼는 것이라 해도 그것은 당신이 통제할 수 있는 영역이 아니다(만약 대화 시도와 같은 당신이 할 수 있는 노력을 했음에도 어쩔 수 없다면). 그러니 섣부르게 오해하지도 상처받지도 말자. 무엇보다 표정은 순간적인 감정을 나타낸 감정적 사실이지 진실이 아니라는 점을 기억하자. 표정만 읽고 대화를 하지 않는다면 독심술의 오류를 범할 수 있다. 중요한 것은 진솔한 대화다. 감정을 토대로 진실된 대화를 하여 상대의 진짜 마음이 무엇인지 살펴보자.

마음의 신호를 몸으로 읽어라
......

표정도 관계 형성에 중요한 요소이지만 더 나아가 태도나 몸짓의 의미를 아는 것도 좋은 관계를 만드는 데 도움이 된다. 표정을 통해 상대의 감정을 파악할 수 있다면, 몸짓으로는 상대의 의도를 짐작할 수 있다. 같은 비언어로 분류되지만 이 점이 표정과 몸짓의 가장 큰 차이점이다. 표정은 분명한 감정을 전달하므로 그 자체가 사실이다. 반면, 몸짓은 감정에 대한 의도를 전달하므로 그 자체가 사실이 아닐 수 있다. 예를 들어, 눈썹이 팔자가 되는 표정이 나타나면 명확히 슬픈 감정을 전달하는 것이다. 하지만 몸짓은 똑같이 팔짱을 낀 자세라 해도 상대의 의도에 따라 다르게 읽을 수 있다. 불편한 감정 때문에 팔짱을 낀 것일 수도 있고, 팔짱을 끼는 행위가 편해서일 수도 있고, 추워서 잠시 팔짱을 끼는 것일 수도 있다. 그러므로 몸짓을 볼 때는 상대의 의도와 상황의 맥락에 맞게 해석해야 한다.

게다가 몸짓은 표정보다 동작이 크다. 신체 전반에 걸쳐 표현되는 영역이라 표정에 비해 눈에 쉽게 보인다. 몸짓을 잘 활용하면 표정보다 더 쉽게 상대의 마음에 다가갈 수 있다. 상대의 의도에 접근하고, 그가 하는 말의 진실과 거짓을 눈치챌 수 있으며 상대의 호감과 비호감, 선호와 비선호 등을 확인할 수 있다. 마치 어두운 밤에 손전등을 킨 것처럼 상대방의 의도를 보며 소통할 수 있는 것이다.

앞서, 표정은 7개의 감정으로 나눌 수 있다고 했다. 마찬가지로 몸짓 역시 몇 가지로 분류할 수 있다. 첫 번째로, '명확한 의미를 전달하는 몸짓'이 있다. 몸짓만 봐도 의미를 알 수 있는 동작을 말한다. 누군가가 고개를 끄덕인다면 굳이 말하지 않아도 긍정의 의미라는 것을 알 수 있다. 심리학자 폴 에크만은 이렇게 명확한 의미를 가진 몸짓을 '상징동작'이라고 말했다. 그렇다면 또 어떤 상징동작이 있을까? 어깨를 으쓱 올리는 행동은 우리가 잘 모르거나 의아할 때 할 수 있는 상징동작이다. 혹은 상대를 모욕하는 뜻으로 쓰이는 중지를 올리는 행동도 확실한 의미를 전달하는 상징동작의 종류다.

이런 상징동작은 개인의 습관으로 자리를 잡은 경우가 많다. 무릇 습관은 무의식으로 나타나기 때문에, 나도 모르는 사이에 어깨를 으쓱하거나 상대에게 중지를 내밀 수도 있다. 이때 나타나는 몸짓은 자신의 본래 의도가 무의식적으로 표현된 동작이다.

2018년 평창 올림픽에서 어느 외국인 선수가 구설수에 휘말린 적이 있다. 쇼트트랙 경기 시상식에서 사진을 촬영하는데 가운뎃손가락을 올린 게 발견된 것이다. 경기에서 2등한 그 선수는 욕설의 의도를 부인했지만 어쩌면 무의식적으로 감정을 드러낸 것일 수 있다. 이렇듯 상징동작은 자신도 모르는 사이에 미묘하게 나타나곤 한다.

어깨를 으쓱 올리는 몸짓도 마찬가지다. 상대에게 무언가를 물어보았을 때 상대가 긍정의 말을 하면서 어깨를 올린다면 자신이 한 말에 그리 확신이 없거나 거짓의 의미로 읽을 수 있다. 어깨를 으쓱 올리는 비언어적 표현은 말실수를 할 때 얼버무리는 것처럼 양쪽 어깨가 모두 들리는 것이 아니라 한쪽만 살짝 들리는 방식으로 표현되기도 한다. 확실한 의도로 표현된 것이 아닌 무의식에 의해 노출된 행동이기 때문에 그렇게 표현되는 것이다.

몸짓의 종류 두 번째는 무언가 설명할 때 나타나는 '설명동작'이다. 사람들은 보통 설명할 때 오케스트라의 지휘자가 지휘하듯이 제스처를 취하게 된다. 설명할 때 나오는 설명동작은 그 자체로 의미가 있지는 않지만 상대에게 더욱 자신감 있는 사람으로 보이게 해준다. 따라서 설명동작을 잘 활용하면 상대에게 더욱 신뢰 있는 인상을 줄 수 있다.

　대표적으로 농구공을 쥐는 듯한 손동작인 '스티플steeple'이 있다. 나의 자신감을 보여줄 수 있는 동작으로, 상대방과 대화할 때 손을 어떻게 해야 할지 모르겠다면 스티플 동작만 해도 큰 도움이 된다. 무언가 강조하고 싶을 때 왼쪽 사진처럼 농구공을 양손으로 감싼 듯한 손동작을 취해보자. 상대에게 부드러운 카리스마를 전달할 수 있다. 스티브 잡스가 프레젠테이션할 때 자주 쓴 제스처이기도 하다.

　좀 더 강한 신념과 카리스마를 전달하고 싶다면 뾰족한 산을 만드는 스티플 동작을 취하는 것도 도움이 된다. 미국 전 대통령 도널드 트럼프가 많이 활용했던 몸짓이다. 다만, 다소 냉정하고 딱딱한 인상을 줄 수도 있으니 상황에 따라 활용하자.

　몸짓의 종류 세 번째는 스스로의 감정을 조절하기 위해 사용하는 '조절동작'이다. 조절동작은 감정적인 스트레스가 올라온 상황에서 이를 억눌러야 하거나 조절해야 할 때, 긴장감을 완화하기 위해 나타나는 동작이다. 우리가 심하게 긴장하게 되면 목 아래 움푹 들어간 '천돌'이라고 하는 공간을 만지는 경우가 있다. 혹은 위 여성의 사진처럼 목걸이를 착용했을 때는 목걸이를 만지기도 한다. 입술을 깨물거나 앙다물어서 얇게 만드는 제스처를 취하기도 한다.

　분노하는 표정에서 입술이 얇아지는 것과는 조금 다르다. 입술에 더욱 강한 힘이 들어가 입이 말려들어가는 것처럼 보이는 차이점이 있다. 이렇게 우리는 자기 몸을 만지거나 힘을 주면서 감정을 통제하기 위해 무의식적으로 노력한다. 그 외에도 볼에 살짝 바람을 넣는다거나, 양손을 비빈다거나 몸을 쓰다듬는다거나 물건을 만진다거나 입술을 핥는다거나 머리카락을 꼬는 등의 몸짓은 모두 조절동작의 예시라고 볼 수 있다. 조절동작은 단순히 부정적인 감정을 누르는 것뿐만 아니라 성적인 긴장감을 억압하기 위해서 나타날 수도 있으니 상황과 맥락에 따라 이해하면 된다.

몸짓의 네 번째 요소는 '3F'의 심리적 기제가 비언어로 표현이 됐

을 때다. 우리는 이미 '3F Fight-Flight-Freeze'가 '싸움-도망-정지'의 신호라는 것을 안다. 앞서 언급했다시피 우리 선조들은 포식자를 만나면 정지하고 포식자가 눈치채지 못하도록 조용히 있는 것을 선택했다. 그러다 포식자에게 발각됐다면 도망치는 것을 선택했다. 선택지조차 없는 막다른 상황에선 싸울 수밖에 없었다. 이런 순차적인 선택은 포식자의 위험에서 생존할 가능성을 높여주었다. 이 메커니즘은 아직 우리의 DNA

에 새겨져 있다. 그래서 우리가 차도를 건너다 차가 빠르게 다가오는 위험한 순간에 직면하면 몸이 굳어 정지하는 것이다.

3F는 어떤 반응으로 나타날까? 긴장하거나 회피하고 싶은 상황에 놓이면 우리는 몸이 움츠러들거나 어깨가 굽어지는 몸짓을 하게 된다. 몸을 최대한 작게 보이게 하고, 목과 같은 약한 부위를 닫아 포식자에게서 자신을 보호하려는 것만 같다. 움직이지 않는 정지 상태에서 나타나는 외부 위협에 대처하는 행동이다. 물론 이런 몸짓은 날이 추울 때도 나타날 수 있다.

또한 아래 사진처럼 원하지 않는 것과 멀어지려는 행동의 일환으로 상대방과 다른 방향으로 몸을 트는 행동을 하거나, 상대방과 최

대한 멀어지기 위해서 몸이 뒤로 기울어지는 몸짓이 나타나기도 한
다. 반대로 원하는 것과 최대한 가까워지려고 할 때는 상대와의 거
리를 좁히려는 의도를 지닌 행동이 드러나게 된다.

때로는 위 사진처럼 몸집을 크게 보이려는 몸짓을 상대방에게 취
한다. 이는 자기 몸을 더욱 크게 보이기 위한 시도로 다소 공격적인

인상을 줄 수 있다. 이처럼 상대의 몸짓을 통해서 3F의 반응을 발견할 수 있다면 상대방이 나에게 두려움을 느끼거나, 회피, 공격(혹은 위압적인) 의도를 가지고 있다는 것을 파악할 수 있을 것이다.

몸짓의 다섯 번째는 열린 몸짓과 닫힌 몸짓이다. 이것은 몸짓의 네 번째 요소인 '3F' 중에 '정지'와 '도주' 반응의 심리적 맥락을 같이 한

다. 우리는 원하는 상대가 가까이 있을 땐 가까워지려고 한다. 반면 상대에 대해 호감이 없거나 마음에 들지 않는다면 멀어지려는 자세를 취한다. 그러나 불편한 대상을 피할 수 없는 상황에 마주할 때는 도망가거나 피하는 것이 아닌 자신을 보호하려는 닫힌 몸짓이 나타날 수 있다. 상대와 자신을 차단시키기 위한 방어적 몸짓이다. 반대로 상대에게 호감이 있을 땐 열린 몸짓이 나타난다. 이런 행동은 자신의 실제 성과에도 영향을 준다. 미국의 행동언어 연구가인 바바라 피즈Babara Pease와 앨런 피즈Allan Pease의 연구에 의하면 팔짱을 끼고 다리를 꼰 채 강의를 들은 참가자들은 그렇지 않은 참가자들에 비해 강의 내용을 38%나 기억하지 못했다고 한다. 팔짱을 끼고 강의를 들은 행위가 성과에 영향을 미친 것이다. 그러나 또 다른 재밌는 연구 결과도 있다. 심리학자 론 프리드먼Ron Freiedman에 따르면 허벅지에 손을 얹고 문제를 푼 학생들보다 팔짱을 끼고 문제를 푼 학생들이 오히려 문제를 잘 해결하고 문제를 풀기 위해 오랫동안 노력하는 모습을 보인다고 한다. 다시 말해서 팔짱을 끼는 행위는 자신을 보호한다는 의미로 읽히며, 외부로부터 자신을 차단하는 효과가 있다고 이해할 수 있다. 그렇다면 피즈 부부의 실험은, 방어적인 태도에 의해 외부에서 나에게 전달되는 강의를 잘 받아들이지 못했던 것으로 해석할 수도 있고, 론 프리드먼의 실험은 외부와의 차단으로 자신에게 안정감이 부여된 상태에선 오히려 좋은 성과를 낼 수 있다고 해석할 수도 있다.

마지막으로, 권위를 표현하는 몸짓이 있다. 우리는 비언어를 통해 상대보다 자신이 더 우월하다는 것을 간접적으로 표현할 수 있다. 상대를 먼저 터치하는 작은 스킨십을 하는 방식이다. 내가 당신을 터치해도 문제가 되지 않는다는 것을 은연중에 전달하는 것이다.

상대방을 내려다보는 몸짓을 취하는 것도 권위를 표현하는 방식이다. 마치 어른이 어린아이를 내려다보는 것과 같은 느낌을 주는

것이다. 또한, 넓은 공간을 차지할수록 상대에게 '나는 당신보다 더 지위가 높다'라고 표현하는 것과 같다. 넓은 공간은 그만큼 많은 힘을 가지고 있다는 의미를 내포하기 때문이다.

권위적인 몸짓을 의도적으로 사용해 상대에게 내가 당신보다 더 높은 사람이라는 인식을 심어줄 수 있다. 그렇지만 잘못 사용하는 경우 무례한 사람으로 인식될 수도 있다는 점을 기억하자.

사람의 숨겨진 의도를 읽는 연습
······

행동이나 몸짓의 의미를 읽을 때는 첫째, 상황과 맥락context을 살펴야 한다. 팔짱을 끼고 있거나 몸을 움츠리는 몸짓을 한다고 해도 불안함이나 공포를 느끼는 것이 아닌 단순히 추위를 느껴서일 수 있다는 것이다. 하나의 비언어로 상대의 의도를 해석하는 것은 '확대 해석의 오류'를 범하게 될 수 있으니 주의해야 한다.

두 번째, 몸짓을 묶음clusters으로 봐야 한다. 앞서 상대가 팔짱을 끼고 있는 행위가 닫힌 몸짓만을 의미하지 않는다는 것을 알았다. 그러나 상대가 나와 눈을 맞추지 않고, 거리도 많이 떨어져 있으며 신체도 다른 방향을 향하고 있는데 팔짱까지 끼고 있다면 어떨까? 이때는 상대의 팔짱이 폐쇄적이고 부정적인 의미라고 해석하는 것이 맥락에 맞다. 따라서 몸짓을 읽을 때는 다른 동작도 함께 살펴보고 묶음으로 해석해야 한다.

세 번째, 일치성consistency을 가져야 한다. 상대의 말과 몸짓이 일치해야 한다는 의미이다. 만약 상대는 긍정적으로 말하는데 몸짓으로는 거짓을 말하고 있다면, 많은 경우 이때는 말보다 몸짓을 믿는 것이 좋다. 언어(말)는 전두엽과 측두엽을 거쳐서 나오고, 비언어(몸짓)는 변연계를 거쳐서 나온다. 그렇기 때문에 인간이 실제 느끼는 감정을 전달하려는 경향은 언어보다 비언어가 강하다. 말과 태도의 일관성을 살피는 것이 상대의 의도를 파악하는 데 도움이 되며, 말과 태도가 불일치한다면 상대는 불편함을 느끼고 있을 가능성이 높다.

네 번째로 살펴야 하는 것은 몸짓의 일관성congruence이다. 몸짓에서 말하는 일관성이란 시간이 지남에 따라서 얼마나 일관된 몸짓이 나타나는지 여부다. 만약 상대가 오픈된 몸짓을 취하다가 갑자기 폐쇄적이거나 3F의 몸짓이 나타난다면, 다시 말해 상대의 베이스라인 Base Line이 깨지는 순간이 있다면 심경에 변화가 생겼다는 것을 의미한다. 우리는 이렇게 상대의 보편적인 행동이 바뀌는 순간을 캐치해야 한다.

마지막으로 문화culture를 살펴야 한다. 몸짓은 표정과 달리 문화에 따라 다르게 나타날 수 있다. 의미를 전달하는 상징동작에서 더욱 그렇다. 손가락으로 V자 모양을 만드는 것은 한국에선 승리와 기쁨을 상징한다. 그러나 다른 문화권에서는 욕을 뜻하기도 한다. 문화에 맞게 몸짓의 의미를 알아두는 것도 의도를 살피는 데에 있어 유용하다.

비언어 전문가 캐롤 킨제이 고먼Carol Kinsey Goman은 저서 《몸짓 언어 완벽 가이드》에서 이 다섯 가지 몸짓 분석 방법을 '바디랭귀지의 5C'라고 말했다. 비언어를 읽을 때 알아둔다면 오류를 줄이고 예리하게 상대의 의도를 파악할 수 있을 것이다.

이제 우리는 비언어를 읽을 기초적인 방법을 알았다. 그렇다면 왼쪽 하단 사진에서는 남자와 여자의 비언어를 보고 상황과 의도를 추측해보자. 어떤 상황이 벌어지고 있을까?

남자는 높은 곳에서 여자를 내려다보고 있다. 위에서 내려다보는 몸짓은 권위를 나타낸다고 했다. 게다가 테이블을 짚은 손으로 자신의 영역을 확장하는 몸짓을 보인다. 반대로 손바닥을 보이며 오픈된 비언어로 대화하고 있다. 손바닥을 보여주는 것은 자신은 결백하다고 말할 때 사용하곤 하는 상징동작이다. 아마 남자는 자신의 권위를 보여주면서 동시에 솔직함을 표현하며 여자를 설득하려는 것 같다.

앞쪽 사진에서는 남녀가 서로 바라보며 턱에 손을 얹고 있다. 우리는 종종 지루한 상황에서 손에 턱을 기대곤 한다. 하지만 턱을 꼿꼿하게 든 채 손만 가져다 올리는 것은 곰곰이 생각하고 있거나 집중할 때 나타나는 조절동작이다. 이런 맥락에서 둘은 서로에 대한 관심을 나타낸다고 볼 수 있다. 더불어 사람과 사람 사이에 신뢰가 형성되는 일명 '라포르rapport'가 쌓이면 상대와 같은 행동을 하려는 심리적 기제가 있다. 우리의 뇌에 있는 거울세포 때문에 나타나는 현상이다. 사진 속의 둘이 같은 행동을 보이는 것은 서로에 대한 신뢰 및 호감, 친밀감 등을 나타낸다 볼 수 있다.

왼쪽 하단 사진에서는 남자의 손이 테이블의 중앙을 넘어갔다. 여자에게 접근하려는 무의식적인 시도이다. 반대로 여자는 남자에게 부담을 느끼고 있을 것이다. 여자의 모습을 보면 팔과 다리에서 닫힌 몸짓이 표현된 것을 볼 수 있다. 여자는 남자가 자신의 개인적인 영역인 퍼스널 존을 침해했다고 느낄 것이다.

위 사진에서 남녀는 각자의 등을 뒤로 기댄 채 서로에게 멀어져 있다. 게다가 특정 신체 부위를 가리는 방어적인 몸짓을 보이고 있다. 서로 아직 어색하거나 불편할 때 혹은 관심이 없을 때 나타날 수

있는 신호다. 혹은 어떤 이유로 인해 서로 불편한 감정을 느끼는 상황이라고 해석할 수도 있겠다.

　위 사진에선 남자가 여자를 바라보고 있지만 몸과 발의 방향은 다른 곳을 향하고 있다. 상대방이 아닌 다른 것에 흥미를 느끼고 있다는 의미로 해석할 수 있다. 어쩌면 이 자리에서 빨리 벗어나고 싶은 마음일 수도 있겠다. 여자도 몸이 상대를 향해 많이 기울어지지 않았다는 점과 방어적인 팔의 동작을 취했다는 것으로 보아 방어적인 태도를 보인다는 것을 알 수 있다.

앞쪽 상단 사진에서 여자는 남자에게 강력한 권위의 표현인 스티플 동작을 취하고 있다. 이를 통해 우리는 여자가 카리스마를 발휘하며 무언가를 강력히 어필하는 것을 알 수 있다. 반면 남자를 보면 몸의 기울기가 여자에 비해 뒤로 향했다. 남자는 여자에게 미묘한 불편함을 느끼고 있을 것이다.

앞쪽 하단 사진에서 여자는 방어적인 태도와 함께 몸의 방향이 남자가 아닌 다른 방향을 향하고 있다. 남자는 이마에 손을 대는 비언어를 보인다. 이마에 손을 대는 행위는 자신의 얼굴을 가리고 싶다는 의미의 방어적인 동작이다. 상대방에게 잘못을 비는 상황이거나

난처한 무언가를 들킨 상황이라고 추측할 수 있다.

왼쪽 하단 사진에서 남녀 모두 신체의 어딘가를 만지고 있다. 남녀는 모두 긴장감을 느끼고 있고 긴장감을 해소하기 위한 조절동작을 하는 것이다. 이 긴장감은 불안함일 수도 있고 상대가 마음에 들어서 나타나는 성적인 긴장감일 수도 있다.

지금까지 몸짓을 상황에 맞게 살펴보았다. 책의 내용을 넘어 일상에서 사람들의 몸짓을 주의 깊게 살펴본다면 더 많은 의미를 발견할 수 있을 것이다. 예능 프로그램 역시 몸짓을 비롯해 표정까지 잘 표현되어 있어 비언어를 파악하는 데 도움이 된다. 비언어적 표현만 보고 상대와 가까워지거나 상황의 맥락을 온전히 알긴 어렵지만, 양수인간은 비언어를 통해 말하지 않아도 감지할 수 있는 감정의 영역까지 파악한다. 관계의 선순환을 만드는 일환으로써 이런 의미들을 알아둔다면 양수인간적인 최소한의 행동이 무엇인지와, 비언어가 생각보다 우리에게 많은 것을 알려준다는 사실을 깨달을 것이다.

다시 만나고 싶은 사람이 되어라
......

우리는 다양한 자리에서 첫인상으로 평가받곤 한다. 새 학기 첫날,

소개팅, 입사 면접, 중요한 미팅, 새로운 모임까지 사람들은 우리의 내면보다 첫인상을 진짜라고 평가한다. 인간은 최소한의 노력으로 최대한 많은 것을 판단하고 흡수하려고 하기 때문이다. 이는 인간이 가진 심리적인 본능이다. 양수인간은 첫인상이 인간에게 큰 영향을 미친다는 것을 인정하고 있으며 호감을 주는 모습을 전하려고 노력한다. 또한, 첫인상으로 상대를 평가하며 잘못된 판단을 범하는 것을 경계한다. 나아가 이런 인간의 본능을 자신에게 유리하게 활용한다.

물론 근본적으로 호감도를 높이기 위해서는 생각보다 오랜 시간이 필요하다. 자존감, 외적인 매력, 지적인 수준 등은 한순간에 바뀌지 않는다. 이는 사람이 가진 진면목으로, 우리가 꾸준히 키워나가야 하는 것들이다. 그렇지만 아주 찰나의 순간에 상대를 평가하는 것이 인간이기도 하다. 우리는 흔히 첫인상을 판단하는 데 3초라는 짧은 시간이 걸린다고 알고 있다. 그러나 다트머스대학교 폴 왈렌Paul J. Whalen 교수의 연구에 의하면 인간은 첫인상을 판단하는 데 0.017초의 아주 짧은 시간밖에 걸리지 않는다고 한다. 거의 무의식적으로 상대를 판단하는 것이다. 또한, 이미 형성된 부정적인 첫인상을 바꾸기 위해선 200배의 긍정적인 정보가 필요하거나 40번가량의 좋은 만남이 필요하다고 하니 사실상 바꾸기 어려운 것이 첫인상이다. 따라서 '언젠가는 나의 진면목을 알아주겠지'라고 막연히 바라는 것보다 일단 좋은 첫인상을 만드는 법을 숙지하고 실천하는 것이 중요하다.

인간은 휴리스틱으로 판단하는 경향을 가지고 있다고 말했다. 사람을 판단할 때도 마찬가지다. 예를 들어, 어떤 사람의 목소리가 좋다면 그 사람의 외모도 뛰어날 거라고 상상하게 된다. 나아가 그 사람의 학벌도 좋을 거라고 막연히 예측하는 심리적인 개연성을 가지고 있다. 한 가지 뛰어난 면을 보고 다른 부분도 뛰어날 거라고 생각하는 것이 바로 '후광 효과'다.

심리학자 솔로몬 애쉬Solomon Eliot Asch는 두 사람의 성격을 아래처럼 묘사한 후 사람들에게 호감도에 대해 질문했다.

알렌: 똑똑하다 → 근면하다 → 충동적이다 → 비판적이다 → 고집스럽다 → 질투심이 많다

벤: 질투심이 많다 → 고집스럽다 → 비판적이다 → 충동적이다 → 근면하다 → 지적이다

대부분의 사람이 알렌에게 더 호감을 느꼈다. 똑똑하다는 첫인상을 보고 전체를 판단했기 때문이다. 첫인상은 단순히 첫인상에서 끝

나는 것이 아니었다. 첫인상이 좋았으니 중립적인 내용도 긍정적으로 해석했고 첫인상이 나빴을 때는 중립적인 내용도 부정적으로 해석했다. 두 인물의 성격을 묘사한 내용 중 '고집스럽다'를 뜻하는 'stubborn'은 긍정적인 의미와 부정적인 의미 둘 다 쓰이는 단어다. 알렌과 벤의 성격을 묘사한 단어들은 모두 동일했지만, 제시된 순서는 달랐다. 사람들은 긍정적인 성격 묘사 단어가 앞쪽에 있는 알렌을 고집스럽다는 뜻 대신 '완강한'이라는, 비교적 긍정적인 뉘앙스로 해석했다. 반면 부정적인 단어가 먼저 설명된 벤의 성격은 '다루기 힘든'이라는 부정적 뉘앙스로 해석했다. 같은 맥락의 말이나 행동이라도 첫인상에 따라 긍정적이거나 부정적으로 해석될 수 있다는 것이다.

그렇다면 만남의 시작부터 어떻게 좋은 인상을 심어줄 수 있을까? 가장 간단한 방법은 깔끔한 옷을 입고 좋은 컨디션으로 사람을 만나는 것이다. 밴더빌트대학교 교수 레오나르도 빅맨Leonard B. Bickman의 실험에 의하면 대부분의 사람은 옷을 잘 차려입은 사람을 더 신뢰하는 것으로 밝혀졌다. 빅맨은 실험을 위해 뉴욕 거리의 공중전화 부스에 돈을 올려두었다. 부스에 사람이 들어가는 것을 확인한 뒤 실험 조교를 보냈다. 그리고 공중전화 부스에 돈을 두고 갔는데 돌려줄 수 있냐고 물었다. 정장을 입은 조교가 다가가 돈을 돌려줄 수 있냐고 물었을 땐 206명 중 77%의 사람이 돈을 돌려주었고, 허름한 옷을 입은 조교가 물었을 때는 38%의 사람이 돈을 돌려주었다.

복장은 상대를 평가하는 데 중요한 지표다. 좋은 몸매와 외모를 보여주는 것도 좋겠지만 누군가에게는 몹시 어려운 일이기도, 긴 시간이 필요한 일일 수도 있다. 포인트는 지금 할 수 있는 최선을 다해 단정한 모습을 보여주는 것이다. 자신에게 맞는 퍼스널 컬러를 알고 관련된 색으로 코디를 한다든지 등 자신의 장단점을 이해하고 장점을 더 부각해본다. 또한, 중요한 자리에서는 좋아하는 옷을 입기보다 상황에 맞는 코디를 하는 것도 좋겠다. 수면시간이 부족해 피곤해하는 모습을 보이면 매력도를 떨어트린다는 연구 결과도 있으니 좋은 컨디션의 모습으로 만나는 것이 중요하겠다.

인간은 아주 사소한 것으로 상대의 많은 것을 평가한다. 심지어 아메리카노 한 잔이 평가에 영향을 줄 수도 있다. 우리는 흔히 은유적인 표현을 쓴다. 차가운 사람, 따뜻한 사람, 부드러운 사람, 딱딱한 사람이라는 말처럼 말이다. 그런데 단순히 은유적인 표현에서 그치는 것이 아니라 우리가 느끼는 감각이 실제 선택에 영향을 미치기도 한다. 당신이 누군가에게 긍정적인 인상을 남기고 싶다면 따뜻한 감각을 느끼게 하는 것이 효과적이다.

존 바그John Bargh의 실험에 의하면 따뜻한 커피잔을 들고 상대방과 대화를 나눈 사람이 차가운 커피잔을 들고 상대방과 대화를 나눈 사람보다 상대방을 더 긍정적으로 평가한다는 것으로 나타났다. 첫인상을 평가하는 것에 그치지 않고 따뜻한 커피잔을 들고 있는 사람이 실제로 더 이타적인 행동을 보인다는 연구 결과도 있다. 게다가 자기 자신에 대해서도 따뜻한 컵을 들었을 때 사회적으로 친밀한 사람이라고 여기는 경향이 있다. 따뜻함이나 차가움이라는 온도가 평가에도 영향을 주는 것이다. 인간의 생각이나 사고는 독립적이기보다자신을 둘러싼 환경에 영향을 받는다는 것을 알 수 있다. 이것을 '체화된 인지'라고 한다.

따뜻함과 차가움만 영향을 미치는 것이 아니다. 딱딱함과 부드러움 같은 촉감도 판단에 영향을 준다. 미네소타대학교 교수 조안 마이어스 레비Meyers-Levy J는 푹신한 카펫에서 제품을 평가할 때 포근하고 따뜻한 느낌으로 평가했다고 한다. 반면 딱딱한 타일에 서서 제품을 평가할 때는 실용적이고 딱딱한 느낌을 준다고 평가했다.

누군가와의 만남에서 편안한 인상을 주고 싶다면 그 사람의 감각을 따뜻하게, 부드럽게, 감미롭게, 달콤하게 만드는 것이 당신에 대한 평가에 영향을 미칠 것이다. 이를 실전에 적용해본다면 추운 겨울에는 따뜻한 음료나 핫팩을 건네는 것이 효과적일 것이다. 따뜻한 감각이 대체로 긍정적인 인상을 주지만 더운 여름에서까지 무조건 따뜻한 음료를 건넬 필요는 없다. 날이 더울 때는 약속 장소를 시원한 공간으로 잡거나 아이스 음료와 달콤한 간식을 전달하는 것이 좋을 것이다. 상황과 맥락에 따라 융통성 있게 행동해보자.

감각의 영역 외에 긍정적인 모습의 비언어를 보여주는 것도 중요하다. 앞서 언급했다시피 우리는 열린 몸짓을 닫힌 몸짓보다 매력적으로 생각한다는 것을 알았다. 그러니 열린 몸짓을 통해 긍정적인 모습을 보여주자. 그러나 무턱대고 긍정적인 비언어를 보여주기보다 당신에게 편안한 공간으로 환경을 세팅하는 것이 좋다. 긍정적인 비언어는 태도에서 비롯되고 태도는 마음에서 비롯되기 때문이다. 따라서 가능하다면 첫 만남은 당신이 익숙한 장소에서 만나는 것이 유리하다. 당신이 이미 익숙한 곳이라면 외부에 대한 불안함을 덜 느끼게 될 것이고 이는 보다 긍정적이고 편안한 모습으로 드러날 것이다. 그런 편안한 태도는 상대의 무의식에 당신이 매력적인 사람이라는 메시지를 전달하게 될 것이다.

마지막으로 자신이 가진 장점을 적극적으로 표현하는 것도 좋다. 한국에서는 겸손이 미덕이라 말한다. 그렇지만 그다지 효과적이지는 않다. 인간은 결국 환경과 배경에 지배당한다는 사실을 기억하

자. 따라서 당신이 가지고 있는 긍정적인 면모를 상대에게 보여줄 필요가 있다. 학벌이 좋다면 상대방이 알 수 있도록 표현하자. 직업이나 재산 하물며 당신이 좋아하는 취미나 특별한 경험 등 긍정적으로 어필할 수 있는 것이라면 숨기지 말자. 다만 뜬금없이 당신의 장점을 보여주며 자랑하는 태도는 마이너스 요인이 될 수 있다. 허세를 부리는 것이 아닌 맥락에 맞게 매력을 어필해보자.

심리학자 대니얼 카너먼은 '정합성'이라는 개념을 강조했다. 정합성이란 이미 만들어진 이미지의 맥락에 맞게 이미지의 다른 부분까지 예측하게 되는 인간의 경향성을 말한다. 만약 상대가 당신에 대해 좋은 첫인상과 이미지를 가졌다면 상대는 당신에 대한 정합성을 유지하기 위해 당신의 중립적인 행동도 긍정적으로 받아들일 가능성이 크다. 앞서, 사람들이 'stubborn'이란 중립적인 단어를 긍정적으로 해석했듯이 말이다. 우리는 이 점을 기억하면 된다.

시야를 넓히면 안목도 높아진다
......

인간은 환경에 따라 바라보는 관점도 바뀐다. 그럼 우리는 일하는 환경도 '양수'로 세팅할 수 있을 것이다. 실제로 미네소타대학교 조안 마이어스 레비 교수와 루이 저Rui Zhu 교수는 일하는 환경에서 천장의 높이가 작업에 영향을 준다는 사실을 알아냈다. 높은 천장의 환경은 추상적이고 거시적인 작업에 적합하며, 낮은 천장은 구체적이고 미시적인 작업에 적합하다는 것이다. 창의력이 요구되는 일을 할 때는 높은 천장이 있는 환경에서 작업하는 것이 유리할 것이다. 반면 정교한 작업이 필요할 때는 천장이 낮은 환경이 더 적합할 것이다. 지금 아래의 글자가 어떻게 보이는가?

환경의 영향을 받는 인간의 동기

알파벳 S가 먼저 보였다면 거시적인 접근에 유리한 접근동기가 자극된 것이다. 반면 H가 눈에 띄었다면 미시적인 접근에 유리한 회피동기가 자극된 것이다. 심리학자 김경일 교수는 이러한 환경이 인간의 동기에도 영향을 준다고 말했다. 높은 천장은 무언가를 얻을 수 있는 접근동기에 영향을 주고, 낮은 천장은 무언가를 피하기 위한 회피동기에 영향을 준다. 따라서 높은 천장에서는 미래에 큰 그림에 대한 접근동기를 자극하는 거시적이고 창조적인 일이 적합하다. 반면 낮은 천장에서는 실수를 피해야 하는 회피동기를 자극하는 정교한 일이 적합하다.

때때로 어떤 문제에 막혀 돌파구가 필요할 때 탁 트인 공간에서 바람을 쐬며 머릿속을 환기시켜주는 이유가 이것이다. 너무 깊게 몰두할수록 시야가 좁아져 새로운 생각을 하지 못하는 상태까지 봉착할 수 있기 때문이다. 또한 우리에겐 기존의 제시된 정보에서 쉽게 벗어나지 못하는 '고착'을 하는 경향이 있다. 예전에 나는 매주 심리학 강의를 진행한 적이 있다. 어느 날 강의를 하려고 스터디룸에 갔는데 매주 가던 스터디룸의 예약이 꽉 차서 다른 곳에서 강의해야 했다. 다행히 빈 스터디룸을 발견했고 무사히 강의를 진행할 수 있는 듯했다. 그런데 한 가지 문제가 생겼다. 빔 프로젝터를 이용하기 위해 스크린을 내려야 하는데 스크린을 내리는 버튼이 없는 것이었다. 나뿐만 아니라 운영진 모두 5분 정도 리모컨과 버튼을 찾았지만 헛수고였다. 결국 시간이 지나 방법을 찾을 수 있었는데 천장 쪽에 올라간 스크린을 그냥 손으로 잡고 내리면 되었다. 그렇다. 늘 이용하던 스터디룸의 스크린을 내리는 방식에 고착되어 있었기에 새로운 상황에 직면했을 때 다른 것을 바라볼 수 없던 것이다.

고착에 관한 김경일 교수의 한 가지 퀴즈가 있다. 벽 안에 두 로프가 연결되어 있다. 이 두 로프를 서로 연결해야 하는데, 로프를 한 번에 잡기엔 너무 멀리 떨어져 있다. 문제를 해결하기 위해 주어진 도구는 가위다. 두 로프를 연결하기 위해서는 어떻게 해야 할까?

고착과 고정관념

많은 사람이 가위로 반대편의 로프를 잡으려고 했다. 이 방법은 오답이다. 그렇게 할수록 반대편의 줄은 짧아진다. 또한 같은 방식으로 가위의 날을 잡고 손잡이 쪽으로 반대편의 로프를 잡는 방법도 떠올리곤 하는데 이 역시 오답이다. 오히려 손을 다칠 위험이 있다.

정답은 반대편 줄에 가위의 손잡이 부분을 묶고 밀어낸 뒤에 반동을 이용해서 잡는 것이다. 그렇지만 대부분의 사람은 문제의 정답을 찾는 것을 어려워했다. 가위는 자르는 물건이라는 프레임에 고착되었기 때문이다. 만약 주어진 재료로 가위가 아니라 망치였다면 가위보다는 문제를 더 쉽게 해결할 수 있었을 것이다.

이처럼 인생에서는 문제를 새롭게 볼 줄도 알아야 한다. 비단 창의적인 생각을 하기 위한 이유만은 아니다. 문제를 새롭게 보는 것은 기존에 가진 고정관념을 깨는 것에 도움이 되기 때문이다. 가장 쉬운 방법으로는 문제에서 물리적으로 멀어져보는 것이다. 지금 있는 곳을 벗어나 탁 트인 공간으로 산책하러 가게 되면 문제와 실질적인 공간이 멀어지게 되므로 머릿속이 리프레시되며 문제를 새롭게 볼 수 있는 인사이트가 떠오르기도 한다.

평소에는 잘 보지 않던 낯선 분야의 책이나 영상을 보는 것도 도움이 된다. 새로움을 경험하는 것은 우리를 새로운 방식으로 문제를 바라보도록 만든다. 가위를 망치처럼 활용해 기존의 관념을 깨는 통찰을 만드는 것이다. 다만 단순히 체험에서 그치는 것이 아니라 낯선 경험을 문제와 결합하려는 노력이 병행되어야 할 것이다.

내 마음을 더욱 단단하게 만드는 힘
......

인생의 성장을 경험하기 위해서는 다양한 시도와 경험이 필요하다. 다양한 시도와 경험을 하기 위해선 양수인간과 같은 마음의 태도가 중요하다는 것을 지금까지 강조했다. 그런데 그보다 더 중요한 것을 꼽으라고 한다면 바로 체력이라고 말하겠다. 무언가 시도할 수 있게 해주는 것이 마음의 태도라면 시도한 것을 지속할 수 있게 해주는 것은 체력이기 때문이다. 시행착오는 필연적으로 실패를 수반한다. 목표를 이루기까지의 과정에서 우여곡절을 거치며 성장으로 나아간다. 그 과정은 지난한 투쟁과 같기에 버틸 수 있는 인내심과 끈기가 뒷받침되어야 한다. 인내심과 끈기는 강한 체력에서 나온다.

드라마 〈미생〉에서 이런 명대사가 있다. "정신력은 체력의 보조 없이는 구호밖에 안 돼." 실제로 그렇다. 정말 최선을 다하려고 마음먹었어도 체력이 떨어지면 처음 다짐했던 마음은 눈 녹듯 사라진다. 혹시 철봉에 매달려 본 적이 있는가? 아무리 억만금을 준다고 해도 철봉은 내가 가진 힘과 체력만큼 매달릴 수 있다. 목에 칼이 들어온다고 해도 애초에 체력이 없는 사람이 철봉에 1시간 동안 매달리는 것은 불가능하다. 정신력과 마음가짐과는 거리가 먼 일이라는 것이다. 넷플릭스에서 인기리에 방영된 리얼리티 프로그램 〈피지컬 100〉의 첫 번째 미션이 바로 철봉 매달리기였다. 프로그램 이름답게 100명 중 최후의 1인이 되면 상금 3억 원을 차지할 수 있었다. 그렇게 모든 참가자가 호기롭게 철봉에 매달렸다. 그러나 시간이 지나자 많은 참가자가 힘없이 떨어졌다. 떨어진 참가자나 버티는 참가자 모두 3억 원을 차지하고 싶은 욕망은 같았을 것이다. 그렇지만 체력의 차이는 극복할 수 없었다.

인생의 성장도 마찬가지다. 아무리 굳건해도 마음 하나만으로는 원하는 목표에 도달하기 어렵다. 큰 목표일수록 실행에 옮기는 것이 힘겨울 가능성이 크기 때문이다. 큰 산에 오르기 전에는 충분한 준비 과정이 필요하다. 준비 과정에서 먼저 필요한 것은 체력이다. 목표를 이루는 고된 과정을 버티게 하는 것 역시 체력이다. 체력은 내가 통제하기에 어려웠던 것을 통제할 수 있도록 만들어주는 변환기이다.

또한 뉴욕대학교 신경학과 교수 웬디 스즈키Wendy Suzuki는 운동이야말로 뇌를 변화시키기 위해 당장 실천할 수 있는 혁신적인 활동이라고 말했다. 첫 번째 이유는 뇌에 즉각적인 영향을 미치기 때문이다. 단 한 번의 운동만으로도 뇌는 도파민, 세로토닌, 노르에피네프린 등의 긍정적인 신경전달물질을 촉진한다. 따라서 운동한 첫날부터 기분이 좋아지는 경험을 할 수 있다. 물론 기분만 좋아지는 것이 아닌 민첩성 향상 같은 실질적인 몸의 기능도 상승한다. 이 효과는 최소 2시간 동안 지속된다.

두 번째 이유는 운동하면 새로운 뇌세포가 증가하면서 뇌의 전전두엽의 피질과 해마의 크기가 커지고 강해져 집중력 향상과 장기기억의 상승으로 이어지기 때문이다. 이런 효과로 운동을 통해 긍정적인 감정을 느끼는 시간 또한 늘어나게 한다. 마지막으로 뇌의 보호기능을 향상시켜준다. 운동을 통해 뇌가 강해질수록 신경변성 질환과 노화로 인한 인지력 감퇴, 예를 들어 치매와 같은 질병을 예방할 수 있다. 근육이 많은 사람이 근육이 약한 사람보다 덜 다치게 되는 것과 같다.

연구에 따르면 체력이 약할수록 정신건강도 악화될 가능성이 높은 것으로 나타났다. 영국 런던 의과대학 아론 캐돌라 박사는 심폐지구력과 악력이 우수할수록 7년 후 정신 건강이 좋을 가능성이 높다는 사실을 발견했다. 심지어 심폐지구력이 낮은 사람은 불안 장애에 걸릴 확률이 15%나 높았고, 악력이 낮은 사람은 불안장애나 우울증에 걸릴 확률이 14% 더 높은 것으로 나타났다. 이렇듯 체력은 정신력과 긴밀하게 연관되어있다. 원하는 목표를 이루기 위해서는 계획을 잘 수행하는 것도 중요하지만 계획을 수행하는 데 방해 요소가 없어야 한다. 만약 당신이 성장을 위해서 노력하는 중에 우울함과 같은 문제가 발생한다면 목표를 이루는 것에 어려움을 겪을 것이다. 체력을 키우며 양수인간처럼 플러스 요인을 더하고, 마이너스 요인을 줄여보자.

운동이라는 말에 지레 겁을 먹거나 귀찮음을 느낄 수 있다. 여기서 말하는 운동은 42.195km를 뛰어야 하는 마라톤 풀코스 같은 운동을 말하는 것이 아니다. 일주일에 3~4일 30분간 심장 박동을 느낄 수 있을 정도의 활동이면 된다. 가벼운 조깅이나 파워워킹, 계단 오르기 같은 운동부터 시작하면 된다. 작지만 꾸준하게 운동하면 놀라운 몸의 변화를 만들어 낼 수 있다.

운동만큼 중요한 것은 하루의 컨디션을 일정하게 잘 유지하는 것이다. 컨디션을 유지하기 위해서는 제대로 된 식사와 수면, 스트레스 관리가 중요하다. 당연한 말을 하는 거 아니냐고 반문할 수 있다. 그러나 생각해보면 컨디션은 우리의 의사결정에 큰 영향을 준다는 것을 깨달을 수 있다.

콜롬비아 비즈니스 스쿨 조나단 레바브Jonathan Levav 교수 연구팀은 수용소의 가석방을 전담하는 판사들의 심사를 연구했다. 판사들은 가석방 신청 내역을 살펴보고 승인할지 거절할지 판단한다. 대부분의 가석방 신청은 35%만 승인된다고 한다. 일반적으로 생각할 때 가석방 신청의 승인과 거절은 합리적인 법리에 의해서 결정되는 것이 당연하다고 생각할 것이다. 그렇지만 이 연구에 의하면 반전이 있었다. 하루 세 차례의 휴식 시간이 승인에 영향을 미친 것이다. 식사가 막 끝났을 때는 약 65%의 가석방 신청이 승인되었다. 반면 식사하기 직전에는 거의 0%에 가까운 정도로 가석방 신청의 승인 비율이 대폭 떨어졌다. 흔히 우리가 "아, 당 떨어졌어"라고 표현하는 상태가 실제 의사결정에 영향을 미친다고 볼 수 있는 것이다.

인간은 하루에 발휘할 수 있는 '자제력'의 양이 한정되어있다. 자제력이 0에 수렴하게 되면 인간은 깊이 생각하기를 멈추게 되는데, 이것이 '자아 고갈' 상태다. 자제력은 말 그대로 참는 것이다. 피곤함이든, 배고픔이든, 스트레스든 하루에 쓸 수 있는 자제력은 한계가 있다. 하루에 쓸 수 있는 자제력을 모두 다 쓰게 되면 컨디션 난조로 이어져 그때부터는 이전보다 합리적인 선택을 할 가능성도 줄어들게 된다.

따라서 컨디션을 유지할 수 있도록 먼저 충분한 숙면을 취해야 한다. 배고프다는 것에 허튼 자제력을 쓰지 않도록 규칙적으로 음식을 섭취해야 한다. 또한 스트레스 때문에 불필요한 자제력을 낭비하지 않도록 스트레스 관리를 해야 한다. 당연한 말이지만 그만큼 중요하기에 이 세 가지를 잘 관리하길 강조한다. 피곤하거나 배고프거나 감정적으로 격해진 상태라면 의사결정을 잠시 뒤로 미루는 것이 좋다. 가장 좋은 결정은 충분히 잠을 자고 난 다음에, 규칙적인 식사를 하고, 스트레스가 없는 상태에서 하는 것이 좋다.

양수인간은 좋은 성과를 내기 위해 평소에 체력을 관리한다. 모든 자제력을 소진한 채 하루를 좀비처럼 보내지 않는다. 스스로에게 건강하고 맛있는 음식을 먹인다. 때때로 고급스러운 음식을 자신에게 대접하는 것을 아까워하지 않는다. 맛있는 음식을 먹는 것이 정신건강에도 좋다는 것을 알기 때문이다. 양수인간은 잠의 소중함을 안다. '잠은 죽어서 무덤에서 잔다'라며 많은 시간을 투자해 열심히 살아야 한다는 말도 있지만, 잠이 줄어들면 스트레스도 그만큼 늘어나 삶의 질이 엉망이 된다. 사소하지만 인생의 중요한 것을 놓치지 않기 위해 양수인간은 일상에 다양한 활력을 불어넣는다.

많은 사람이 '맛있는 음식 먹기', '오랫동안 자기', '재밌는 일 하기' 등에 죄책감을 느낀다. 열심히 살고 있지 않다는 생각 때문일 것이다. 그렇지 않다. 과유불급이 아니라면 이런 행위들은 삶의 질을 높여주는 의미 있는 선택이 될 것이다.

이처럼 좋은 인생을 살기 위해서는 나를 '자아 고갈' 상태에 두지 않아야 한다. 지금까지 설명한 양수인간적 사고와 행동은 모두 자신을 메마르게 두지 않기 위한 것이다. 정신과 몸을 모두 잘 관리해야 궁극적으로 내가 원하는 삶에 도달할 수 있다. 이렇게 자신에게 좋은 것들을 하나하나 축적하면 어디를 가든, 누구를 만나든, 무엇을 하든 잘되는 사람으로 거듭날 수 있을 것이다. 당신이 여태껏 음수인간처럼 살았다면 양수인간이 되기 위해 한 걸음 내디뎌보자. 이미 양수인간처럼 살고 있었다면 더 발전하는 양수인간으로 나아가보자.

인생의 답은 작은 것에서부터

다시 처음으로 돌아와서, 살아가는 대로 마음먹지 않고 마음먹은 대로 살아가는 것은 도대체 어떻게 해야 한다는 것일까?

한마디로 정리하자면 자신을 이해하는 삶을 살아가는 것이다. 우리는 누구나 아직 발견하지 못한 가능성을 품고 있다. 그 속엔 나를 가치 있게 만들어주는 의미와 내가 키워나가야 할 능력, 내가 가진 자원과 가능성 등이 숨겨져 있다. 이것들을 하나씩 발견해가면서 나의 부족함은 수용하고, 나의 강점은 더욱 발휘하면서 스스로의 격을 높이는, 온전한 나를 발견하는 삶을 살아가자는 것이다. 그래서 세상의 목소리에 휘둘리지 않는 나다운 삶을 사는 것, 그것이 내가 이 책에서 말하고자 하는 핵심이다.

물론 쉽지 않은 일이다. 때로는 자신을 의심하게 될 것이고, 내면의 목소리가 나를 방해할 때가 있을 것이다. 불안이 턱밑까지 차오를 때도 있을 것이며, 타인에게 상처받을 때도 있을 것이다. 원하지 않은 결과를 맞이하며 좌절할 때도 있을 것이다. 사람이라면 누구나 이런 인생의 장애물을 마주할 수밖에 없다. 그럼에도 우리가 나아가야 할 방향은 하나다. 고통에 흔들리더라도 부러지지 않으며 내 인생을 꾸려나가는 것, 세상의 변수는 오직 나라는 것을 인지하고 삶을 헤쳐 나가는 것뿐이다.

이 책에서 나는 마음먹은 대로 살아가는 능동적인 사람을 양수인간, 그렇지 못하는 사람을 음수인간이라고 정의했다. 인생에서 내 의지로 만들어나갈 수 있는 영역과 내 힘으로 어찌할 수 없는 영역을 알고, 나의 의지에 따라 중요한 가치에 힘을 쏟는 삶을 사는 것이 양수인간이다. 그렇기에 내 뜻대로 살기 위해서는 결국 행동해야 한다. 우리는 경험을 자양분 삼아서 성장하기 때문이다. 행동하지 않으면 나의 마음과 잠재력을 발견할 수 없다. 우리는 생각만 하는 것이 아닌, 행동하면서 미지의 가능성과 마주해야 한다.

나는 어린 시절 악몽을 자주 꾸었다. 항상 똑같이 생긴 귀신이 나와서 나를 괴롭혔다. 나는 꿈에서 그를 피해 도망만 다니다 결국 잡히기를 되풀이했다. 돌이켜보면 그 당시 스트레스가 꿈으로 표현되었던 것 같다. 그런데 더 이상 그 귀신이 나오는 꿈을 꾸지 않게 된 계기가 있다. 매번 무서워하며 도망 다니던 내가, 도망가기를 멈추고 나서부터다. 도망을 멈추고 그와 직접 마주하며 공포심에서 벗어난 순간, 더 이상 꿈에 그가 나오지 않았다.

우리의 삶도 마찬가지 아닐까? 들여다보기 싫었던 자신을 들여다보고, 불안해서 피하기만 했던 일을 해보는 것, 용기를 가지고 미지의 세계를 탐험하는 행동에 인생의 답이 있는 것은 아닐까? 그 과정에서 내가 두려워하던 일이 사실 별것 아니라는 것을 깨닫고, 새로운 가능성을 찾기도 하고, 내면의 상처를 받아들이기도 하고, 그렇게 자신의 숨겨진 조각들을 하나씩 발견하면서 내가 할 수 있는 일들을 피부로 느껴보는 것, 그것이 삶을 능동적으로 살아가는 것이 아닐까?

그렇다고 대단한 일을 실천하자는 것은 아니다. 작은 것부터 해보자. 얼마 전 나는 지하철에서 어떤 여자가 스카프를 떨어트린 채 앉아있는 것을 봤다. 평소의 나였으면 신경 쓰지 않고 지나갔을 것이다. 굳이 말을 거는 것이 오지랖이고 실례라고 생각했기 때문에. 그런데 다르게 생각해봤다. '오히려 알려주면 도움이 되지 않을까? 스카프를 잃어버리지 않을 수 있을 텐데.' 그렇다. 나는 그녀에게 도움이 되고 싶었다. 그래서 바닥에 스카프가 떨어져 있다고 알려줬다. 그러자 우려와는 다르게 그녀는 웃으면서 감사하다고 인사했고, 누군가에게 호의를 베풀었다는 사실에 나는 뿌듯함을 느꼈다. 사소한 행동이었지만, 나의 걱정과 반대되는 내가 진짜로 원하는 일을 해보는 것의 중요성을 다시 한번 확인할 수 있었다.

양수인간은 거대한 뜻을 품고 큰일을 해내는 거창한 사람만 말하는 것이 아니다. 하루하루 살면서 용기 내지 못했던 일을 해보는 것, 하지 못했던 말 한마디를 건네 보는 것, 그렇게 가벼운 마음으로 하나하나 내 생각을 표현하고 실현해나가는 것, 그것이 양수인간의 본질이다. 그렇다. 이런 사소한 행동이 우리의 인생을 변화시키는 작은 출발점이다.

삶을 행복으로 이끄는 심리학 금언

"행복은 삶의 의미이자 목적이고, 인간 존재의 목표이며 이유다."
"행복은 올바른 선택과 행동에서 시작된다."
"좋은 인생은 단순한 행위가 아니라 나의 습관에 의해 만들어진다."
—아리스토텔레스

"만족을 모르는 사람은 부유하더라도 가난하고,
만족을 아는 사람은 가난하더라도 부유하다."
—붓다

"어떤 일을 하더라도 나 자신을 사랑하는 것부터 시작하라."
—프리드리히 니체

"인생에서 주어진 의무는 아무것도 없다. 행복하라는 한 가지 의무만 있다."
"어떤 사람을 미워하고 있다면 그의 모습에 있는 나의 일부를 미워하는 것이다.
나의 일부가 아닌 것은 나를 방해하지 않는다."
—헤르만 헤세

"우리가 불행한 것은 자기가 행복하다는 것을 모르기 때문이다.
그것을 자각한 사람은 일순간 바로 행복해진다."
"사랑은 강력한 힘을 지닌다. 그래서 우리를 새로 태어나게 한다."
—도스토예프스키

"자신의 약점에서 자신의 힘이 나온다."
"사랑은 우리가 지닌 인간성의 본질이다."
"말에는 마법 같은 힘이 있다. 말로써 가장 큰 행복을 줄 수도,
가장 깊은 절망도 줄 수 있기 때문이다."
―지그문트 프로이트

"우리에게 일어난 일을 받아들이지 않으면 아무것도 바꿀 수 없다."
"나의 마음을 들여다볼 때 삶의 시야가 뚜렷해진다."
―칼 구스타프 융

"삶은 우리가 무엇을 부족하다고 여기는지에 따라 달라진다."
"일반적으로 정의되는 인생의 의미라는 것은 없다.
의미는 내가 나에게 부여하는 것이다."
―알프레드 아들러

"무언가 되어가는 일이 이미 된 것보다 낫다."
"성장하는 사람은 어떻게 평가받을지에 골몰하는 것보다
어떻게 자랄 수 있을지 고민한다."
"'아직의 힘'을 믿으라.
아직 무언가 되지 않았다는 건 곧 될 거라는 의미이므로."
―캐럴 드웩

"훌륭한 인생을 만드는 것은 무언가에 대한 몰입이다."
"행복이 무엇인지 딱 잘라서 말하긴 어렵지만,
다른 어떤 것도 원하지 않는 마음에 도달했을 때가 행복일 것이다."
"감정은 선택할 수 없다. 그러나 나의 행동과 생각은 선택할 수 있다."
"잘 쉬는 법을 알지 못하면 삶은 좋아지지 않는다."
―미하이 칙센트미하이

"행복은 타고난 조건에 의한 결과가 아니라
바이올린 연주나 자전거 타기처럼 꾸준히 연습해서 얻을 수 있는 것이다."
"행복을 만들어가는 것과 고통을 덜어내는 것을 구별하는 건 매우 중요하다."
"용서는 원한을 지워버리는 것이 아니라
끝에 달린 꼬리말을 긍정으로 바꾸는 것이다."
—마틴 셀리그만

"어떻게 하면 행복할 수 있을지에 대해 규범을 많이 정할수록
당신은 덜 행복해질 것이다."
"행동하지 않으면 당신은 결정하지 않은 것이다."
"인생에는 실패가 없다. 내가 만든 결과만 있다."
"삶은 스스로 던지는 질문에 의해 결정된다."
—토니 로빈스

"감정은 우리가 세상을 보는 방법과
타인의 행동을 해석하는 방법을 바꾼다."
—폴 에크만

"감정의 문제가 곧 삶의 문제다."
"생각을 바꾸는 좋은 방법은 일부러라도 그것에 맞서는 것이다."
"우리는 저절로 절망에 빠지는 것이 아니다.
절망에 빠지는 건 나 자신이 한 몫을 한다."
—알버트 엘리스

"살면서 나쁜 선택을 피하려면 그동안 우리의 선택이 어떤 결과를 낳았는지
계속 따라가봐야 한다."
"낙관주의자는 지금에 만족할 줄 알기 때문에 항상 유쾌하고
사람들에게 사랑받는다."
—대니얼 카너먼

양수인간

ⓒ 최설민, 2024

초판 1쇄 발행 | 2024년 3월 27일
초판 2쇄 발행 | 2024년 4월 8일

지은이 | 최설민
기획편집 | 이가람 박서영
콘텐츠 그룹 | 정다움 이가람 박서영 전연교 정다솔 문혜진 기소미
디자인 | 초코북

펴낸이 | 전승환
펴낸곳 | 책읽어주는남자
신고번호 | 제2021-000003호
이메일 | book_romance@naver.com

ISBN 979-11-93937-00-6 (03190)